学/者/文/库/系/列

U0645179

基于高中数学
核心素养的解题研究

李昌成　著

哈尔滨工程大学出版社
Harbin Engineering University Press

内容简介

本书包含了著者研究高中数学教材的感悟、研究高考题的收获、对一些高考模拟题解法的探究,以及日常与数学同人的教学思想交流心得.内容涉及函数、导数、三角、平面向量、数列、不等式、立体几何、解析几何和概率等.书中题目的解题方法比较全面,思路新颖.

本书可作为高中数学教师的参考书,也可作为高中学生的课外辅导书.

图书在版编目(CIP)数据

基于高中数学核心素养的解题研究 / 李昌成著.

哈尔滨 : 哈尔滨工程大学出版社, 2025. 4. -- ISBN 978-7-5661-4720-2

Ⅰ. G633.602

中国国家版本馆 CIP 数据核字第 2025KC2732 号

基于高中数学核心素养的解题研究
JIYU GAOZHONG SHUXUE HEXIN SUYANG DE JIETI YANJIU

选题策划　宗盼盼
责任编辑　章　蕾
封面设计　李海波

出版发行　哈尔滨工程大学出版社
社　　址　哈尔滨市南岗区南通大街 145 号
邮政编码　150001
发行电话　0451-82519328
传　　真　0451-82519699
经　　销　新华书店
印　　刷　哈尔滨市海德利商务印刷有限公司
开　　本　787 mm×1 092 mm　1/16
印　　张　16.25
字　　数　421 千字
版　　次　2025 年 4 月第 1 版
印　　次　2025 年 4 月第 1 次印刷
书　　号　ISBN 978-7-5661-4720-2
定　　价　80.00 元

http://www.hrbeupress.com
E-mail:heupress@hrbeu.edu.cn

前　言

又要出书了,我心里有些不平静.

我喜欢写作,早在大学期间就发表过文章.2004年我开始撰写数学专业的文章,并在各级各类刊物上发表.

2013年,我出版了第一本书——《研究性学习》,严格来说,这是一个任务.当时,我刚在乌鲁木齐市第八中学(以下简称"八中")担任教研室副主任(主持工作)一职,对于教研,对于出书都是没有概念的.新疆维吾尔自治区教育厅指定八中编写这本书,我边学边干,边干边学,在教研室同人的配合下第一本书得以顺利出版.而这一次是我主动出书.

我在八中负责教研工作11年.为了我的专业发展,也为了学校的教研工作,我的直属领导丁玉华校长要求我:凡是普通教师参加的教研活动和专业比赛,教研室负责人也必须参加.当时我的压力很大,生怕比赛失手.事实上,正是这些工作和活动成就了我的专业发展.我在八中连续10年担任高三数学教师的经历和经验,为我开展专业研究提供了丰富的第一手资料.

2018年,我在北京市第十中学挂职期间,有充裕的时间查阅各种数学专业期刊,积累了一些写作知识.新疆师范大学的杨军教授是我写作的引路人,每当我遇到写作难题,他都能诚心诚意地给出解决方案.在新疆师范大学讲座时,我偶遇了巩留县高级中学数学精英贺凤梅老师,之后我们在学术研究上有了很多的交流和合作.2015—2023年是我写作的黄金期,共撰写了150余篇文章.

这些文章先后发表在《数学通报》《数学教学》《数学通讯》《中学数学研究》《中学数学教学》《高中数学教与学》《中学生数学》《上海中学数学》《数理天地》《中学生理科应试》《数理化解题研究》《数学理化学习》《理科考试研究》《新疆教育学院学报》《考试》等刊物上.在新疆维吾尔自治区天山英才项目的支持下,我将这些研究成果积攒、梳理成书.

本书的内容全是我的原创作品,主要来源于:

(1)研究教材的感悟.

(2)教学中,我和学生的困惑.

(3)研究高考题的收获.

(4)高考备考中模拟题解法探究.

(5)数学同人的交流和思考.

在此特别感谢车燕昭老师为本书所提供的大量的专业支持,李哲老师、张文慧老师、宋迪老师对本书给予的技术支持.感谢八中、乌鲁木齐市第二十三中学的各位师生和社会各界朋友的支持,感谢为本书出版付出辛勤努力的同人和朋友.

由于著者水平有限,书中难免有错误,恳请广大读者批评指正.

李昌成

2025年1月于乌鲁木齐市第二十三中学

目 录

第1章 函 数 篇

1.1 对数中常数"1"的应用研究

——以一道联考题为例

摘 要：在解决与对数有关的问题时，要注意真数与底数的内在联系，还要注意 $\lg 2 + \lg 5 = 1$ 在解题中的灵活使用．与对数运算有关的试题近两年在高考的选择题或填空题中均有涉及，且题设条件的隐蔽性越来越强，题目难度较大．我们需要抓住式子的结构特征以及熟练掌握对数的运算性质，进行巧妙变换，才能破解难题．

关键词：对数；恒等式；题型

1. 问题呈现

(乌鲁木齐地区 2022 届高三一模数学第 11 题)计算 $5^{\lg 6} \times 6^{\lg 2} =$ （ ）

A. 3   B. 4   C. 5   D. 6

2. 总体分析

此题题干简洁，从形式上看，是一道指数与对数运算相结合的纯计算题．但从对应的结构来看，学生们都特别陌生．从指数结构来看，底数分别为 5 和 6，指数虽然都是常用对数，但真数不一样，绝大部分学生见到此题，基本上无法动笔，理不出头绪．得分率非常低．其实仔细琢磨此题，直接计算肯定不可能．我们知道对数和指数是可以互化的，另外结合对数的运算性质 $\log_a M + \log_a N = \log_a (MN)$，$\log_a M^n = n \log_a M$，$\log_a a = 1$（其中 $a \neq 1, M > 0, N > 0$），换底公式，以及 $\lg 2 + \lg 5 = 1$，还有其变形式 $\lg 5 = 1 - \lg 2$、$\lg 2 = 1 - \lg 5$ 可作为解题的依据．通过不断尝试改进计算思路，看看能否破解此题．

3. 试题解答[1]

解法 1 考虑到对数与指数的互化，先作换元处理，设

$$5^{\lg 6} = m\,(m > 0) \tag{①}$$

$$6^{\lg 2} = n\,(n > 0) \tag{②}$$

则原题转化为求 mn 的值．

— 1 —

①式两边同时取以 5 为底的对数,有

$$\log_5 5^{\lg 6} = \log_5 m$$

所以

$$\log_5 m = \lg 6 \qquad\qquad ③$$

②式两边同时取以 6 为底的对数,有

$$\log_6 6^{\lg 2} = \log_6 n$$

所以

$$\log_6 n = \lg 2 \qquad\qquad ④$$

虽然③式、④式两边转换成了对数式,但两边不同底,并不能直接运算,所以要想用此思路完成解答,还需要进一步借助于换底公式. 不妨将以上对数都换成常用对数.

由③式得

$$\frac{\lg m}{\lg 5} = \lg 6$$

即

$$\lg m = \lg 6 \cdot \lg 5$$

同理,由④式得

$$\lg n = \lg 2 \cdot \lg 6$$

以上两等式相加得

$$\lg m + \lg n = \lg 6 \cdot \lg 5 + \lg 6 \cdot \lg 2 = \lg 6 \cdot (\lg 5 + \lg 2) = \lg 6$$

所以

$$\lg (mn) = \lg 6$$

即

$$mn = 6$$

亦即

$$5^{\lg 6} \times 6^{\lg 2} = 6$$

故选 D.

评析 此解法是一般思路和解法,先换元,实现对数和指数互化,发现差异,再借助换底公式统一形式,利用对数的运算法则和对数 $\lg 5 + \lg 2 = 1$ 恒等式得到 $\lg(mn) = \lg 6$,最终得出 $mn = 6$,问题得解.

从解法 1 的求解过程来看,中间用到了换底公式,所以我们是否可以考虑换元之后,将①式、②式两边直接取常用对数呢?

解法 2 结合解法 1,对①式两边取常用对数得

$$\lg 5^{\lg 6} = \lg m$$

整理得

$$\lg m = \lg 6 \cdot \lg 5$$

同理,对②式两边取常用对数得

$$\lg 6^{\lg 2} = \lg n$$

整理得

$$\lg n = \lg 2 \cdot \lg 6$$

下同解法 1.

故选 D.

评析 受解法 1 的启发,将解法 1 进行简化,直接取常用对数,越过了换底的运算,解法更简洁,值得探讨和思考.

如果进一步思考,是否可以不换元,而直接取对数求解呢?

解法 3 因为 $5^{\lg 6} \times 6^{\lg 2} > 0$,直接取常用对数并运算求解得

$$\lg(5^{\lg 6} \times 6^{\lg 2}) = \lg 5^{\lg 6} + \lg 6^{\lg 2} = \lg 6 \cdot \lg 5 + \lg 2 \cdot \lg 6$$

$$= \lg 6 \cdot (\lg 5 + \lg 2) = \lg 6$$

所以

$$5^{\lg 6} \times 6^{\lg 2} = 6$$

故选 D.

评析 经过解法 1 和解法 2 的求解与思考,发现直接取常用对数,并结合对数的相关运算法则以及对数恒等式 $\lg 5 + \lg 2 = 1$,成功将乍看没有思路的对数和指数混合运算成功化解,而且用最简便快捷的方式便可得到正确答案,此解法值得借鉴.

4. 总结提升[1]

本题无论采用哪种解法都离不开 $\lg 5 + \lg 2 = 1$ 的支撑. 事实上,$\lg 5 + \lg 2 = 1$ 在求值、化简、证明、解不等式等题型中经常用到. 因此我们要高度重视这个"1"的灵活应用,在解题中主动使用,并作为一种划归思路.

用途一:求值

例 1 求值:$\lg 25 + \dfrac{2}{3}\lg 8 + \lg 5 \cdot \lg 20 + (\lg 2)^2$.

解法 1 原式 $= \lg 25 + \lg 4 + \lg 5 \cdot (\lg 5 + 2\lg 2) + (\lg 2)^2$

$$= 2\lg 5 + 2\lg 2 + (\lg 5)^2 + 2\lg 5 \cdot \lg 2 + (\lg 2)^2$$

$$= 2(\lg 5 + \lg 2) + (\lg 5 + \lg 2)^2 = 2 + 1 = 3$$

解法 2 原式 $= \lg 25 + \lg 4 + \lg\left(\dfrac{10}{2}\right) \cdot \lg(10 \times 2) + (\lg 2)^2$

$$= 2(\lg 5 + \lg 2) + (1 - \lg 2)(1 + \lg 2) + (\lg 2)^2$$

$$= 2 + 1 - (\lg 2)^2 + (\lg 2)^2 = 3$$

评析 本题的关键是熟练掌握对数运算公式,利用 $\lg 5 + \lg 2 = 1$ 及其变形式 $\lg 5 = 1 - \lg 2$ 解答是此题的突破口.

用途二:化简

例 2 化简:$(\lg 5)^2 + \lg 2 \cdot \lg 5 + \lg 20 - \sqrt[4]{(-4)^2} \cdot \sqrt[6]{125} + 2^{\left(1 + \frac{1}{2}\log_2 5\right)}$.

解 原式 $=(\lg 5)^2+\lg 2 \cdot \lg 5+\lg 2+1-2\sqrt{5}+2\sqrt{5}$

$$=\lg 5(\lg 2+\lg 5)+\lg 2+1-2\sqrt{5}+2\sqrt{5}$$

$$=\lg 5+\lg 2+1$$

$$=2$$

评析 本题考查对数和指数的运算性质. 无论是对数式还是指数式都向常数 $\lg 5$ 和 $\lg 2$ 转化, 借助 $\lg 5+\lg 2=1$, 即可化简.

用途三: 证明

例3 设 x,y,z 是不为 0 的实数, 且 $5^x=2^y=\sqrt{10^z}$, 求证: $\dfrac{1}{x}+\dfrac{1}{y}=\dfrac{2}{z}$[2].

解 等式的左中右同时取常用对数得

$$x\lg 5=y\lg 2=\frac{z}{2}$$

令

$$x\lg 5=y\lg 2=\frac{z}{2}=k$$

则

$$\frac{1}{x}=\frac{\lg 5}{k}, \frac{1}{y}=\frac{\lg 2}{k}, \frac{2}{z}=\frac{1}{k}$$

所以

$$\frac{1}{x}+\frac{1}{y}=\frac{\lg 5}{k}+\frac{\lg 2}{k}=\frac{\lg 5+\lg 2}{k}=\frac{1}{k}$$

故

$$\frac{1}{x}+\frac{1}{y}=\frac{2}{z}$$

命题得证.

评析 注意到 $5\times 2=10$、$\lg 5+\lg 2=1$, 自然想到将已知关系式的左中右同时取常用对数, 再进行适当变形与处理, 便可顺利完成证明.

用途四: 解不等式

例4 (2019 年江苏徐州联考) 已知函数 $f(x)$ 是定义在 **R** 上的奇函数, 且在 $[0,+\infty)$ 上单调递增, 若 $f[\lg 2 \cdot \lg 50+(\lg 5)^2]+f(\lg x-2)<0$, 则 x 的取值范围为_____.

解 $\lg 2 \cdot \lg 50+(\lg 5)^2=\lg 2 \cdot (1+\lg 5)+(\lg 5)^2$

$$=\lg 2+\lg 2 \cdot \lg 5+(\lg 5)^2$$

$$=\lg 2+\lg 5 \cdot (\lg 2+\lg 5)$$

$$=\lg 2+\lg 5$$

$$=1$$

所以

$$f(1)+f(\lg x-2)<0$$

因为函数 $f(x)$ 是定义在 $\mathbf{R}$ 上的奇函数,转化得

$$f(\lg x - 2) < f(-1)$$

又 $f(x)$ 在 $[0,+\infty)$ 上单调递增,故 $f(x)$ 在 $\mathbf{R}$ 上单调递增,所以

$$\lg x - 2 < -1$$

即 $\lg x < 1$,且 $x > 0$,解得 $0 < x < 10$.

评析 此题考查函数的奇偶性、单调性的综合应用以及对数的运算性质,需要学生具备一定的化归与转化、综合运用所学知识运算求解的能力.

5. 结束语

对数函数在高考中经常出现,当然高考中一般不单独考查运算,而以考查对数的图像和对数的单调性为主,选择题、填空题和大题都有可能出现,运算是最基本的要求. 从平时的做题和考试来看,很多同学在涉及对数内容时经常出错,主要原因在于对数运算公式记错,或特殊值记得不牢,或基本方法没掌握好. 因此,利用对数的运算性质进行化简或求值,必须先熟练掌握常用公式及运算法则,还要掌握一些常用的变形技巧,达到灵活应用的程度;同时还要关注对数函数的定义域,比如例4,一定不要忽略对数的定义域,不然会造成错解.

参 考 文 献

[1] 吴欣. 恒等式 $\lg 2 + \lg 5 = 1$ 在解题中的作用[J]. 数理化解题研究,2020(19):8-9.

[2] 严士健,王尚志. 数学1(必修)[M]. 北京:北京师范大学出版社,2011.

1.2 构造法在抽象函数问题中的应用研究

摘 要:抽象函数是高中数学的一个难点,题型众多,变化多样,学生不易掌握. 研究发现,构造法是突破这个难点的有效办法. 紧紧抓住信息,尤其是把握信息的本质,恰当构造,可以化难为易,将抽象问题变得通俗易懂.

关键词:构造法;抽象函数;应用研究

抽象函数,尽管教材上没有提及,但是教辅资料上、高考试卷中出现了不少关于抽象函数的题目. 由于抽象函数问题可以全面考查学生对函数概念和性质的理解,且这类问题又将函数的定义域、值域、单调性、奇偶性、周期性和图像集于一身,所以很受命题专家的青睐. 尽管学生预学了,教师也深入浅出地讲解了,但学生在做作业和测试时依然感觉困难,甚至无从下手. 于是,我对此问题进行了深入思考和研究. 事实上,解决有关抽象函数的问题,主要是依据题设进行恰当地构造,在此过程中,需要学生把握抽象函数的本质,并合理

应用.下面我们一起来感悟构造法的魅力,体会抽象函数的"神秘莫测".

1. 抽象函数的概念

我们把没有给出具体解析式,只给出函数的特殊条件或特征的函数称为抽象函数,一般形式为 $y=f(x)$,有的还附有定义域、值域等,如 $y=f(x)(x>0,y>0)$.

2. 抽象函数的常见形式

(1)幂函数型

$$f(xy)=f(x)f(y)\,;\,f\left(\frac{x}{y}\right)=\frac{f(x)}{f(y)}$$

(2)正比例函数型

$$f(x+y)=f(x)+f(y)\,;\,f(x-y)=f(x)-f(y)$$

(3)对数函数型

$$f(xy)=f(x)+f(y)\,;\,f\left(\frac{x}{y}\right)=f(x)-f(y)$$

(4)指数函数型

$$f(x+y)=f(x)f(y)\,;\,f(x-y)=\frac{f(x)}{f(y)}$$

(5)周期函数型

$$f(x+T)=f(x)(T\neq0)$$

3. 构造法在抽象函数中的应用

(1)构造方程

例1 定义在 **R** 上的函数 $f(x)$,对任意的 $x,y\in \mathbf{R}$,有 $f(x+y)=f(x)f(y)$,$f(1)=2$. 求 $f(0)$ 的值.

分析 $f(0)$虽然是一个常数,但需要确定其具体值,因此我们可以将其看成一个未知数,依托题设"$f(x+y)=f(x)f(y)$"建立关于"$f(0)$"的方程. 一个未知数只需一个方程,于是解法就确定了,令 $x=y=0$ 即可求解.

解 令 $x=y=0$,得 $f(0+0)=f(0)f(0)$.

移项整理得

$$f(0)[1-f(0)]=0$$

解得 $f(0)=0$,或 $f(0)=1$.

下证 $f(0)\neq0$.

令 $y=0$,得 $f(x)=f(x)f(0)$. 若 $f(0)=0$,则 $f(x)=0$. 此与 $f(1)=2$ 矛盾.

所以 $f(0)=1$.

评析 本题应注意增根的甄别. 学生可以从一次方程最多有一个根入手,但学生一般不具有这个理论高度. 教师通常是在指数函数的性质"$f(x)=2\sin x+\sin 2x$"引导下注意到的. 排除的过程也带有一定的经验主义,因此抽象函数教学应该遵循螺旋上升的原则.

(2)构造特殊值

例2 定义在 **R** 上的函数 $f(x)$,满足当 $x>0$ 时,$f(x)>1$,且对任意的 $x,y\in\mathbf{R}$,有 $f(x+y)=f(x)f(y)$. 求证:对任意 $x\in\mathbf{R}$,都有 $f(x)>0$.

分析 "当 $x>0$ 时,$f(x)>1$"这个条件比结论范围更大,只能作为辅助条件使用,条件 "$f(x+y)=f(x)f(y)$"的右端出现了乘积式,为构造平方式提供了机会,因此同一变量即可. 进一步处理关键问题,排除平方式不为零,这需要精准构造.

证明 对任意 $x\in\mathbf{R}$,有

$$f(x)=f\left(\frac{x}{2}+\frac{x}{2}\right)=f^2\left(\frac{x}{2}\right)\geqslant 0$$

下面证明 $f(x)\neq 0$.

假设存在 $x_0\in\mathbf{R}$,使得 $f(x_0)=0$,则对任意 $x>0$,有

$$f(x)=f\left[(x-x_0)+x_0\right]=f(x-x_0)f(x_0)=0$$

这与已知当 $x>0$ 时,$f(x)>1$ 矛盾. 所以,不存在 $f(x_0)=0$ 的情形. 因此,对任意 $x\in\mathbf{R}$,都有 $f(x)>0$.

评析 本题难点是构造 x_0,并排除 $f(x_0)=0$,这需要深刻理解题设中的两个抽象等式,并合理运用. 构造不等式与排除特殊值要同时兼顾,否则都会陷入僵局.

(3)构造单调性的定义式

例3 定义在 **R** 上的函数 $f(x)$,满足当 $x>0$ 时,$f(x)>1$,且对任意的 $x,y\in\mathbf{R}$,有 $f(x+y)=f(x)f(y)$,$f(1)=2$. 解不等式 $f(3-2x)>4$.

分析 此不等式是由抽象函数构造出来的,必须利用函数的单调性解答. 为此,要做两个准备. 一是将右端的 4 等价变形为 $f(x_0)$,这里的 x_0 待定;二是证明本函数的单调性,这里务必紧扣单调性的定义.

解 任取两个实数 x_1,x_2,且 $x_1<x_2$,则 $x_2-x_1>0$. 由已知条件得 $f(x_2-x_1)>1$. 于是

$$f(x_2)=f\left[(x_2-x_1)+x_1\right]=f(x_2-x_1)f(x_1)>f(x_1) \qquad ①$$

所以 $f(x)$ 在 **R** 上递增.

令 $x=y=1$,则 $f(2)=f(1)f(1)=4$. 那么不等式

$$f(3-2x)>4\Leftrightarrow f(3-2x)>f(2)\Leftrightarrow 3-2x>2$$

解得 $x<\frac{1}{2}$.

所以不等式的解集为 $\left\{x\left|x<\frac{1}{2}\right.\right\}$.

评析 本题中①式对于初学者来说,不容易想到,必须深刻领会已知的"$f(x+y)=f(x)f(y)$",构造出这种结构并恰当放缩才能得到定义所需的 $f(x_1)$,$f(x_2)$ 的大小.

例4 已知定义在区间 $(0,+\infty)$ 上的函数 $f(x)$ 满足 $f\left(\frac{x}{y}\right)=f(x)-f(y)$,且当 $x>1$ 时, $f(x)<0$. 判断并证明 $f(x)$ 的单调性.

分析 一般地,判断函数的单调性的方式是知道某区间内两变量 x_1,x_2 的大小的情况下,依据 $f(x_1),f(x_2)$ 的大小,由定义判断而得.本题由于函数关系不明确,所以无法通过常规的方式解答,只能挖掘抽象关系,借助定义判断.

证明 $f(x)$ 在 $(0,+\infty)$ 上是单调递减函数.

下面证明之.

任取两个正实数 x_1,x_2,且 $x_1<x_2$,则

$$\frac{x_2}{x_1}>1 \qquad\qquad ②$$

由已知条件得 $f\left(\dfrac{x_2}{x_1}\right)<0$.

而

$$f\left(\frac{x_2}{x_1}\right)=f(x_2)-f(x_1)$$

于是

$$f(x_2)-f(x_1)<0$$

所以 $f(x_2)<f(x_1)$.因此,$f(x)$ 在 $(0,+\infty)$ 上是单调递减函数.

评析 本题中②式对于学生来说,思路不畅,必须深刻领会已知的"当 $x>1$ 时,$f(x)<0$",并恰当构造"$x>1$"才能得到定义所需的 $f(x_1),f(x_2)$ 的大小.

(4)构造奇偶性的定义式

例5 若定义在 $\mathbf{R}$ 上的函数满足:对任意的 $x,y\in\mathbf{R}$,恒有 $f(x+y)=f(x)+f(y)+1$,求证:$f(x)+1$ 为奇函数.

分析 本题首先需要学生厘清要证什么,其次才是怎么证明.将 $f(x)+1$ 看作一个整体 $h(x)$,即 $h(x)=f(x)+1$.要证 $h(-x)=-h(x)$,即证 $f(x)+1=-[f(-x)+1]$.解题过程就朝着这个目标前进.

证明 令 $x=y=0$,则

$$f(0+0)=f(0)+f(0)=1$$

所以 $f(0)=-1$.

令 $y=-x$,则

$$f(0)=f(x)+f(-x)+1$$

即

$$-1=f(x)+f(-x)+1$$

所以

$$f(x)+1=-f(-x)-1=-[f(-x)+1]$$

因此 $f(x)+1$ 为奇函数.

评析 抽象函数奇偶性的判断,关键是探究 $f(x)$ 与 $f(-x)$ 的关系.往往需要通过赋值法扫除障碍,构造出所需关系式.分析法在解题中有重要作用,否则易出现思路混乱、逻辑不清等问题.

（5）构造周期性的定义式

例 6 定义在 **R** 上的函数满足 $f(x+3)=-\dfrac{1}{f(x)}$. 当 $1\leqslant x\leqslant 3$ 时, $f(x)=x$. 则 $f(1)+f(2)+f(3)+\cdots+f(2\ 020)=$ _____.

分析 函数关系不明了, 函数值就不可能知晓, 要求 2 020 个数的和, 只能依托周期性计算. 初学者对条件 "$f(x+3)=-\dfrac{1}{f(x)}$" 不是很理解. 一般地, 由 $f(x+a)=-\dfrac{1}{f(x)}$ 得 $f(x)$ 的周期为 $2a$.

解 因为

$$f(x+6)=f\left[(x+3)+3\right] \qquad\qquad (*)$$

所以

$$f(x+6)=-\frac{1}{f(x+3)} \qquad\qquad ③$$

将 $f(x+3)=-\dfrac{1}{f(x)}$ 代入③式得

$$f(x+6)=f(x)$$

所以 $f(x)$ 的周期 $T=6$.

因为当 $1\leqslant x\leqslant 3$ 时, $f(x)=x$, 所以 $f(1)=1, f(2)=2, f(3)=3$.

由 $f(x+3)=-\dfrac{1}{f(x)}$ 得

$$f(4)=f(3+1)=-\frac{1}{f(1)}=-1$$

同理

$$f(5)=-\frac{1}{2}, f(6)=-\frac{1}{3}$$

所以

$$f(1)+f(2)+f(3)+\cdots+f(6)=\frac{25}{6}$$

所以

$$f(1)+f(2)+f(3)+\cdots+f(2\ 020)=337\left[f(1)+f(2)+\cdots+f(6)\right]-f(5)-f(6)$$
$$=\frac{4\ 215}{3}$$

评析 构造 $(*)$ 式有一定的前瞻性. 为了让抽象关系式中的负号消失, 我们务必利用两次这个抽象关系式, 可以理解为 "负负得正", 进而构造出周期关系式. $f(4), f(5), f(6)$ 的计算也要构造已知的抽象关系式.

（6）构造中心对称

例 7 已知函数 $f(x)(x\in\mathbf{R})$ 满足 $f(-x)=2-f(x)$, 若函数 $y=\dfrac{x+1}{x}$ 与 $y=f(x)$ 图像的交点

为 $(x_1,y_1),(x_2,y_2),\cdots,(x_m,y_m)$，则 $\sum\limits_{i=1}^{m}(x_i+y_i)=$ (   )

A. 0   B. m C. $2m$ D. $4m$

分析 对于 $y=\dfrac{x+1}{x}$，容易找到其中心. 对于 $f(x)(x\in\mathbf{R})$，其中心需要利用函数的奇偶性来构造，并揭示其本质，使得求和运算才能实现.

解 由 $f(-x)=2-f(x)$ 得

$$f(x)-1=-[f(-x)-1]$$

于是函数 $h(x)=f(x)-1$ 是奇函数. 而 $f(x)=h(x)+1$ 的图像是由 $f(x)$ 的图像向上平移 1 个单位而得到的，所以，$f(x)$ 关于 $(0,1)$ 对称. 而 $y=\dfrac{x+1}{x}=1+\dfrac{1}{x}$ 也关于 $(0,1)$ 对称. 因此对于每一组对称点，$x_i+x_i'=0$，$y_i+y_i'=2$，所以

$$\sum_{i=1}^{m}(x_i+y_i)=\sum_{i=1}^{m}x_i+\sum_{i=1}^{m}y_i=0+2\cdot\frac{m}{2}=m$$

故选 B.

评析 本题构造对称中心是关键，一个是已知函数，另一个是抽象函数，依托已知函数去论证抽象函数，思路上是先猜后证，符合数学的研究规律. 此题对学生的思维要求较高，不愧为当年(2016 年)的高考把关小题.

(7)构造轴对称

例 8 已知函数 $f(x)(x\in\mathbf{R})$ 满足 $f(x)=f(2-x)$，若函数 $y=|x^2-2x-3|$ 与 $y=f(x)$ 图像的交点为 $(x_1,y_1),(x_2,y_2),\cdots,(x_m,y_m)$，则所有横坐标和为   (   )

A. 0   B. m C. $2m$ D. $4m$

分析 本题考查的知识点是二次函数的图像和性质，函数的对称性质. 根据已知函数 $f(x)(x\in\mathbf{R})$ 满足 $f(x)=f(2-x)$，分析函数的轴对称性，可得函数 $y=|x^2-2x-3|$ 与 $y=f(x)$ 图像的交点关于直线 $x=1$ 对称，进而得到答案.

解 因为函数 $f(x)(x\in\mathbf{R})$ 满足 $f(x)=f(2-x)$，所以函数 $f(x)(x\in\mathbf{R})$ 的图像关于直线 $x=1$ 对称. 又函数 $y=|x^2-2x-3|$ 的图像也关于直线 $x=1$ 对称，故函数 $y=|x^2-2x-3|$ 与 $y=f(x)$ 图像的交点也关于直线 $x=1$ 对称.

当 m 为偶数时，此时所有横坐标和为 $\dfrac{m}{2}\times 2=m$；

当 m 为奇数时，必有一个交点在 $x=1$ 上，此时所有横坐标和为 $\dfrac{m-1}{2}\times 2+1=m$.

故选 B.

评析 $y=|x^2-2x-3|$ 的对称性受翻折变换的掩饰，部分学生会"受骗"，不能很好地运用对称性化简问题. m 的奇偶性对问题也有一定的干扰，使得 $f(x)=f(2-x)$ 导出的对称轴难以发挥作用.

4.教学反思

抽象函数问题比较复杂,教师在教学中应加强研究,研究学情,研究教法.本着螺旋上升的教育理念,教师可以使学生学完幂函数、指数函数、对数函数后,再学抽象函数,这有助于学生对此概念的理解.建议不在"函数及其表示"一节开展这方面教学.单元整体设计是突破这个难点的一种好办法.关于函数一章,建议先介绍函数的概念、定义域、值域、单调性、奇偶性、图像等函数通性,再通过三个重要初等函数(幂函数、指数函数、对数函数)的学习加深对理论的理解,再从特殊到一般,研究抽象函数,这样应该可以获得较好的教学效果.在该过程中,教师要渗透数学思想与方法,如方程思想、消元法等.

参 考 文 献

[1] 刘广华.例谈整体思想在高中数学解题中的应用[J].数理化解题研究,2019(31):56-57.

[2] 杜红全.常见的几个抽象函数问题及其求解策略[J].数理化学习(高中版),2020(4):13-15.

1.3 函数的奇偶性、对称性与周期性的研究

——以2022年普通高等学校招生全国统一考试(全国乙卷)数学(理科)第12题为例

摘 要:众所周知,函数在高中数学中占有非常重要的地位与比例,而抽象函数的奇偶性、周期性与对称性是函数中非常重要的章节,逐渐成为高考命题的热点题型.2022年的高考中,全国乙卷数学理科第12题及新高考全国Ⅰ卷数学第12题同时出现了此类题型.教师与学生交流得知,对于抽象函数,他们觉得十分陌生,无从下笔.如何突破学生的认知盲区,抓住解决问题的突破口,让学生厘清解题的关键点,提升学生的解题能力和思维能力,是当前亟待解决的问题.

关键词:奇偶性;对称性;周期性;高考真题;抽象函数

1.试题呈现

[2022年普通高等学校招生全国统一考试(全国乙卷)数学(理科)第12题]已知函数 $f(x)$,$g(x)$ 的定义域分别为 **R**,且 $f(x)+g(2-x)=5$,$g(x)-f(x-4)=7$,若 $y=g(x)$ 的图像关于直线 $x=2$ 对称,$g(2)=4$,则 $\sum_{k=1}^{22}f(k)=$ ( )

A. -21 B. -22 C. -23 D. -24

2. 总体分析

该试题是 2022 年普通高等学校招生全国统一考试(全国乙卷)数学(理科)第 12 题,属于选择题的压轴题,主要考查函数图像的对称性、奇偶性与周期性,考查学生的逻辑推理与数学运算能力. 本题的难点在于两个抽象函数的融合,如何通过已知信息,深挖条件,找到抽象函数 $f(x)$ 与 $g(x)$ 隐藏的特殊性质,以及它们的关联点,实现求和,这是解题前需要思考的问题. 笔者拟通过具体求解与分析此题,从不同的角度进行剖析,多思路解答,突破解题的思维障碍和瓶颈. 特分享于此,以飨读者.

3. 试题解答

解法 1 $y=g(x)$ 的图像关于直线 $x=2$ 对称,则

$$g(2+x)=g(2-x) \qquad ①$$

由

$$f(x)+g(2-x)=5 \qquad ②$$

得

$$f(-x)+g(2+x)=5 \qquad ③$$

联合①式、②式、③式,得 $f(-x)=f(x)$,所以函数 $f(x)$ 为偶函数.

在 $g(x)-f(x-4)=7$ 中,以 $x+2$ 替换 x 得

$$g(x+2)-f(x-2)=7 \qquad ④$$

由③式、④式得

$$f(-x)+f(x-2)=-2 \qquad ⑤$$

所以 $y=f(x)$ 的图像关于点 $(-1,-1)$ 中心对称,即

$$f(-1)=-1$$

在②式中,令 $x=0$,得

$$f(0)+g(2)=5$$

而 $g(2)=4$,所以 $f(0)=1$.

由⑤式及 $f(-x)=f(x)$ 得

$$f(x)+f(x-2)=-2$$

用 $x+2$ 替换 x 得

$$f(x+2)+f(x)=-2$$

上面两式联立求解得

$$f(x+2)=f(x-2)$$

故

$$f(x+4)=f(x)$$

因此 $y=f(x)$ 的最小正周期 $T=4$,且由以上求解可知 $f(-1)=f(1)=-1$.

在 $f(x+2)+f(x)=-2$ 中,令 $x=0$ 得

$$f(2)+f(0)=-2$$

所以 $f(2)=-3$.

由以上求解易得

$$f(3)=f(-1)=-1, f(4)=f(0)=1$$

故

$$\sum_{k=1}^{22}f(k)=5[f(1)+f(2)+f(3)+f(4)]+f(1)+f(2)=-24$$

故选 D.

评析 此解法需对照已知条件中两个等式的差异,通过变量替换寻求共同点,再结合函数 $g(x)$ 的图像关于直线 $x=2$ 对称所得的等式关系,得出 $f(x)$ 为偶函数,且它的图像关于点 $(-1,-1)$ 中心对称,即 $f(-1)=-1$,从而 $f(1)=f(-1)=-1$,但发现还不能解决此问题,因为求和多达 22 项,自然联想到需要通过周期来实现,于是继续替换变形,得出周期 $T=4$,然后进行赋值计算,分别求出 $f(0)=1$,$f(2)=-3$,$f(3)=f(-1)=-1$,$f(4)=f(0)=1$,最后利用周期实现求和即可.

解法 2 由解法 1 中的①式、②式得

$$f(x)+g(2+x)=5$$

与④式联合得

$$f(x-2)+f(x)=-2$$

所以

$$f(3)+f(5)=-2, f(7)+f(9)=-2, f(11)+f(13)=-2$$
$$f(15)+f(17)=-2, f(19)+f(21)=-2$$

同理

$$f(4)+f(6)=f(8)+f(10)=\cdots=f(20)+f(22)=-2$$

共 10 组,和为 -20,还需求解 $f(1)$ 与 $f(2)$.

同解法 1,求得 $f(0)=1$.

在 $f(x-2)+f(x)=-2$ 中,令 $x=2$,得

$$f(0)+f(2)=-2$$

所以

$$f(2)=-3$$

令 $x=1$,得

$$f(-1)+f(1)=-2$$

结合解法 1 可知 $f(-1)=-1$,所以 $f(1)=-1$,得

$$\sum_{k=1}^{22}f(k)=-20+f(1)+f(2)=-20-1-3=-24$$

故选 D.

评析 解法 2 在得出 $f(x-2)+f(x)=-2$ 后,观察到两个变量差为 2,函数值恒为 -2,再根据所求和的项数特点,分别求出 $f(3)+f(5)=\cdots=f(19)+f(21)=-2$,以及 $f(4)+f(6)=\cdots=f(20)+f(22)=-2$,共 10 组. 但还需求解 $f(1)$ 和 $f(2)$,再进一步复核条件,进行适当地变形和赋值处理,也能达到解决问题的目的.

解法 3 因为

$$f(x)+g(2-x)=5$$

所以

$$f(x-4)+g[2-(x-4)]=5$$

即

$$f(x-4)+g(6-x)=5$$

而

$$g(x)-f(x-4)=7$$

两式相加得

$$g(x)+g(6-x)=12$$

所以 $g(x)$ 关于点 $(3,6)$ 中心对称,即 $g(3)=6$.

又 $g(x)$ 的图像关于直线 $x=2$ 对称,由函数的性质以及数形结合易知 $g(x)$ 为周期函数,且 $T=4\times(3-2)=4$.

在 $g(x)+g(6-x)=12$ 中,令 $x=2$,得

$$g(2)+g(4)=12$$

又 $g(2)=4$,所以 $g(4)=8$,且 $g(1)=g(3)=6$.

由已知条件及解法1可知 $f(x)+g(2+x)=5$,显然函数 $f(x)$ 也为周期函数,且周期为4.

计算 $f(x)$ 的前4项:

$$f(1)=5-g(3)=-1,f(2)=5-g(4)=-3$$
$$f(3)=5-g(5)=5-g(1)=-1,f(4)=5-g(6)=5-g(2)=1$$

故

$$\sum_{k=1}^{22}f(k)=5[f(1)+f(2)+f(3)+f(4)]+f(1)+f(2)=-24$$

故选 D.

评析 解法3另辟蹊径,因为函数 $g(x)$ 的已知信息较多,所以考虑挖掘 $g(x)$ 的相关性质,得出该函数的图像关于点 $(3,6)$ 中心对称,即 $g(3)=6$. 又已知该函数的图像关于直线 $x=2$ 对称,故由数形结合易知其为周期函数,且周期为 $T=4\times(3-2)=4$. 再利用 $g(2)=4$ 以及 $f(x)+g(2+x)=5$ 等相关条件进行赋值求解,此解法的策略是求出 $g(x)$ 的前几项,根据线性关系,易得 $f(x)$ 也是周期为4的函数,求出 $f(x)$ 的前4项的函数值,最终代入求出即可.

解法4 结合解法3可得 $g(1)=6,g(2)=4,g(3)=6,g(4)=8$,且周期 $T=4$. 又 $f(x)=5-g(2+x)$,所以

$$\begin{aligned}
\sum_{k=1}^{22}f(k)&=22\times5-\sum_{k=1}^{22}g(2+k)\\
&=22\times5-[g(3)+g(4)+\cdots+g(24)]\\
&=22\times5-6\times[g(1)+g(2)+g(3)+g(4)]+g(1)+g(2)\\
&=110-6\times24+6+4\\
&=-24
\end{aligned}$$

解法5 从 $g(x)-f(x-4)=7$ 中得出 $f(x)=g(x+4)-7$,结合解法3,可得

$$\begin{aligned}
\sum_{k=1}^{22}f(k)&=\sum_{k=1}^{22}[g(k+4)-7]\\
&=[g(5)+g(6)+\cdots+g(26)]-22\times7
\end{aligned}$$

$$=5 \times [g(1)+g(2)+g(3)+g(4)]+g(1)+g(2)-22 \times 7$$
$$=5 \times 24+6+4-154$$
$$=-24$$

评析 解法4和解法5是在理解了解法3中$f(x)$与$g(x)$的关联后,直接利用$g(x)$的前几项的值及周期性,间接得出所求的和,思维的灵活性更强,不拘泥于必须求出$f(x)$的相关值,打破了思维常规.相信这种解题思路和方法可以给大家带来一定的启发,使大家在以后的解题中思路更加开阔.

4. 高考链接

(1)[2022年普通高等学校招生全国统一考试(新高考全国Ⅰ卷)数学第12题]已知函数$f(x)$及其导函数$f'(x)$的定义域均为 **R**,记$g(x)=f'(x)$,若$f\left(\dfrac{3}{2}-2x\right)$,$g(2+x)$均为偶函数,则 (　　)

A. $f(0)=0$ 　　　B. $g\left(-\dfrac{1}{2}\right)=0$ 　　　C. $f(-1)=f(4)$ 　　　D. $g(-1)=g(2)$

分析 此题考查了抽象函数的奇偶性、对称性以及导数在研究函数中的应用,属于多选题,对学生整合信息和辨别能力提出了更高的要求.具体求解过程不再详述,感兴趣的读者可以自行求解和查阅.

(2)[2018年普通高等学校招生全国统一考试理科数学(全国卷Ⅱ)第11题]已知函数$f(x)$是定义域为$(-\infty,+\infty)$的奇函数,满足$f(1-x)=f(1+x)$,若$f(1)=2$,则$f(1)+f(2)+\cdots+f(50)=$ _____ . [1]

分析 $f(x)$是奇函数,则图像关于原点$(0,0)$对称,由$f(1-x)=f(1+x)$得函数图像关于直线$x=1$对称,进而可得函数周期$T=4$,接着求出$f(2)$,$f(3)$,$f(4)$,即可得出正确结果.

5. 结束语

从求解过程来看,函数的奇偶性、对称性及周期性有着比较密切的关联性,因此建议教师在教学中,尤其是高三一轮复习备考中要借助于数形结合思想以及转化与化归的思想,给学生讲透相关知识点,让学生弄通悟透.同时,教师要加强对典型试题的研究,引导学生对数学概念、数学方法有更深刻、更系统的认知,在基础性、综合性以及应用性等方面进行更深入的考查.当然,我们也要顺应新课程改革标准对命题的要求,落实好立德树人、服务选才、引导教学的指导思想,坚持高考的核心价值,突出学科特色,重视数学本质,充分发挥数学学科的选拔功能[2].

参 考 文 献

[1] 闫婧梅.巧记结论灵活处理抽象函数的对称性、奇偶性及周期性的相关问题[J].中学生数理化(高中版),2020(2):10-11.

[2] 教育部考试中心.聚焦核心素养 考查关键能力:2021年高考数学全国卷试题评析[J].中国考试,2021(7):70-76.

1.4 厘清问题本质 突破高考难题

——以2022年三道高考压轴题为例

摘 要:抽象函数问题一般要从函数的对称性、奇偶性、周期性、单调性、特殊值等角度去研究,如果问题涉及多个性质往往比较复杂.解题时需要完整的理论基础、灵活的思维模式.2022年全国高考卷中多个试题属于综合性抽象函数问题,值得研究.

关键词:高考;抽象函数;解析

2022年全国高考多份试卷将抽象函数作为压轴选择题,考生普遍反映答得不好,入手难,突破更难.究其原因,教材没有相关内容,至多从正余弦函数迁移理解习得.抽象函数很灵活,少套路,尤其是自变量取值.因此,学生平时关注度不高,训练不到位,对基本的知识、常规的解法不是很熟练,在考场上无从下手.现就几道考题展开研究,以飨读者.

1. 基本理论

结论 1(周期性) 若$f(x)(x \in \mathbf{R})$满足$f(x+a)=f(x+b)$,则$f(x)$的周期为$T=|a-b|$.

结论 2(周期性) 若$f(x)(x \in \mathbf{R})$满足$f(x+a)=-f(x)$,则$f(x)$的周期为$T=2|a|$.

结论 3(周期性) 若$f(x)(x \in \mathbf{R})$满足$f(x+a)=\dfrac{1}{f(x)}$,则$f(x)$的周期为$T=2|a|$.

结论 4(周期性) 若$f(x)(x \in \mathbf{R})$满足$f(x+a)=-\dfrac{1}{f(x)}$,则$f(x)$的周期为$T=2|a|$.

结论 5(对称性) 若$f(x)(x \in \mathbf{R})$满足$f(x+a)=f(b-x)$,则$f(x)$关于直线$x=\dfrac{a+b}{2}$轴对称.

结论 6(对称性) 若$f(x)(x \in \mathbf{R})$满足$f(x+a)+f(b-x)=c$,则$f(x)$关于点$\left(\dfrac{a+b}{2},\dfrac{c}{2}\right)$中心对称.

结论 7(对称性) 若$f(x)(x \in \mathbf{R})$满足$f(x+a)$是偶函数,则$f(x)$关于直线$x=a$轴对称.

结论 8(对称性) 若$f(x)(x \in \mathbf{R})$满足$f(x+a)$是奇函数,则$f(x)$关于点$(a,0)$中心对称.

结论 9 若$f(x)(x \in \mathbf{R})$满足$x=a$是$f(x)$的一条对称,点$(b,0)$是$f(x)$的一个中心对称,那么$f(x)$的周期为$T=4|a-b|$.

限于篇幅,证明从略.建议读者逐项证明,以便厘清条件,掌握本质,抓住关键,灵活应用.

2. 真题研究[1]

试题1 ［2022年普通高等学校招生全国统一考试（新高考全国Ⅰ卷）数学第12题］已知函数$f(x)$及其导函数$f'(x)$的定义域为 **R**，记$g(x)=f'(x)$. 若$f\left(\dfrac{3}{2}-2x\right)$，$g(2+x)$均为偶函数，则 （　　）

A. $f(0)=0$　　　B. $g\left(-\dfrac{1}{2}\right)=0$　　　C. $f(-1)=f(4)$　　　D. $g(-1)=g(2)$

分析　本题主要考查导函数与原函数的关系、抽象函数的对称性及奇偶性. 联想正余弦函数的导数关系、原函数与导函数奇偶性对换、对称轴与对称中心互相转化等，从而衍生出周期性，由于是两个相关函数，解答时要兼顾二者，互为补充.

解　因为$f\left(\dfrac{3}{2}-2x\right)$为偶函数，所以

$$f\left(\frac{3}{2}-2x\right)=f\left(\frac{3}{2}+2x\right) \qquad ①$$

由结论5得$f(x)$关于直线$x=\dfrac{3}{2}$对称，又因为$g(2+x)$为偶函数，所以

$$g(2+x)=g(2-x) \qquad ②$$

由结论5得$g(x)$关于直线$x=2$对称，又因为$g(x)=f'(x)$，所以$g(x)$与$f(x)$的对称轴分别能导出$g(x)$与$f(x)$的对称中心. 也就是，由$g(x)$关于直线$x=2$对称得$f(x)$关于点$(2,h)$对称.

由$f(x)$关于直线$x=\dfrac{3}{2}$对称得$g(x)$关于点$\left(\dfrac{3}{2},0\right)$对称，且

$$f(0)=f(2)=h \qquad ③$$

因此 A 不正确.

由以上轴对称性和中心对称性知函数$f(x)$与$g(x)$均是周期函数，由结论9知$T=4\times\left(2-\dfrac{3}{2}\right)=2$. 所以

$$f(-1)=f(1),f(4)=f(2) \qquad ④$$

由$f(x)$关于直线$x=\dfrac{3}{2}$对称得$f(1)=f(2)$. 所以

$$f(-1)=f(4)$$

因此 C 正确.

因为$g(x)$的定义域为 **R**，且$g(x)$关于点$\left(\dfrac{3}{2},0\right)$对称，所以$g\left(\dfrac{3}{2}\right)=0$.

因为$g(x)$的周期$T=2$知$g\left(-\dfrac{1}{2}\right)=g\left(\dfrac{3}{2}\right)=0$，$g(-1)=g(1)$，所以 B 正确.

因为 $g(x)$ 关于点 $\left(\dfrac{3}{2},0\right)$ 对称,所以 $g(1)+g(2)=0$.

因为 $g(x)$ 的奇偶性待定,所以 $g(-1)+g(2)=0$ 待定,因此 D 不正确.

综上,答案为 BC.

评析 本题的信息量较大,并且相互交织,思路容易混乱.解答过程中,①式和②式利用奇偶性建立关系式时容易写成 $f\left(\dfrac{3}{2}-2x\right)=f\left(-\dfrac{3}{2}+2x\right)$ 和 $g(2+x)=g(-2-x)$,这就错了,错在自变量认定上,这里的抽象复合函数自变量依然是 x.对于点 $(2,h)$ 的"h"非"0"是由导数公式产生的,而点 $\left(\dfrac{3}{2},0\right)$ 的"0"是由极值概念产生的,大家可以利用正余弦函数进行案例验证.如令 $f(x)=\sin \pi x+h$,则 $g(x)=\cos \pi x$.在函数值计算时,要兼顾对称性和周期性,否则容易断"线".这些都是本题的难度所在.本题有很好的区分度.

试题 2 [2022年普通高等学校招生全国统一考试(全国乙卷)数学(理科)第12题]已知函数 $f(x),g(x)$ 的定义域均为 $\mathbf{R}$,且 $f(x)+g(2-x)=5$,$g(x)-f(x-4)=7$.若 $y=g(x)$ 的图像关于直线 $x=2$ 对称,$g(2)=4$,则 $\displaystyle\sum_{k=1}^{22} f(k)=$ （　　）

A. -21 B. -22 C. -23 D. -24

分析 本题是考查两个抽象函数的对称问题和周期性问题,以 $f(x)$ 的函数值之和为出口.因此,首先要考虑消去或代换掉 $g(x)$.为实现这个目标必须充分利用"$f(x),g(x)$ 的定义域均为 $\mathbf{R}$"这一条件,对自变量合理赋"值".从已知的两个关系式能发现函数的对称性,进而分析出函数的周期性.已知的轴对称性要和已知关系式紧密结合起来,才能起到桥梁作用.

解 因为 $y=g(x)$ 的图像关于直线 $x=2$ 对称,所以

$$g(2-x)=g(x+2) \qquad\qquad ⑤$$

因为

$$g(x)-f(x-4)=7$$

将该关系式中 x 代换成 $x+2$ 得 (＊)

$$g(x+2)-f(x-2)=7$$

即

$$g(x+2)=7+f(x-2) \qquad\qquad ⑥$$

因为

$$f(x)+g(2-x)=5 \qquad\qquad ⑦$$

将⑤式代入⑦式得

$$f(x)+g(x+2)=5 \qquad\qquad ⑧$$

将⑥式代入⑧式得

$$f(x)+[7+f(x-2)]=5$$

即

$$f(x)+f(x-2)=-2 \qquad ⑨$$

令 $x=22$ 得

$$f(22)+f(20)=-2$$

令 $x=21$ 得

$$f(21)+f(19)=-2$$

所以发现连续 4 项和 -4. 所以

$$f(22)+f(21)+\cdots+f(4)+f(3)=-4\times 5=-20 \qquad ⑩$$

在⑦式中令 $x=0$ 得

$$f(0)+g(2)=5$$

因为 $g(2)=4$,所以 $f(0)=1$,在⑨式中令 $x=2$ 得

$$f(2)=-2-f(0)=-3$$

在 $g(x)-f(x-4)=7$ 中,将 x 代换成 $x+4$ 得($*$)

$$g(x+4)-f(x)=7 \qquad ⑪$$

由⑦式+⑪式得

$$g(2-x)+g(x+4)=12$$

根据结论 6 知,$y=g(x)$ 的图像关于点 $(3,6)$ 中心对称,又因为函数 $g(x)$ 的定义域为 **R**,所以 $g(3)=6$.

在⑧式中令 $x=1$ 得

$$f(1)=5-g(3)=-1$$

所以

$$\sum_{k=1}^{22}f(x)=f(1)+f(2)+[f(3)+\cdots+f(22)]=-1-3-4\times 5=-24$$

故选 D.

评析 在($*$)处的代换目标性很强,因需代换,考生应谨慎.由题设的轴对称性可以得到无数的关系式,此时应根据需要选择⑤式,当然也可以选择其他关系式,这会导致后期解题走向变化,有兴趣的同人可以试试.通过周期性完成 20 项求和后,解答陷入"僵局",此时思维转换,以退为进,着手研究 $g(x)$,从它的对称中心找到突破点,这一点对考生来讲十分困难.整个解题过程一定要目标明确,自变量选择具有任意性,这是本题难点所在,需要考生有较高的思辨能力,刷题难以应对这类题目.

试题 3 [2022 年普通高等学校招生全国统一考试(新高考全国 Ⅱ 卷)数学第 8 题]若函数 $f(x)$ 的定义域为 **R**,且 $f(x+y)+f(x-y)=f(x)f(y)$,$f(1)=1$,则 $\sum_{k=1}^{22}f(k)=$ （　　）

A. -3 B. -2 C. 0 D. 1

分析 此题和上一题显然是姊妹篇,但是风格迥然.其没有明显的对称性、周期性条件,需要考生在神秘的关系式" $f(x+y)+f(x-y)=f(x)f(y)$ "中去探索解题所需.这个关系式

考生并不陌生,但以前主要用于研究抽象函数的奇偶性、单调性.赋值法是解决这类问题的法宝.条件"$f(1)=1$"是消元的唯一出口,也为赋值提供了依据.但赋值方向不明,解答充满着变数.

解 因为 $f(1)=1$,所以令 $y=1$ 得

$$f(x+1)+f(x-1)=f(x)\times f(1)=f(x)$$

进而

$$f(x+1)=f(x)-f(x-1) \tag{⑫}$$

将⑫式中的 x 代换成 $x+1$ 得

$$f(x+2)=f(x+1)-f(x) \tag{⑬}$$

将⑬式中的 x 代换成 $x+1$ 得

$$f(x+3)=f(x+2)-f(x+1) \tag{⑭}$$

将⑫式、⑬式代入⑭式得

$$f(x+3)=-f(x)$$

由结论 2 知,$f(x)$ 周期为 $T=6$.

下面计算前 6 项.

在 $f(x+y)+f(x-y)=f(x)f(y)$ 中,令 $x=1,y=0$ 得

$$f(1)+f(1)=f(1)f(0)$$

又 $f(1)=1$,所以 $f(0)=2$.

所以利用⑫式依次得 $f(2)=-1,f(3)=-2,f(4)=-1,f(5)=1,f(6)=2$.所以

$$f(1)+\cdots+f(6)=0$$

因此

$$\sum_{k=1}^{22}f(x)=f(1)+f(2)+f(3)+f(4)+3[f(1)+\cdots+f(6)]$$
$$=1-1-2-1+3\times 0=-3$$

故选 A.

评析 利用⑫式找到题目的递推关系,借助此式建立周期是一个难点.在未有心理预期的情况下连续两次迭代不易想到,只有坚信问题与周期有关方可持续迭代,也需要考生熟悉结论 2,否则迭代是茫然的.赋值和迭代是解答本题的重要手段.这是一个创新的抽象函数问题,与从前研究抽象函数的奇偶性手段相比,虽然都是赋值,但是本题迭代赋值还是很新颖的,对考生的能力要求很高.

3. 链接高考[2]

题1 (2016 年)已知函数 $f(x)(x\in\mathbf{R})$,满足 $f(-x)=2-f(x)$,若函数 $y=\dfrac{x+1}{x}$ 与 $f(x)$ 的图像交点为 $(x_1,y_1),(x_2,y_2),\cdots,(x_m,y_m)$,则 $\displaystyle\sum_{i=1}^{m}(x_i+y_i)=$ (　　)

A. 0   B. m C. $2m$ D. $4m$

题2 （2009年）函数 $f(x)(x\in\mathbf{R})$，若 $f(x+1)$ 与 $f(x-1)$ 都是奇函数，则   （   ）

A. $f(x)$ 是奇函数   B. $f(x)$ 是偶函数

C. $f(x)=f(x+2)$ D. $f(x+3)$ 是奇函数

题3 （2008年）函数 $f(x)$ 满足 $f(x)f(x+2)=13$，若 $f(1)=2$，则 $f(99)=$ （   ）

A. 13   B. 2   C. $\dfrac{13}{2}$ D. $\dfrac{2}{13}$

4. 解法提炼

解答这类有关抽象函数求值问题，我们要充分利用自变量的任意性，对其进行赋值，逐步向目标靠近；熟练掌握抽象函数的对称性、周期性的多种定义和衍生结论，不是记忆，而是理解；双抽象函数的内在关系要理顺，利用消元思想，逐个击破；思路要开阔，不能寻求一种万能办法应对灵活多变的抽象问题，而是要系统关注每个函数、每个性质、每个特殊值；主动培养创新意识，积极应对新模式、新定义、新情景、新问题.

参 考 文 献

［1］ 王峰.2021年合肥市高三第一次教学质量检测理科数学试题的思考［J］.中学数学教学,2021(3):72-76.

［2］ 任志鸿.十年高考分类解析与应试策略.数学［M］.北京:知识出版社,2020.

第2章 基本不等式篇

2.1 构造基本不等式突破最值难题的几种方法

摘 要：基本不等式是高中数学的重要内容，更是重要的工具，一些高难度的试题是不具备利用基本不等式解题的条件的，构造条件需要一些技巧和方法，并且方法针对性较强，只有深刻理解"二定"，才能在具体背景下构造成功.

关键词：基本不等式；构造；方法

我们都知道，基本不等式是高中数学的重要内容，是很多题目的突破工具. 在教学中，大家都注意基本不等式的证明. 常规应用，特别强调"一正、二定、三相等"的理解和验证. 事实上，一部分高难度的试题，表象上根本不具备基本不等式的使用条件，往往需要临时构造条件，那么构造的方法就尤为重要. 下面以具体例子介绍一些方法（或称技巧）.

1. 消元法[1]

例1 若 $a,b \in \mathbf{R}_+$，$ab+2a+b=4$，则 $a+b$ 的最小值为 （ ）

A. 2   B. $\sqrt{6}-1$ C. $2\sqrt{6}-2$ D. $2\sqrt{6}-3$

分析 本题题设中的"2"把问题难度提高了，使问题不具备应用基本不等式解题的条件. 我们可以先用 a 表示 $b=-2+\dfrac{6}{a+1}$，再化简目标式 $a+b=a+1+\dfrac{6}{a+1}-3$，最后利用基本不等式可求最小值.

解 因为 $a,b \in \mathbf{R}_+$，$ab+2a+b=4$，所以

$$b(a+1)=4-2a$$

所以

$$b=\frac{4-2a}{a+1}=-\frac{2a-4}{a+1}=-\frac{2(a+1)-6}{a+1}=-2+\frac{6}{a+1}$$

所以

$$a+b=a-2+\frac{6}{a+1}=a+1+\frac{6}{a+1}-3$$

因为 $a>0$，所以

$$a+b \geqslant 2\sqrt{(a+1)\cdot\frac{6}{a+1}}-3=2\sqrt{6}-3$$

— 22 —

当且仅当 $a+1=\dfrac{6}{a+1}$ 即 $a=\sqrt{6}-1$ 时等式成立.

故选 D.

例2 若正数 a,b 满足 $\dfrac{1}{a}+\dfrac{1}{b}=1$,则 $\dfrac{4}{a-1}+\dfrac{9}{b-1}$ 的最小值为 　　　　　( )

A. 6　　　　　　B. 9　　　　　　C. 12　　　　　　D. 24

分析 本题的题设很常见,但是与目标式不搭,目标式的分母中的"-1"将基本不等式"隐藏"起来. 我们由题设可得 $b=\dfrac{a}{a-1}$,则 $\dfrac{4}{a-1}+\dfrac{9}{b-1}=\dfrac{4}{a-1}+\dfrac{9}{\dfrac{a}{a-1}-1}=\dfrac{4}{a-1}+9(a-1)$,利用基本不等式可求出最小值.

解 因为正数 a,b 满足 $\dfrac{1}{a}+\dfrac{1}{b}=1$,所以 $b=\dfrac{a}{a-1}>0$. 解得 $a>1$,同理 $b>1$,则

$$\frac{4}{a-1}+\frac{9}{b-1}=\frac{4}{a-1}+\frac{9}{\dfrac{a}{a-1}-1}=\frac{4}{a-1}+9(a-1)\geqslant 2\sqrt{9(a-1)\cdot\frac{4}{a-1}}=12$$

当且仅当 $a=\dfrac{5}{3}$ 时等式成立.

所以 $\dfrac{4}{a-1}+\dfrac{9}{b-1}$ 的最小值为 12.

故选 C.

评析 当题目中双变量不方便整体处理,而出现常数时,我们可以尝试消去一个变量,使问题向基本不等式靠近,达到解决问题的目的.

2. 换元法

例3 若 $x>0,y>0$,且 $\dfrac{1}{x+1}+\dfrac{1}{x+2y}=1$,则 $2x+y$ 的最小值为 　　　　( )

A. 2　　　　　　B. $2\sqrt{3}$　　　　　　C. $\dfrac{1}{2}+\sqrt{3}$　　　　　　D. $4+2\sqrt{3}$

分析 本题的题设分母较复杂,不利于基本不等式的解题应用. 我们设 $x+1=a,x+2y=b$,可将题目转化为已知 $\dfrac{1}{a}+\dfrac{1}{b}=1$,求 $2(a-1)+\dfrac{b-a+1}{2}$ 的最小值,由 $2(a-1)+\dfrac{b-a+1}{2}=\dfrac{3a+b}{2}-\dfrac{3}{2}$,且 $3a+b=(3a+b)\left(\dfrac{1}{a}+\dfrac{1}{b}\right)$,结合基本不等式可求出 $3a+b$ 的最小值,进而可求出 $2x+y$ 的最小值.

解 设 $x+1=a,x+2y=b$,则 $x=a-1,y=\dfrac{b-a+1}{2}$,且 $a>1,b>0$,则

$$2x+y=2(a-1)+\frac{b-a+1}{2}=\frac{3a+b}{2}-\frac{3}{2}$$

而

$$3a+b=(3a+b)\left(\frac{1}{a}+\frac{1}{b}\right)=4+\frac{3a}{b}+\frac{b}{a}\geq 4+2\sqrt{\frac{3a}{b}\times\frac{b}{a}}=4+2\sqrt{3}$$

当且仅当 $\frac{3a}{b}=\frac{b}{a}$,即 $a=\frac{3+\sqrt{3}}{3}$,$b=\frac{3\sqrt{3}+3}{3}$ 时等式成立.

则

$$2(a-1)+\frac{b-a+1}{2}\geq\frac{4+2\sqrt{3}}{2}-\frac{3}{2}=\frac{1}{2}+\sqrt{3}$$

故选 C.

例 4 已知实数 a,b,满足 $a>2b>0$,且 $2a+b=\frac{2}{a-2b}$,则 $z=\frac{a+3b}{a^2+b^2}$ 的最大值是 （ ）

A. $\frac{5}{4}$ B. $\frac{4}{5}$ C. $\frac{5}{2}$ D. $\frac{2}{5}$

分析 令 $\begin{cases}x=2a+b\\y=a-2b\end{cases}$,从而利用 x,y 表示出 a,b,利用基本不等式进行求解.

解 令 $\begin{cases}x=2a+b>0\\y=a-2b>0\end{cases}$,则 $\begin{cases}a=\frac{2x+y}{5}\\b=\frac{x-2y}{5}\end{cases}$,可得

$$z=\frac{a+3b}{a^2+b^2}=\frac{\frac{2x+y}{5}+\frac{3x-6y}{5}}{(\frac{2x+y}{5})^2+(\frac{x-2y}{5})^2}=\frac{5(x-y)}{x^2+y^2}=\frac{5(x-y)}{(x-y)^2+2xy}$$

因为 $2a+b=\frac{2}{a-2b}$,所以 $xy=2$,因此 $z=\frac{5}{x-y+\frac{4}{x-y}}$.

由题意,$a>2b>0$,可得 $x-y>0$,所以

$$x-y+\frac{4}{x-y}\geq 2\sqrt{(x-y)\cdot\frac{4}{x-y}}=4$$

当且仅当 $x-y=2$ 时等式成立.

所以 $z\leq\frac{5}{4}$,则 $z_{max}=\frac{5}{4}$.

故选 A.

评析 换元的目的是让复杂的题设简洁化,无论是和为常数,还是积为常数,都应在换元后便于应用.

3. 降次法

例 5 若 $a,b\in\mathbf{R}$,且 $a^2+2ab-3b^2=1$,则 a^2+b^2 的最小值为 （ ）

A. $\dfrac{\sqrt{5}+1}{4}$　　　　B. $\dfrac{\sqrt{3}-1}{4}$　　　　C. $4+\sqrt{26}$　　　　D. $\sqrt{3}-1$

分析　由 $a^2+2ab-3b^2=1$ 得 $(a+3b)(a-b)=1$,再换元,令 $x=a+3b,y=a-b$,将两次的题设转化为一次,然后利用基本不等式可得目标式的最小值.

解　由 $a^2+2ab-3b^2=1$ 得

$$(a+3b)(a-b)=1$$

令 $x=a+3b,y=a-b$,则 $xy=1$,且 $a=\dfrac{x+3y}{4},b=\dfrac{x-y}{4}$,所以

$$a^2+b^2=\left(\dfrac{x+3y}{4}\right)^2+\left(\dfrac{x-y}{4}\right)^2=\dfrac{x^2+5y^2+2}{8}\geqslant\dfrac{2\sqrt{5x^2y^2}+2}{8}=\dfrac{\sqrt{5}+1}{4}$$

当且仅当 $x^2=\sqrt{5},y^2=\dfrac{\sqrt{5}}{5}$ 时等式成立.

故 a^2+b^2 的最小值为 $\dfrac{\sqrt{5}+1}{4}$.

故选 A.

评析　当题设的二次式很难与目标式建立基本不等式的关系时,降次能为目标式提供变形的机会,从方程组的角度看,降次后建立了二元一次方程组.

4. 升幂法

例6　设正数 x,y,满足 $\sqrt{x}+\sqrt{y}\leqslant a\sqrt{x+y}$ 恒成立,则 a 的最小值为_____.

分析　根式间没有基本不等式的关系,但一次式和根式间有重要的基本关系.分析已知条件易知 $a>0$,对已知不等式平方、变形,然后利用基本不等式可得目标式的最小值.

解　由 $\sqrt{x}+\sqrt{y}\leqslant a\sqrt{x+y}$ 得 $x+y+2\sqrt{xy}\leqslant a^2(x+y)$,所以

$$a^2\geqslant\dfrac{x+y+2\sqrt{xy}}{x+y}$$

而

$$\dfrac{x+y+2\sqrt{xy}}{x+y}=1+\dfrac{2\sqrt{xy}}{x+y}\leqslant1+1=2$$

当且仅当 $x=y$ 时等式成立,所以 $a^2\geqslant2$,因此 $a\geqslant\sqrt{2}$.

故 a 的最小值为 $\sqrt{2}$.

评析　当题设中出现根式与根式的关系时,通过平方升幂能够构造一次式和根式关系式,从而建立基本不等式的关系.

5. 代入法

例7　设 $M=\left(\dfrac{1}{a}-1\right)\left(\dfrac{1}{b}-1\right)\left(\dfrac{1}{c}-1\right)$,且 $a+b+c=1$ (a,b,c 均为正数),则 M 的取值范围是

　　　　　　　　　　　　　　　　　　　　　　　　　　　　　　　　　　（　　）

A. $\left[0,\dfrac{1}{8}\right)$ B. $\left[-\dfrac{1}{8},0\right)$ C. $[1,8)$ D. $[8,+\infty)$

分析 利用"$a+b+c=1$"中的1,对 $M=\left(\dfrac{1}{a}-1\right)\left(\dfrac{1}{b}-1\right)\left(\dfrac{1}{c}-1\right)$ 的每一个因式进行化简,然后利用基本不等式求最值.

解 根据题意,$a+b+c=1(a,b,c$ 均为正数),则

$$\frac{1}{a}-1=\frac{a+b+c}{a}-1=\frac{b+c}{a}\geqslant\frac{2\sqrt{bc}}{a}$$

同理

$$\frac{1}{b}-1\geqslant\frac{2\sqrt{ac}}{b},\frac{1}{c}-1\geqslant\frac{2\sqrt{ab}}{c}$$

则

$$M=\left(\frac{1}{a}-1\right)\left(\frac{1}{b}-1\right)\left(\frac{1}{c}-1\right)\geqslant\frac{2\sqrt{bc}}{a}\times\frac{2\sqrt{ac}}{b}\times\frac{2\sqrt{ab}}{c}=8$$

当且仅当 $a=b=c=\dfrac{1}{3}$ 时等式成立,则 $M=\left(\dfrac{1}{a}-1\right)\left(\dfrac{1}{b}-1\right)\left(\dfrac{1}{c}-1\right)$ 有最小值8,其取值范围为 $[8,+\infty)$.

故选 D.

评析 在代入前,必须对问题进行预估,不可以随意代入,以免掩盖基本不等式.本题就是一个典型案例.

6. 齐次法

例8 已知 $a>0,b>0,a+2b=1$,则 $\dfrac{b^2+a+1}{ab}$ 的最小值是_____. [2]

分析 利用1乘数不变的原理将目标式分子中的 a 化为二次式,用"$a+2b=1$"平方代替分子中的1,这样目标式就构造成二次齐次式了.利用基本不等式求类似 $\dfrac{b}{a}+\dfrac{a}{b}$ 的表达式的最值.

解 根据题意有

$$\frac{b^2+a+1}{ab}=\frac{b^2+a(a+2b)+(a+2b)^2}{ab}$$

$$=\frac{b^2+a^2+2ab+a^2+4ab+b^2}{ab}$$

$$=\frac{b}{a}+\frac{a}{b}+2+\frac{a}{b}+4+\frac{4b}{a}$$

$$=\frac{5b}{a}+\frac{2a}{b}+6$$

$$\geqslant 2\sqrt{10}+6$$

当且仅当 $\dfrac{5b}{a}=\dfrac{2a}{b}$ 时等式成立.

所以,$\dfrac{b^2+a+1}{ab}$ 的最小值是 $2\sqrt{10}+6$.

例 9 设 $a,b,c\in\mathbf{R}$,$a+b+c=0$,$abc=1$. 用 $\max\{a,b,c\}$ 表示 a,b,c 中的最大值,证明:$\max\{a,b,c\}\geqslant\sqrt[3]{4}$.

证明 由 $a+b+c=0$,$abc=1$ 可知,$a>0$,$b>0$,$c>0$,因为 $a=-b-c$,$a=\dfrac{1}{bc}$,所以

$$a^3=a^2\cdot a=\dfrac{(b+c)^2}{bc}=\dfrac{b^2+c^2+2bc}{bc}\geqslant\dfrac{2bc+2bc}{bc}=4$$

当且仅当 $b=c$ 时等式成立.

所以 $a\geqslant\sqrt[3]{4}$,即 $\max\{a,b,c\}\geqslant\sqrt[3]{4}$.

评析 齐次化是为了裂项,裂项是为了构造基本不等式.本题目标式中的一次项、常数项是问题的陷阱,只有具备这种化齐次的意识方可突破此问题.

参 考 文 献

[1] 李昌成,李玉翠. 一道高考题的 7 种解法[J]. 数理化解题研究,2020(25):82-83.

[2] 赵成海. 高中必刷题. 数学:选择性必修. 第二册:RJB[M]. 北京:首都师范大学出版社,2020.

2.2 均值不等式中"常数代换"的本质探究

摘 要:本节从均值不等式的一个常见题型引出话题:常数代换的本质是什么? 通过对柯西不等式的证明与推广,发现这种题型的解题本质,并加以应用,以期学生从本质上掌握这种不等式问题的解法,减少学生解答这类试题的盲目性.

关键词:均值不等式;常数代换;本质探究

不等式是高中数学的重要内容,求最大值、最小值是不等式的应用之一. 利用均值不等式求最值有一种常见方法——"常数代换",本解法常用于分式与整式乘积型(不具备形式,可构造)式子求最值. 下面是一个利用这种方法求最值的例子.

1. 实例呈现

已知 $x,y\in\mathbf{R}^+$,$x+3y=5xy$,求 $3x+4y$ 的最小值.

解 因为 $x+3y=5xy$,$\dfrac{1}{x}+\dfrac{3}{y}=5$,所以

$$3x+4y = \frac{1}{5}(3x+4y) \cdot \left(\frac{3}{x}+\frac{1}{y}\right)$$

$$= \frac{1}{5}\left(\frac{3x}{y}+\frac{12y}{x}\right)+\frac{13}{5}$$

$$\geq \frac{1}{5}\times 2\times \sqrt{36}+\frac{13}{5}$$

$$= 5$$

当且仅当 $x=1$, $y=\frac{1}{2}$ 时等式成立.

评析 这种方法的本质实际上是"常数代换",具体而言,将目标 $3x+4y$ 视为 $\frac{1}{5}(3x+4y) \cdot 5$,然后把其中的常数因数 5 代换为已知的代数式 $\frac{1}{x}+\frac{3}{y}$,最后展开后利用均值不等式,求出目标 $3x+4y$ 的最小值.

2. 追根溯源

顾名思义,"常数代换"法就是把"常数"代换为"代数式"的方法. 代数式代换为常数是一个求简的过程,是正向思维的过程;而把常数代换为代数式是一个化繁的过程,是逆向思维的过程.

学生刚接触这种方法时大多感觉"把常数代换为代数式"仿佛神来之笔,教师大多也不深入解释这种"神来之笔"是如何从天而降的,从而使得"常数代换"没有成为学生"自己的可用知识",没有与已有知识"连在一起","常数代换"只是存放在学生头脑中的一个"孤零零的小岛",其只能死记硬背,机械套用,久而久之,便会遗忘这种技巧性的"常数代换"方法. 正如布鲁纳所言,这种知识"是一种多半会被遗忘的知识,一串不连贯的论据在记忆中仅有短促得可怜的寿命".

那么"常数代换"这种方法的由来是什么呢?换言之,如何通过旧知识建立起支撑"常数代换"的理论依据呢?

为此,先来了解一下著名的柯西不等式.

已知二维向量 $\boldsymbol{a}=(a_1,a_2)$, $\boldsymbol{b}=(b_1,b_2)$,则根据向量内积的定义 $\boldsymbol{a} \cdot \boldsymbol{b} = |\boldsymbol{a}||\boldsymbol{b}|\cos<\boldsymbol{a},\boldsymbol{b}>$,立即得到不等式

$$|\boldsymbol{a} \cdot \boldsymbol{b}| \leq |\boldsymbol{a}| \cdot |\boldsymbol{b}|$$

然后将其坐标 $\boldsymbol{a}=(a_1,a_2)$, $\boldsymbol{b}=(b_1,b_2)$ 代入上式,并整理得

$$(a_1a_2+b_1b_2)^2 \leq (a_1^2+a_2^2)(b_1^2+b_2^2)$$

把上述二维向量的情形推广到 n 维向量,就得到柯西不等式的一般形式.

设 n 维向量 $\boldsymbol{a}=(a_1,a_2,\cdots,a_n)$, $\boldsymbol{b}=(b_1,b_2,\cdots,b_n)$,则有

$$|\boldsymbol{a} \cdot \boldsymbol{b}| \leq |\boldsymbol{a}| \cdot |\boldsymbol{b}| \qquad ①$$

故有

$$(a_1b_1+a_2b_2+\cdots+a_nb_n)^2 \leq (a_1^2+a_2^2+\cdots+a_n^2)(b_1^2+b_2^2+\cdots+b_n^2) \qquad ②$$

当且仅当 $\lambda a_i = \mu b_i (\lambda, \mu \neq 0)$ 时等式成立.

这里把①式称为"柯西不等式的向量形式",②式称为"柯西不等式的代数形式".

将柯西不等式特殊化,可以得到一些优美的结论.

结论 1 若 $a_i > 0 (i = 1, 2, \cdots, n)$,则

$$(a_1 + a_2 + \cdots + a_n)\left(\frac{1}{a_1} + \frac{1}{a_2} + \cdots + \frac{1}{a_n}\right) \geqslant n^2$$

结论 2 $(a_1^2 + a_2^2 + \cdots + a_n^2)\left(\frac{1}{a_1^2} + \frac{1}{a_2^2} + \cdots + \frac{1}{a_n^2}\right) \geqslant n^2$;

结论 3 如果 $x_i > 0, a_i b_i > 0 (i = 1, 2, \cdots, n)$,那么

$$(a_1 x_1 + a_2 x_2 + \cdots + a_n x_n)\left(\frac{b_1}{x_1} + \frac{b_2}{x_2} + \cdots + \frac{b_n}{x_n}\right) \geqslant \left(\sqrt{a_1 b_1} + \sqrt{a_2 b_2} + \cdots + \sqrt{a_n b_n}\right)^2$$

对于结论 3,当右端为常数时,如果 $\frac{b_1}{x_1} + \frac{b_2}{x_2} + \cdots + \frac{b_n}{x_n}$ 为常数,就可以求出代数式 $a_1 x_1 + a_2 x_2 + \cdots + a_n x_n$ 的最小值;同理,如果 $a_1 x_1 + a_2 x_2 + \cdots + a_n x_n$ 为常数,则可以求出代数式 $\frac{b_1}{x_1} + \frac{b_2}{x_2} + \cdots + \frac{b_n}{x_n}$ 的最小值. 换言之,前述的"常数代换"方法本质就是由柯西不等式特殊化得到的结论 3 而来的,即把结论 3 中左端的其中一个因子替换为常数,就得到大量类似前述例题的问题.

3. 牛刀小试

例 1 已知正数 x, y 满足 $x + 2y = 1$,求 $\frac{1}{x} + \frac{2}{y}$ 的最小值.

解 因为 $x + 2y = 1$,所以

$$\frac{1}{x} + \frac{2}{y} = (x + 2y)\left(\frac{1}{x} + \frac{2}{y}\right) \geqslant (1 + 2)^2 = 9$$

当且仅当 $x = \frac{1}{3}, y = \frac{1}{3}$ 时, $\frac{1}{x} + \frac{2}{y}$ 取得最小值 9.

例 2 已知正数 a, b, c 满足 $a + b + c = 9$,求 $\frac{2}{a} + \frac{2}{b} + \frac{2}{c}$ 的最小值.

解 因为

$$(a + b + c)\left(\frac{2}{a} + \frac{2}{b} + \frac{2}{c}\right) \geqslant \left(\sqrt{a} \cdot \sqrt{\frac{2}{a}} + \sqrt{b} \cdot \sqrt{\frac{2}{b}} + \sqrt{c} \cdot \sqrt{\frac{2}{c}}\right)^2 = 18, a + b + c = 9$$

所以

$$\frac{2}{a} + \frac{2}{b} + \frac{2}{c} \geqslant 2$$

当且仅当 $a = 3, b = 3, c = 3, \frac{2}{a} + \frac{2}{b} + \frac{2}{c}$ 取得最小值 2.

例 3 已知 x, y, z 为实数, $x + y + z = 1$,求 $\sqrt{3x + 1} + \sqrt{3y + 2} + \sqrt{3z + 3}$ 的最大值.

解 因为

$$(\sqrt{3x+1}+\sqrt{3y+2}+\sqrt{3z+3})^2 \leq (1^2+1^2+1^2)(3x+1+3y+2+3z+3)=27$$

所以

$$\sqrt{3x+1}+\sqrt{3y+2}+\sqrt{3z+3} \leq 3\sqrt{3}$$

当且仅当 $x=\dfrac{2}{3}$，$y=\dfrac{1}{3}$，$z=0$，$\sqrt{3x+1}+\sqrt{3y+2}+\sqrt{3z+3} \leq 3\sqrt{3}$ 取得最大值 $3\sqrt{3}$.

评析 可以发现，3 个变式用柯西不等式解答要比均值来得简洁，常数代换功不可没，为柯西不等式提供了条件.

4. 结束语

通过以上研究发现，上述问题实质上就是通过结论 3 特殊化（即将左端一个因子替换为常数）命制出来的. 那么反过来，解决诸如上述这样的问题，自然需要把常数再替换为原来的代数式即可. 这也就是"常数代换"方法的本质.

通过这样的还原，我们建立了支撑"常数代换"方法的一连串的论据，从而使"常数代换"方法真正变成了学生"自己的可用知识"，而不是需要死记硬背、机械套用的"孤零零"的知识，从而使"理解学习"真正得以实现.

第 3 章　三角函数篇

3.1　对 2018 年普通高等学校招生全国统一考试（全国 I 卷）理科数学第 16 题的赏析

摘　要:《普通高中数学课程标准》要求高中数学课程应注意提高学生的数学思维能力.考试大纲指出,高考对能力的考查,强调"以能力立意".2018 年普通高等学校招生全国统一考试（全国 I 卷）理科数学第 16 题就是一个典型例子.本节从不同角度,开拓思路,分析解答,充分挖掘高考题的教学指导功能,再现命题的能力立意,以期提高教学实效性.

关键词:高考题;赏析;解答

《普通高中数学课程标准》要求高中数学课程应注意提高学生的数学思维能力,这是数学教育的基本目标之一……数学思维能力在形成理性思维中发挥着独特的作用[1].

考试大纲指出,高考对能力的考查,强调"以能力立意",就是以数学知识为载体,从问题入手,把握学科的整体意义,用统一的数学观点组织材料[2].

现在的高考题正在积极落实新课程标准和考试大纲的精神,每年都会命制一些凸显能力立意的试题,增加试卷的区分度,以选拔优秀人才.2018 年普通高等学校招生全国统一考试（全国 I 卷）理科数学第 16 题就是一个典型例子.

1. 试题呈现

题目　已知函数 $f(x) = 2\sin x + \sin 2x$,则 $f(x)$ 的最小值是_____.

2. 分析解答

分析 1　2017 年普通高等学校招生全国统一考试理科数学（全国 II 卷）考过这样一个填空题:"函数 $f(x) = \sin^2 x + \sqrt{3}\cos x - \dfrac{3}{4}\left(x \in \left[0, \dfrac{\pi}{2}\right]\right)$ 的最大值是_____."此题中函数是将正弦函数两次变换相加而得到的,第一次纵坐标伸长为原来的两倍,横坐标不变;第二次横坐标缩短为原来的一半,纵坐标不变.这个加号有分量,依靠常规的三角运算和方法作答有困难.因此,我们首先考虑"万能"的导数,找到极值点,求出全部极值,最后取最小的极值作最小值.

解法 1　$f'(x) = 2\cos x + 2\cos 2x$,由 $f'(x) = 0$ 得

$$2\cos^2 x + \cos x - 1 = 0$$

解得 $\cos x = \dfrac{1}{2}$，或 $\cos x = -1$，所以 $\sin x = \dfrac{\sqrt{3}}{2}$，或 $\sin x = -\dfrac{\sqrt{3}}{2}$，或 $\sin x = 0$.

当 $\sin x = \dfrac{\sqrt{3}}{2}, \cos x = \dfrac{1}{2}$ 时，$f(x) = \dfrac{3\sqrt{3}}{2}$；

当 $\sin x = -\dfrac{\sqrt{3}}{2}, \cos x = \dfrac{1}{2}$ 时，$f(x) = -\dfrac{3\sqrt{3}}{2}$；

当 $\sin x = 0, \cos x = -1$ 时，$f(x) = 0$.

由三角函数的连续性和有界性，结合极值的概念得 $f(x)_{\min} = -\dfrac{3\sqrt{3}}{2}$.

分析 2　从周期的角度考虑，可以判断本函数的周期为 2π. 我们用函数在 $(0, 2\pi)$ 内的最小值作为函数的最小值. 整体不易突破，我们从局部入手，结合图像变换知，最小值出现在 $\left(\dfrac{3}{2}\pi, 2\pi\right)$ 之内，此时可以统一角和三角函数名称，换元后将问题转化成求高次函数的最值.

解法 2　由于 $y = 2\sin x$ 的最小正周期为 2π，$y = \sin 2x$ 的最小正周期为 π，由最小公倍数法知，$f(x)$ 的最小正周期为 2π. 下面给出证明.

$$f(x+2\pi) = 2\sin(x+2\pi) + \sin 2(x+2\pi) = 2\sin x + \sin(2x+4\pi) = 2\sin x + \sin 2x = f(x)$$
所以本函数的最小正周期为 $T = 2\pi$.

一般地，$f(x), h(x)$ 都是定义域 D 上的周期函数，T_1, T_2 分别是它们的一个周期，若 $\dfrac{T_1}{T_2} \in \mathbf{Q}$，则它们的和、差、积、商也是 D 上的周期函数，T_1, T_2 的公倍数为它们的一个周期. 设 $\dfrac{T_1}{T_2} = \dfrac{n}{m}(m, n \in \mathbf{N}^*)$，记 $T = mT_1 = nT_2$，对于 $\forall x \in D$，则
$$f(x+T) + h(x+T) = f(x+mT_1) + h(x+nT_2) = f(x) + h(x)$$
所以 T 为 $f(x) + h(x)$ 的一个周期. 可以类似证明差、积、商情形.

下面在 $(0, 2\pi)$ 内研究本函数：

当 $x \in \left(0, \dfrac{\pi}{2}\right)$ 时，$y = 2\sin x > 0, y = \sin 2x > 0$；

当 $x \in \left(\dfrac{\pi}{2}, \pi\right)$ 时，$y = 2\sin x > 0, y = \sin 2x < 0$；

当 $x \in \left(\pi, \dfrac{3}{2}\pi\right)$ 时，$y = 2\sin x < 0, y = \sin 2x > 0$；

当 $x \in \left(\dfrac{3}{2}\pi, 2\pi\right)$ 时，$y = 2\sin x < 0, y = \sin 2x < 0$.

因此，$f(x)$ 最小值出现在 $\left(\dfrac{3}{2}\pi, 2\pi\right)$ 之内. 此时 $f(x) = 2\sin x(1+\cos x)$，进而
$$f(x) = -2\sqrt{1-\cos^2 x}\,(1+\cos x)$$
$$= -2\sqrt{(1-\cos^2 x)(1+\cos x)^2}$$

$$=-2\sqrt{-\cos^4 x-2\cos^3 x+2\cos x+1}$$

令 $t=\cos x,x\in\left[\dfrac{3}{2}\pi,2\pi\right],g(x)=-t^4-2t^3+2t+1,t\in[0,1].$

利用导数可以证明,$g(x)\leqslant g\left(\dfrac{1}{2}\right)=\dfrac{27}{16}$,所以

$$f(x)\geqslant-2\sqrt{\dfrac{27}{16}}=-\dfrac{3}{2}\sqrt{3}$$

$$f(x)_{\min}=-\dfrac{3}{2}\sqrt{3}$$

分析3 本题基本背景是三角函数,故对于角的处理极为重要.本题可以考虑用同角三角函数的平方关系、二倍角、扩角降幂等知识处理函数.可以发现解法2最后的函数形式还是稍微有些复杂的.我们可以再做角的文章,以期简化函数,方便解答.

解法3 结合解法2,$f(x)$ 最小值出现在 $\left(\dfrac{3}{2}\pi,2\pi\right)$ 之内.此时

$$f(x)=2\sin x(1+\cos x)=4\sin\dfrac{x}{2}\cos\dfrac{x}{2}\cdot 2\cos^2\dfrac{x}{2}=8\sin\dfrac{x}{2}\cos^3\dfrac{x}{2}$$

$$=8\sqrt{1-\cos^2\dfrac{x}{2}}\cdot\cos^3\dfrac{x}{2}$$

$$=-8\sqrt{\cos^6\dfrac{x}{2}-\cos^8\dfrac{x}{2}}$$

令 $t=\left|\cos\dfrac{x}{2}\right|$,则 $t\in\left[\dfrac{\sqrt2}{2},1\right]$,$h(x)=t^6-t^8,t\in\left[\dfrac{\sqrt2}{2},1\right].$

利用导数可以证明,$h(x)\leqslant h\left(\dfrac{\sqrt3}{2}\right)=\dfrac{27}{256}$,所以

$$f(x)\geqslant-8\sqrt{\dfrac{27}{256}}=-\dfrac{3}{2}\sqrt{3}$$

$$f(x)_{\min}=-\dfrac{3}{2}\sqrt{3}$$

评析 通过对以上解法的探究可以发现,本题以三角函数为背景,应用导数,综合考察了三角和导数的知识与技能,对学生的能力要求还是较高的.学生若死盯着三角函数,仅依靠三角函数的知识、方法,甚至是技巧则远远不够.这正是本题命题意图,希望学生有扎实的功底,严谨的推理,缜密的思维等能力.靠刷题应对高考的学生,对此题显得举步维艰.本题若变形成:"已知函数 $f(x)=2\sin x\sin 2x$,则 $f(x)$ 的最小值是_____."学生就会感觉舒坦多了,因为这两题具有异曲同工之妙.但是,能力就体现在创新之中.

分析4 一道好的高考试题,往往入口宽敞,通道较多.从解法3知 $f(x)=8\sin\dfrac{x}{2}\cdot$

$\cos^3\dfrac{x}{2}$,本函数显然是奇函数,由最大值可以得到最小值.在函数两边平方后,利用基本不等

式求解也是一种行之有效的办法.

解法 4 由解法 3 得 $f(x) = 8\sin\dfrac{x}{2}\cos^3\dfrac{x}{2}$, 两边平方得

$$f^2(x) = 64\sin^2\frac{x}{2}\cos^6\frac{x}{2} = \frac{64}{3}\cdot 3\sin^2\frac{x}{2}\cdot\cos^2\frac{x}{2}\cdot\cos^2\frac{x}{2}\cdot\cos^2\frac{x}{2}$$

$$\leqslant \frac{64}{3}\cdot\left(\frac{3\sin^2\dfrac{x}{2}+\cos^2\dfrac{x}{2}+\cos^2\dfrac{x}{2}+\cos^2\dfrac{x}{2}}{4}\right)^4$$

$$= \frac{64}{3}\cdot\left(\frac{3}{4}\right)^4$$

$$= \frac{27}{4}$$

因此 $f_{\max} = \dfrac{3}{2}\sqrt{3}$. 易判定本函数为奇函数, 所以 $f(x)_{\min} = -\dfrac{3}{2}\sqrt{3}$.

评析 这种解法看起来很简单, 但是它有三个关键点: 一是能否联想到同角三角函数平方关系后在函数两边平方; 二是多项均值不等式是否深刻理解并能应用; 三是能否恰当应用奇偶性的性质(对称性). 这三点对学生来说需要有较高的能力要求, 很难顺利推进. 本解法也得到了函数值域 $y\in\left[-\dfrac{3}{2}\sqrt{3},\dfrac{3}{2}\sqrt{3}\right]$.

3. 立意分析

能力立意的高考命题, 强调向能力测量转变, 考查学生继续学习的潜能. 本题在能力立意方面非同一般.

应用意识和创新意识强烈. 学生猛然一看此题, 并不可怕, 题面就是再常见不过的三角函数, 经过命题专家精心处理, 题目脱去了老套和俗气. 学生就三角论三角没有出路, 只要开拓思路, 借助导数或基本不等式强大功能, 方可推进解答. 这是一种创新, 也是一种应用, 更是能力提升、知识融合.

逻辑思维能力凸显. 从三角函数入手, 抽丝剥茧, 周期性缩小思考面; 数形结合引导分类讨论; 三角公式的选择构造不同的函数; 导数最终完美收官; 奇偶性的巧妙应用; 多项均值不等式的构造. 这一系列动作的主线就是逻辑思维的考查.

运算能力贯穿其中. 无论哪一种办法都离不开对应的运算, 本题有三角运算、指数运算等诸多运算, 哪一步若出错可能都不会露出任何蛛丝马迹, 但最终却可能让学生劳而无功. 尤其是最值部分的运算, 要么次数较高, 要么夹杂概念, 这些都是对学生的运算考验.

4. 结束语

数学教学不仅要教会学生基本的技能技巧, 更要在培养能力上下功夫, 切勿让题海战术耽误了学生的青春时光. 思维的训练、能力的培养都是数学核心素养形成的必经之路. 数学教学不是做题, 但做题可以检验教师的教学, 检验学生的能力.

参 考 文 献

[1] 中华人民共和国教育部. 普通高中数学课程标准[S]. 北京:人民教育出版社,2003.
[2] 教育部考试中心. 2012 年普通高等学校招生全国统一考试大纲说明:课程标准实验版. 理科[M]. 北京:高等教育出版社,2012.
[3] 陈晓明. 让人"防不胜防"的探究题[J]. 中学数学教学,2018(2):29-31.

3.2　把握数学实质　提升解题能力

摘　要:学生在解决数学问题时,有些问题出错率非常高,这是因为他们对数学中的一些核心概念、基本性质的数学实质认识不够深刻。因此,教师在教学过程中,务必把握住问题的关键,探寻出问题的实质.

关键词:数学实质;解题能力;研究

数学高考考试大纲显示,数学科考试要考查对数学思想方法和数学本质的理解水平,要考查进入高等学校继续学习的潜能. 笔者也经常思考怎样教学,以使学生达到这个要求.

笔者曾接了一个高二年级的尖刀班,为了了解学生的实际学习状况,每天留给学生一道挑战题,其中一题是这样的:

在△ABC 中,$B=60°,AC=\sqrt{3}$,则 $AB+2BC$ 的最大值为_____.

这道题能够得到正确答案的学生不足 1/3,能够给出想要的解题方法的基本没有. 笔者开始反思了. 一道好的高考题往往是入口宽,出口窄. 一题多解必然存在,隐性失分也就"应运而生". 教师在教学中应注意培养学生的发散思维和创新能力,同时注意触及学生的"最近发展区",并扩大"最近发展区",逐步向问题的实质接近,挖掘问题的本源,寻求最佳解法、稳妥解法,否则,一出现所谓的新题就手忙脚乱,无从下手,事倍功半.

因此,对数学问题的数学实质、基本技能和基本方法的理解是学生顺利解决问题的关键. 在教学中,教师一定要注重引导学生对概念、思想、方法的理解,并在解题中有意识地加以应用,做到举一反三,形成自己的知识链、自己的解题途径和风格.

下面,我们从多角度来探寻数学实质,解决近几年高考中的"麻烦题",以期抛砖引玉.

1. 分类展示

(1)换元凸显实质

例1　设 x,y 为实数,若 $4x^2+y^2+xy=1$,则 $2x+y$ 的最大值是_____.

分析　此题有很好的开放性,不同的视角就有不同的解法. 可将 $2x+y$ 看成一个变量 t,消去 y,得到一个关于 x 的含参数 t 的方程问题,利用 $\Delta\geqslant0$ 就可稳妥解决问题.

思考题 已知实数 a,b,c 满足 $a^2+b^2+c^2=1$，$a+b+c=0$，则 a 的最大值是_____．

（2）数形结合观察实质

例2 函数 $y=\dfrac{1}{x-1}$ 的图像与函数 $y=2\sin\pi x\,(-2\le x\le 4)$ 的图像所有交点的横坐标之和等于_____．

分析 本题的两个函数的图像都容易得到，只要准确做出它们的图像，其关于 $(1,0)$ 对称的实质暴露无遗，问题也便迎刃而解．

（3）结构反应实质

例3 设函数 $f(x)=\dfrac{(x+1)^2+\sin x}{x^2+1}$ 的最大值为 M，最小值为 m，则 $M+m=$_____．

分析 分子、分母有相同项，分离常数是常用技巧，剩余部分构成奇函数，若不能及时发现这一本质亦无妨，因为 $M+m$ 有结构性提示．利用奇函数中，$y_{\max}+y_{\min}=0$，解题困难就没有了．

（4）概念蕴含实质

例4 椭圆 $\dfrac{x^2}{a^2}+\dfrac{y^2}{b^2}=1$ 的第一象限一点与中心、右焦点构成一个正三角形，其面积是 1，则 $b^2=$（　　）

分析 题设中有"焦点""面积"等信息，焦点三角形这个概念应该闪现，焦点三角形面积公式恰好提供 b^2，天衣无缝．这种方法节省了运算步骤和时间．

思考题 设 $\{a_n\}\,(n\in \mathbf{N}^*)$ 是等比数列，则 $a_1<a_2<a_3$ 是"数列 $\{a_n\}$ 是递增数列"的（　　）

A.充分而不必要条件　　　　　　B.必要而不充分条件

C.充分必要条件　　　　　　　　D.既不充分也不必要条件

（5）数字传递实质

例5 直线 $\sqrt{3}x+y-\sqrt{3}=0$ 与圆 $x^2+y^2=1$ 相交于 A、B 两点，则 $|AB|=$_____．

分析 直线 $\sqrt{3}x+y-\sqrt{3}=0$ 中出现两次"$\sqrt{3}$"绝对不是无意的，这正是本题的奥妙，是正三角形的本质所在，不必计算．

思考题 已知 $A(\cos 20°,\sin 20°)$、$B(\cos 80°,\sin 80°)$，则 $|AB|=$_____．

（6）图像显示实质

例6 已知函数 $f(x)=ax^3+bx^2+cx+d$ 的图像如图 3-1 所示，则 b 的取值范围是_____．

A.$(-\infty,0)$　　　　B.$(-\infty,1)$　　　　C.$(0,1)$　　　　D.$(1,2)$

分析 解决本题的关键在于消元、建立关于 b 的不等式．实现这一目标，有不同的途径，最本质的就在图中，要求我们发现．如图 3-1 所示，必有 $f(0)=0$、$f(1)=0$、$f(-1)<0$，尤其是 $f(-1)<0$，再结合不等式性质即完成解答．

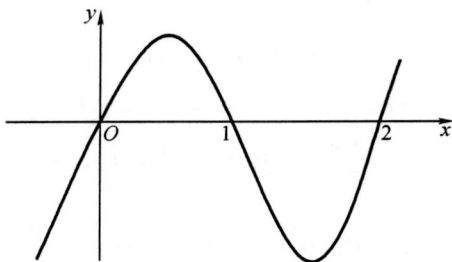

图 3-1

思考题 已知甲、乙两车由同一起点同时出发,并沿同一路线(假定为直线)行驶. 甲车、乙车的速度曲线分别为 $v_{甲}$ 和 $v_{乙}$(图 3-2). 那么对于图中给定的 t_0 和 t_1,下列判断中一定正确的是 ( )

 A. 在 t_1 时刻,甲车在乙车前面   B. t_1 时刻后,甲车在乙车后面

 C. 在 t_0 时刻,两车的位置相同   D. t_0 时刻后,乙车在甲车前面

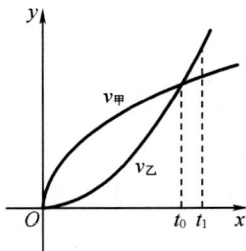

图 3-2

(7)运动中发现实质

例 7 已知平面向量 $\boldsymbol{\alpha}, \boldsymbol{\beta}(\boldsymbol{\alpha} \neq 0, \boldsymbol{\beta} \neq 0, \boldsymbol{\alpha} \neq \boldsymbol{\beta})$ 满足 $|\boldsymbol{\beta}| = 1$,且 $\boldsymbol{\alpha}$ 与 $\boldsymbol{\beta} - \boldsymbol{\alpha}$ 的夹角为 $120°$,则 $|\boldsymbol{\alpha}|$ 的取值范围是_____.

分析 $|\boldsymbol{\alpha}|$、$|\boldsymbol{\beta}|$、$|\boldsymbol{\beta} - \boldsymbol{\alpha}|$ 构成一个三角形,且一边边长为定值,对角为定值,结合同弧所对圆周角相等,可知 $|\boldsymbol{\alpha}|$ 的最大值为该三角形的外接圆直径,最小值趋近于 0,由正弦定理可求直径.

(8)运算决定实质

例 8 已知函数 $f(x) = x(e^x + ae^{-x})$ 是偶函数,则 $a = ($ $)$

分析 $y = x$ 是奇函数,那么 $g(x) = e^x + ae^{-x}$ 必为奇函数,由 $g(0) = 0$ 得解.

(9)变形找到实质

例 9 函数 $\dfrac{\sqrt{1-x^2}}{|x-2|-2}$ 是 ( )

 A. 奇函数   B. 偶函数

 C. 既奇又偶函数   D. 非奇非偶函数

分析 谈论函数的奇偶性首先关注定义域,由分子有意义得 $-1 \leqslant x \leqslant 1$,那么分母的绝对值可以去掉,分母变为 $2-x-2 = x$,从而易判断函数的奇偶性.

（10）定义揭示实质

例 10 已知函数 $f(x)=x^2-2(a+2)x+a^2$，$g(x)=-x^2+2(a-2)x-a^2+8$，设 $H_1(x)=\max\{f(x),g(x)\}$，$H_2(x)=\min\{f(x),g(x)\}$，$\max\{p,q\}$ 表示 p,q 中的较大值，$\min\{p,q\}$ 表示 p,q 中的较小值，记 $H_1(x)$ 的最小值为 A，$H_2(x)$ 的最大值为 B，则 $A-B=$ （　　）

A. 16　　　　　　B. -16　　　　　　C. $a^2-2a-16$　　　D. $a^2+2a-16$

分析　根据本题定义，找到函数 $H_1(x)$、$H_2(x)$，再数形结合，找到 A、B，问题便可迎刃而解.

2. 经验提升

学生在解决数学问题时，有一些问题出错率非常高，从表面上看，似乎是没有认真审题，或是粗心大意造成的，但追根溯源，其实是因为他们对数学中的一些核心概念、基本性质的数学实质认识不够深刻，没有深入挖掘题目中数学本源而造成的. 因此，教师在教学过程中，务必把握住问题的关键，探寻出问题的实质.

3. 必由之路

数学教学实质上是数学思维活动的教学，没有思维，就谈不上数学教学，更谈不上培养能力、开发智力，因为思维是智力的核心. 在教学的实践中，教师要不断培养学生的思维，使学生积极主动参与到知识生成的全过程中. 防止经验主义，生搬硬套；防止题海战术；加强概念教学，弄清其内涵与外延；注重知识间的关系，做到相互论证；提倡一题多解，发散思维；带动学生多思、慎思、善思. 通过长期师生善教会学，数学的本质方可显现出来.

参 考 文 献

［1］　毛启干. 浅谈高中数学课堂中学生探究能力的培养［J］. 考试（教研版），2012（5）：35.
［2］　任志鸿. 十年高考分类解析与应试策略. 数学［M］. 北京：知识出版社，2015.

3.3　错在哪里（一）

1. 题目

（《小题大做》2019 年版，教师用书第 131 页）已知函数 $f(x)=\sin(\omega x+\varphi)$ $\left(\omega>0,|\varphi|\le\dfrac{\pi}{2}\right)$，$x=-\dfrac{\pi}{4}$ 为 $f(x)$ 的一个零点，直线 $x=\dfrac{\pi}{4}$ 为 $f(x)$ 图像的一条对称轴，且 $f(x)$ 在 $\left(\dfrac{\pi}{18},\dfrac{5\pi}{36}\right)$ 上单调，则 ω 的最大值为 （　　）

A. 11　　　　　　B. 9　　　　　　C. 7　　　　　　D. 5

解 因为 $x=-\dfrac{\pi}{4}$ 为 $f(x)$ 的一个零点,直线 $x=\dfrac{\pi}{4}$ 为 $f(x)$ 图像的一条对称轴,所以

$$\frac{\pi}{4}-\left(-\frac{\pi}{4}\right)=\frac{2k+1}{4}T=\frac{2k+1}{4}\cdot\frac{2\pi}{\omega}$$

因此

$$\omega=2k+1(k\in\mathbf{N})$$

又因为 $f(x)$ 在 $\left(\dfrac{\pi}{18},\dfrac{5\pi}{36}\right)$ 上单调,所以

$$\frac{5\pi}{36}-\frac{\pi}{18}=\frac{\pi}{12}\leqslant\frac{\pi}{\omega}$$

因此 $\omega\leqslant12$. 由此得 ω 的最大值为 11.

故选 A.

2. 解法错了!错在哪里?

首先注意到题目中的条件 $|\varphi|\leqslant\dfrac{\pi}{2}$ 在解题过程中没有用到,显然留下了隐患. 表面上看整个解答并没有什么大的纰漏,但是问题真的存在. 我们继续解答.

由于 ω 是奇数且 $\omega\leqslant12$,因此我们从满足这两个条件的最大值开始验证.

当 $\omega=11$ 时,由 $x=-\dfrac{\pi}{4}$ 为 $f(x)$ 的一个零点得

$$-\frac{11\pi}{4}+\varphi=k\pi$$

由于 $|\varphi|\leqslant\dfrac{\pi}{2}$,所以 $\varphi=-\dfrac{\pi}{4}$,此时

$$f(x)=\sin\left(11x-\frac{\pi}{4}\right)$$

由 $2k\pi-\dfrac{\pi}{2}\leqslant11x-\dfrac{\pi}{4}\leqslant2k\pi+\dfrac{\pi}{2}$ 得 $f(x)=\sin\left(11x-\dfrac{\pi}{4}\right)$ 的单增区间为

$$\left[\frac{2k\pi}{11}-\frac{\pi}{44},\frac{2k\pi}{11}+\frac{3\pi}{44}\right](k\in\mathbf{Z})$$

那么当 $k=0$ 时,$f(x)=\sin\left(11x-\dfrac{\pi}{4}\right)$ 在 $\left(\dfrac{\pi}{18},\dfrac{3\pi}{44}\right)$ 上单调递增.

由 $2k\pi+\dfrac{\pi}{2}\leqslant11x-\dfrac{\pi}{4}\leqslant2k\pi+\dfrac{3\pi}{2}$ 得 $f(x)=\sin\left(11x-\dfrac{\pi}{4}\right)$ 的单减区间为

$$\left[\frac{2k\pi}{11}+\frac{3\pi}{44},\frac{2k\pi}{11}+\frac{7\pi}{44}\right](k\in\mathbf{Z})$$

那么当 $k=0$ 时,$f(x)=\sin\left(11x-\dfrac{\pi}{4}\right)$ 在 $\left(\dfrac{3\pi}{44},\dfrac{5\pi}{36}\right)$ 上单调递减.

此与已知 $f(x)$ 在 $\left(\dfrac{\pi}{18},\dfrac{5\pi}{36}\right)$ 上单调矛盾,因此 $\omega=11$ 不可取.

继续验证,当 $\omega=9$ 时,由 $x=-\dfrac{\pi}{4}$ 为 $f(x)$ 的一个零点得

$$-\frac{9\pi}{4}+\varphi=k\pi$$

由于 $|\varphi|\le\dfrac{\pi}{2}$,所以 $\varphi=\dfrac{\pi}{4}$,此时

$$f(x)=\sin\left(9x+\frac{\pi}{4}\right)$$

由 $2k\pi-\dfrac{\pi}{2}\le 9x+\dfrac{\pi}{4}\le 2k\pi+\dfrac{\pi}{2}$ 得 $f(x)=\sin\left(9x+\dfrac{\pi}{4}\right)$ 的单增区间为

$$\left[\frac{2k\pi}{9}-\frac{\pi}{12},\frac{2k\pi}{9}+\frac{\pi}{36}\right](k\in\mathbf{Z})$$

那么当 $k=0$ 时,$f(x)$ 在 $\left(-\dfrac{\pi}{12},\dfrac{\pi}{36}\right)$ 上单调递增.

由 $2k\pi+\dfrac{\pi}{2}\le 9x+\dfrac{\pi}{4}\le 2k\pi+\dfrac{3\pi}{2}$ 得 $f(x)=\sin\left(9x+\dfrac{\pi}{4}\right)$ 的单减区间为

$$\left[\frac{2k\pi}{9}+\frac{\pi}{36},\frac{2k\pi}{9}+\frac{5\pi}{36}\right](k\in\mathbf{Z})$$

那么当 $k=0$ 时,$f(x)=\sin\left(9x+\dfrac{\pi}{4}\right)$ 在 $\left(\dfrac{\pi}{36},\dfrac{5\pi}{36}\right)$ 上单调递减.

此与已知 $f(x)$ 在 $\left(\dfrac{\pi}{18},\dfrac{5\pi}{36}\right)$ 上单调相符,因此 $\omega=9$ 可取.

所以 ω 的最大值为 9.

故选 B.

3. 错因剖析

众所周知,函数 $y=A\sin(\omega x+\varphi)$ 的周期性由 ω 确定;单调区间由 A,ω,φ 共同确定;对称轴、对称中心由 ω 和 φ 共同确定,并且都有无数多条(个),相邻的对称轴、对称中心与周期有明确的数量关系,反之,三者之间关系不明确.本题中对称中心、对称轴正是不相邻的情形,两个函数 $f(x)=\sin\left(11x-\dfrac{\pi}{4}\right)$ 与 $f(x)=\sin\left(9x+\dfrac{\pi}{4}\right)$ 虽有一个共同的零点,一条共同的对称轴,但是两函数周期不同,导致在给定的区间 $\left(\dfrac{\pi}{18},\dfrac{5\pi}{36}\right)$ 单调性不同,是否符合题意,只有通过检验来判断.错解恰好忽略了这个本质特征.下面再介绍一种检验方法.

4. 另解

对于 $f(x)=\sin\left(11x-\dfrac{\pi}{4}\right)$,由 $11x-\dfrac{\pi}{4}=\dfrac{\pi}{2}+k\pi$ 得其对称轴方程:

$$x=\frac{3\pi}{44}+\frac{k\pi}{11}(k\in\mathbf{Z})$$

当 $k=0$ 时, $x=\dfrac{3\pi}{44}\in\left(\dfrac{\pi}{18},\dfrac{5\pi}{36}\right)$.

由此断言 $f(x)=\sin\left(11x-\dfrac{\pi}{4}\right)$ 在 $\left(\dfrac{\pi}{18},\dfrac{5\pi}{36}\right)$ 上非单调.

对于 ω 的奇偶性还可以进行如下论证.

因为 $x=-\dfrac{\pi}{4}$ 为 $f(x)$ 的一个零点, 所以

$$-\frac{\pi}{4}\omega+\varphi=k\pi(k\in\mathbf{Z}) \qquad ①$$

因为直线 $x=\dfrac{\pi}{4}$ 为 $f(x)$ 图像的一条对称轴, 所以

$$\frac{\pi}{4}\omega+\varphi=n\pi+\frac{\pi}{2}(n\in\mathbf{Z}) \qquad ②$$

②式-①式得

$$\frac{\pi}{2}\omega=m\pi+\frac{\pi}{2}(m\in\mathbf{Z})$$

进一步得

$$\omega=2m+1(m\in\mathbf{Z})$$

通过以上过程, 我们既发现了问题, 也解决了问题, 这对于巩固学生的基础知识、培养学生严谨的逻辑思维、提高学生的数学核心素养是大有裨益的.

3.4 错在哪里(二)

1.题目

(2017·武汉四月调研)如图 3-3 所示,某地一天 6~14 h 的温度变化曲线近似满足函数 $y=A\sin(\omega x+\varphi)+b$ 的图像,则这段曲线的函数解析式可以为 ( )

A. $y=10\sin\left(\dfrac{\pi}{8}x+\dfrac{3\pi}{4}\right)+20,x\in[6,14]$

B. $y=10\sin\left(\dfrac{\pi}{8}x+\dfrac{5\pi}{4}\right)+20,x\in[6,14]$

C. $y=10\sin\left(\dfrac{\pi}{8}x-\dfrac{3\pi}{4}\right)+20,x\in[6,14]$

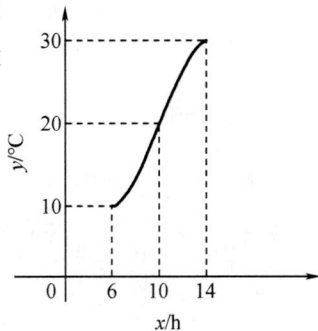

图 3-3

D. $y=10\sin\left(\dfrac{\pi}{8}x+\dfrac{5\pi}{4}\right)+20, x\in\left[6,14\right]$

解析 由三角函数的图像可知

$$b=\frac{10+30}{2}=20, A=\frac{30-10}{2}=10, \frac{T}{2}=14-6=8\Rightarrow T=16=\frac{2\pi}{\omega}\Rightarrow\omega=\frac{\pi}{8}$$

则

$$y=10\sin\left(\frac{\pi}{8}x+\varphi\right)+20$$

将$(6,10)$代入解析式得

$$10\sin\left(\frac{6\pi}{8}+\varphi\right)+20=10\Rightarrow\sin\left(\frac{3\pi}{4}+\varphi\right)=-1\Rightarrow\varphi=\frac{3\pi}{4}+2k\pi(k\in\mathbf{Z})$$

故选 A.

2. 题目错了！错在哪里？

此题猛然一看,没有问题,但实际上犯了惯性思维的毛病. 图中最高点与最低点是本函数的最高点和最低点吗？ 没有信息可以确认. 因此,可以认为这是一道错题,至少不严谨.

3. 试题修正

方法 1 用文字说明,原题改为:如图 3-3 所示,某地一天 6～14 h 的温度变化曲线近似满足函数 $y=A\sin(\omega x+\varphi)+b$ 的图像,该函数一组相邻的最高点为 $(14,30)$,最低点为 $(6,10)$,则这段曲线的函数解析式可以为(　　).

方法 2 修改图形,将最高点以后的单调减区间和最低点以前的单调减区间给出一小部分即可.

方法 3 借助地理知识,限定地区和日期,在地理知识中蕴含最小值、最大值分别为 10、30. 例如,据统计,武汉市 5 月份的平均气温为 10～30 ℃,如图 3-3 所示,5 月份 6～14 h 的平均气温变化曲线近似满足函数 $y=A\sin(\omega x+\varphi)+b$ 的图像,则这段曲线的函数解析式可以为(　　).

修正说明 方法 1 表述直白,但周期性具有隐蔽性;方法 2 凸显了周期性,弱化了最值;方法 3 综合了地理学科知识,难度较大.

4. 追根溯源

本题是 2002 年普通高等学校招生全国统一考试数学（文史类）第 17 题的改版:如图 3-4 所示,某地一天 6～14 h 的温度变化曲线近似满足函数 $y=A\sin(\omega x+\varphi)+b$.

（1）求这段时间的最大温差;

（2）写出这段曲线的函数解析式.

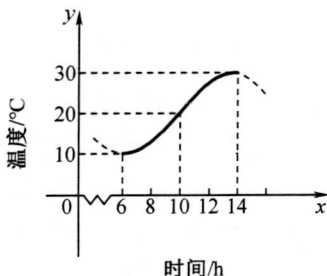

图 3-4

5. 解后反思

数学试题编制实际上是制造充分条件的过程. 数学试题通常不会有多余的条件,当然更不可能缺少条件,否则无法解答. 一个题目设置的考点确定后,就要考虑条件如何给出,这里就很有学问. 所谓难题就是条件隐蔽性较强,或等价转化较多,或需要数形兼顾,也可能运算较大. 就本题而言,必须给出确定 A,ω,φ,b 的条件. 命题人为了增加隐蔽性,反而使问题变成了一个伪命题. 另外,还要注意试题的功能,是为了考查基础知识掌握程度,还是提高学生能力,还是要选拔区分人才……每种功能的试题条件表述应该各有要求. 这需要反复思考,科学规划,严谨表述,语言流畅,形式规范.

3.5 对一道 2017 年清华大学能力测试题的解法探究

摘 要:一道经典的小题,看似简单,却有丰富的内涵. 重视对一些经典小题解法的研究,厘清其内在的本质,做到一题多解,能让学生在学习与思考的过程中弄通悟透,从而达到举一反三、触类旁通的教学效果.

关键词:能力测试题;解法探究;变式

近期,在高三复习的过程中,笔者多次见到与 2017 年清华大学能力测试题第 12 题同类型的试题,呈现形式多以选择题或填空题为主. 笔者尝试着用此题训练所教的学生,效果极不理想,很多学生几乎没有任何头绪. 这种现象引起了笔者的关注,并由此展开了对此题解法的探究,以期达到抛砖引玉的效果.

1. 题目呈现

(2017 年清华大学能力测试题第 12 题)已知实数 x,y 满足 $5x^2-y^2-4xy=5$,则 $2x^2+y^2$ 的最小值是 （　　）

A. $\dfrac{5}{3}$ B. $\dfrac{5}{6}$ C. $\dfrac{5}{9}$ D. 2

2. 总体分析

这道题看似条件简单,在二元二次的条件下求二次目标函数的最值,但从学生实际解答来看,想要得出正确的结果并不容易. 很多学生由于不得要领,一头雾水,不知从何处着手解答此题. 事实上,此题解答的方法有很多种. 例如,采用配方法,借助三角换元来解决,这是最常规的方法;仔细分析此题,发现等式的左边可以进行因式分解,而且可以分解成两个一次因式的积的形式,也可以以此作为解题的突破口;对于这类题,判别式法也是一种常见的方法. 下面我们从不同的视角来探究此题.

3. 解法探究

视角 1　依托配方法和三角换元作答

解法 1　由 $5x^2 - y^2 - 4xy = 5$,有

$$\left(x - \frac{2}{5}y\right)^2 - y^2 = 1$$

令 $x - \dfrac{2}{5}y = \dfrac{1}{\cos \alpha}, y = \dfrac{\sin \alpha}{\cos \alpha}$,则

$$x = \frac{5 + 2\sin \alpha}{5\cos \alpha}$$

所以

$$2x^2 + y^2 = 2\left(\frac{5 + 2\sin \alpha}{5\cos \alpha}\right)^2 + \left(\frac{\sin \alpha}{\cos \alpha}\right)^2 = \frac{50 + 40\sin \alpha + 33\sin^2 \alpha}{25 - 25\sin^2 \alpha}$$

对于目标函数 $z = 2x^2 + y^2$,令 $t = \sin \alpha$,则

$$z = \frac{50 + 40t + 33t^2}{25 - 25t^2}$$

整理得

$$(25z + 33)t^2 + 40t + 50 - 25z = 0$$

由 $\Delta \geqslant 0$ 及 $z > 0$,求得 $z \geqslant \dfrac{5}{3}$.

故选 A.

评析　通过以上求解过程不难看出,运算过程烦琐,计算量大. 分析此题发现,将已知条件左边进行配方可得平方差关系,这种形式对于一般学生来说,三角换元不易实现(超出了课程标准,本质是不作要求的同角三角函数平方关系),而且计算过程相当烦琐. 因此,我们需要另辟蹊径,以期达到简便运算、快速正确求解的效果.

视角 2　通过普通换元,借助基本不等式作答

解法 2　将 $5x^2 - y^2 - 4xy = 5$ 的左边进行因式分解,得

$$(5x + y)(x - y) = 5$$

设 $5x + y = a, x - y = b$,则有

$$ab = 5 (a \neq 0, b \neq 0)$$

①

求得

$$x = \frac{a+b}{6} \qquad ②$$

$$y = \frac{a-5b}{6} \qquad ③$$

将①式、②式、③式代入 $2x^2+y^2$ 中,化简得

$$2x^2+y^2 = \frac{a^2}{12} + \frac{75}{4a^2} - \frac{5}{6}$$

由基本不等式得

$$\frac{a^2}{12} + \frac{75}{4a^2} \geqslant 2\sqrt{\frac{a^2}{12} \cdot \frac{75}{4a^2}} = \frac{5}{2}$$

于是

$$2x^2+y^2 \geqslant \frac{5}{2} - \frac{5}{6} = \frac{5}{3}$$

故选 A.

评析 解法 2 通过因式分解后换元,将整理好的式子代入目标函数,消元得到关于 a 的分式函数,借助于均值不等式得出结果,本解法消元很巧妙.

针对解法 2 中 a,b 的关系,可以进一步作消元处理.

解法 3 设 $5x+y=a$,$x-y=\dfrac{5}{a}$,则有

$$x = \frac{a + \dfrac{5}{a}}{6} \qquad ④$$

$$y = \frac{a - \dfrac{5}{a}}{6} \qquad ⑤$$

将④式、⑤式代入 $2x^2+y^2$ 中,化简整理,同样可得

$$2x^2+y^2 = \frac{a^2}{12} + \frac{75}{4a^2} - \frac{5}{6}$$

下同解法 2.

视角 3 利用导数作答

解法 4 结合解法 2,化简整理得

$$2x^2+y^2 = \frac{a^2}{12} + \frac{75}{4a^2} - \frac{5}{6}$$

令

$$g(a) = \frac{a^2}{12} + \frac{75}{4a^2} - \frac{5}{6}$$

则

$$g'(a) = \frac{a}{6} - \frac{225}{6a^3}$$

由 $g'(a) = 0$，得 $a^2 = 15$，根据判断可知 $a^2 \in (0, 15)$ 时，$g'(a) < 0$；$a^2 \in (15, +\infty)$ 时，$g'(a) > 0$.

所以 $a^2 = 15$ 时，$g(a)_{\min} = \frac{5}{3}$.

故选 A.

评析 利用导数求函数的最值问题是非常实用和重要的方法. 大家在平常的教学中，遇到求最值的问题，不妨利用导数求解试试看，一般都能得解. 我们要充分展现导数求解最值问题的魅力.

视角 4 利用三角换元，借助基本不等式作答

解法 5 设 $5x + y = a\cos\alpha$，$x - y = b\sin\alpha$，由已知得

$$ab\sin\alpha\cos\alpha = 5$$

且 $x = \frac{a\cos\alpha + b\sin\alpha}{6}$，$y = \frac{a\cos\alpha - 5b\sin\alpha}{6}$，代入 $2x^2 + y^2$，整理并求解得

$$2x^2 + y^2 = \frac{a^2\cos^2\alpha}{12} + \frac{75}{4a^2\cos^2\alpha} - \frac{5}{6}$$

由基本不等式求得

$$\frac{a^2\cos^2\alpha}{12} + \frac{75}{4a^2\cos^2\alpha} \geq 2\sqrt{\frac{a^2\cos^2\alpha}{12} \cdot \frac{75}{4a^2\cos^2\alpha}} = \frac{5}{2}$$

于是

$$2x^2 + y^2 \geq \frac{5}{2} - \frac{5}{6} = \frac{5}{3}$$

故选 A.

评析 本解法中定值 $ab\sin\alpha\cos\alpha = 5$，提示我们向基本不等式方向去寻找突破口，这是一种解题能力.

解法 6 设 $5x + y = r\cos\alpha$，$x - y = r\sin\alpha$，则有

$$r^2\sin\alpha\cos\alpha = 5$$

且 $x = \frac{r(\cos\alpha + \sin\alpha)}{6}$，$y = \frac{r(\cos\alpha - 5\sin\alpha)}{6}$，代入 $2x^2 + y^2$ 中，整理并求解得

$$2x^2 + y^2 = \frac{r^2\cos^2\alpha}{12} + \frac{75}{4r^2\cos^2\alpha} - \frac{5}{6}$$

下同解法 5.

解法 7 设 $5x + y = \rho\cos\alpha$，$x - y = \rho\sin\alpha$，则有

$$\rho^2\sin\alpha\cos\alpha = 5$$

且 $x = \frac{\rho(\cos\alpha + \sin\alpha)}{6}$，$y = \frac{\rho(\cos\alpha - 5\sin\alpha)}{6}$，代入 $2x^2 + y^2$ 中，整理并求解得

$$2x^2+y^2=\frac{\rho^2\cos^2\alpha}{12}+\frac{75}{4\rho^2\cos^2\alpha}-\frac{5}{6}$$

下同解法 5.

评析 解法 5,6,7 本质上是相通的,我们期望这些训练可使学生融会贯通,在比较中发现知识间的联系.

视角 5 巧用三角换元,借助辅助角公式作答

解法 8 设 $2x^2+y^2=r^2$,再令 $\sqrt{2}x=r\cos\alpha,y=r\sin\alpha$,代入 $5x^2-y^2-4xy=5$ 中,整理得

$$r^2=\frac{5}{\frac{5}{2}\cos^2\alpha-2\sqrt{2}\sin\alpha\cos\alpha-\sin^2\alpha}$$

$$=\frac{20}{5(1+\cos2\alpha)-4\sqrt{2}\sin2\alpha-2(1-\cos2\alpha)}$$

$$=\frac{20}{7\cos2\alpha-4\sqrt{2}\sin2\alpha+3}$$

$$=\frac{20}{9\cos(2\alpha+\varphi)+3}\left(\text{其中}\tan\varphi=\frac{4\sqrt{2}}{7}\right)$$

显然,当 $\cos(2\alpha+\varphi)=1$ 时,$r_{\min}^2=\frac{5}{3}$.

故选 A.

评析 辅助角公式在三角函数求最值时也经常出现,当然更多的时候是以配凑特殊的角的形式呈现.教学中,教师一定要给学生讲清其本质.只有学生理解了公式的内涵,才能达到灵活应用的目的.

视角 6 直接用极坐标换元,借助于判别式作答

解法 9 设 $x=\rho\cos\theta,y=\rho\sin\theta$,代入 $5x^2-y^2-4xy=5$,整理得

$$\rho^2=\frac{5}{5\cos^2\theta-\sin^2\theta-4\sin\theta\cos\theta}$$

因此

$$2x^2+y^2=\frac{5(2\cos^2\theta+\sin^2\theta)}{5\cos^2\theta-\sin^2\theta-4\sin\theta\cos\theta}=\frac{10+5\tan^2\theta}{5-\tan^2\theta-4\tan\theta}$$

进一步换元,令 $2x^2+y^2=z,\tan\theta=t$,化简得

$$(5+z)t^2+4zt+(10-5z)=0$$

由 $\Delta=(4z)^2-4(5+z)(10-5z)\geqslant0$,得

$$9z^2+15z-50\geqslant0,(3z-5)(3z-10)\geqslant0$$

又 $z>0$,所以 $z\geqslant\frac{5}{3}$.

故选 A.

评析 此解法从所要求解的结论为出发点,借助三角换元和二次函数的判别式来解决,解法相对比较新颖,可以在教学中适当展示,拓宽学生的视野和解题思路.

4. 溯源思考

此题与 2011 年普通高等学校招生全国统一考试理科数学第 Ⅱ 卷第 16 题有很大的相关性.

(2011 年普通高等学校招生全国统一考试理科数学第 Ⅱ 卷第 16 题) 在 $\triangle ABC$ 中,$B = 60°$,$AC = \sqrt{3}$,$AB + 2BC$ 的最大值为_____.

求解展示从略,有兴趣的读者可以自行查阅.

本题无论是从一般换元法,还是从三角换元法,抑或是从导数法、极坐标换元法等入手,均可以顺利解答,只是求解过程或简单或烦琐. 本节要研究试题的一个显著特点在于已知条件的左边可以进行因式分解,所以解决起来更加便捷.

5. 变式训练

变式 1 若正数 a,b,c 满足 $(a+c)(b+c) = 2$,则 $a+2b+3c$ 的最小值是_____. (答案:4)

说明 本题已知条件呈现的是两个一次因式的乘积,并且是定值,明显降低了难度,利用三角换元或极坐标换元均可以顺利解决.

变式 2 正数 x,y 满足 $xy+2x+y = 4$,求 $x+y$ 的最小值. (答案:$2\sqrt{6}-3$)

说明 此题可以尝试直接利用极坐标换元法. 如果可以进行适当配凑 $(x+1)(y+2) = 6$,就可以利用变式 1 的解法求解得出结果.

变式 3 正数 x,y 满足 $x^2+2xy+4y^2 = 6$,求 x^2+4y^2 的取值范围. (答案:$[4,12]$)[2]

说明 本题不能进行因式分解,因此要考虑采用配凑法,利用三角换元解决,或直接利用极坐标换元来求解.

6. 教学反思

对于一道典型题,哪怕是一道小题,我们也不能小觑. 小题虽小,却能以小见大,内涵丰富. 因此我们不仅要弄清题目本质,还要根据不同的形式进行适当地变式训练,通过分析选择合适的解题方法,以期达到做一题、通一类、会一片的目的. 同时,高中数学课程要以发展学生为本,启发学生思考,引导学生把握数学知识的本质. 因此,我们不能就题讲题,停留在浅层次,而是要深入探讨,并且还要善于总结同类问题的共性,找到此类问题的解决策略,将所学知识进行系统化.

参 考 文 献

[1] 任志鸿. 十年高考分类解析与应试策略. 数学[M]. 北京:知识出版社,2020.

[2] 王朝银. 步步高高考总复习. 文科数学[M]. 哈尔滨:黑龙江教育出版社,2011.

3.6 对一道三角创新试题的探究

摘 要:从多角度研究一些正规大型考题,能体会到其中的奥妙,把这些题目作为研究素材能巩固基础知识,训练基本方法,开拓学生的思维,培养学生举一反三的能力,提升学科素养,增强学习数学的兴趣.

关键词:联赛;三角;研究

2021 年 9 月 12 日我国举行了全国高中数学联合竞赛. 本次考试的题目依然具有新颖的显著特征,其中第 5 题给考生留下了深刻印象. 该题有似曾相识的感觉,但又难以下手,创新点在题设. 我们对该题开展了研究性学习,从多个角度完成了解答,收获多多. 现分享于此,以飨读者.

1. 题目呈现

在 $\triangle ABC$ 中,$AB=1$,$AC=2$,$B-C=\dfrac{2}{3}\pi$,则 $\triangle ABC$ 的面积为_____.

2. 分析解答

本题条件"$B-C=\dfrac{2}{3}\pi$"让题目变得新颖. 从三角形面积公式 $s=\dfrac{1}{2}bc\sin A$ 出发,可以设法求 $\sin A$;从三角形面积公式 $s=\sqrt{p(p-a)(p-b)(p-c)}$ 出发,可以设法求 a;从三角形面积公式 $s=\dfrac{1}{2}\cdot b\cdot b_h$ 出发,可以设法求 b_h. 从角的角度思考,应该在三角形中构造出 $\dfrac{2}{3}\pi$. 从边的角度思考,正余弦定理能发挥作用,相似形也是突破口. 无论哪种思路都离不开方程思想做指导.

视角 1 构造大小为 $\dfrac{2}{3}\pi$ 的角

解法 1 作边 BC 的中垂线,交 AC 于 D,连接 BD,如图 3-5 所示.

设 $BD=x$,则 $CD=x$,$AD=2-x$,于是 $\angle ABD=\dfrac{2}{3}\pi$. 在 $\triangle ABD$ 中

$$AD^2=AB^2+BD^2-2AB\cdot BD\cos\dfrac{2}{3}\pi$$

即

$$(2-x)^2=1+x^2-2\times1\times x\times\left(-\dfrac{1}{2}\right)$$

解得 $x=\dfrac{3}{5}$.

则

$$AD = 2 - x = \frac{7}{5}$$

由正弦定理得

$$\frac{\frac{7}{5}}{\sin \frac{2}{3}\pi} = \frac{\frac{3}{5}}{\sin A}$$

解得 $\sin A = \frac{3}{14}\sqrt{3}$. 于是

$$s = \frac{1}{2}bc\sin A = \frac{1}{2} \times 1 \times 2 \times \frac{3}{14}\sqrt{3} = \frac{3}{14}\sqrt{3}$$

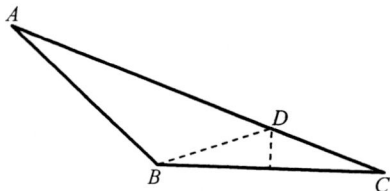

图 3-5

解法 2　延长 AB 至 D, 使得 $BD = 3$, 连接 CD, 如图 3-6 所示.

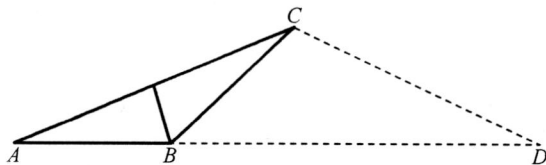

图 3-6

显然 $\triangle ABC \backsim \triangle ACD$, 并且相似比为 1:1, 那么

$$CD = 2BC, \angle BCD = \angle ACD - \angle ACB = \angle ABC - \angle ACB = \frac{2}{3}\pi$$

在 $\triangle BCD$ 中:

$$BD^2 = BC^2 + CD^2 - 2BC \cdot CD\cos\frac{2}{3}\pi$$

即

$$3^2 = BC^2 + 2BC^2 + 2BC^2$$

解得 $BC = \frac{3}{7}\sqrt{7}$.

以下有 3 种办法处理三角形面积.

方法 1　由海伦公式

$$s = \sqrt{p(p-a)(p-b)(p-c)}$$

其中

$$p=\frac{1}{2}\left(1+2+\frac{3}{7}\sqrt{7}\right)=\frac{1}{2}\left(3+\frac{3}{7}\sqrt{7}\right),a=\frac{3}{7}\sqrt{7},b=2,c=1$$

那么

$$s=\sqrt{\frac{1}{2}\times\left(3+\frac{3}{7}\sqrt{7}\right)\times\frac{1}{2}\times\left(1+\frac{3}{7}\sqrt{7}\right)\times\frac{1}{2}\times\left(-1+\frac{3}{7}\sqrt{7}\right)\times\frac{1}{2}\times\left(3-\frac{3}{7}\sqrt{7}\right)}=\frac{3}{14}\sqrt{3}$$

方法2　在△ABC中,由余弦定理得

$$\cos A=\frac{1+4-\frac{9}{7}}{2\times1\times2}=\frac{13}{14}$$

于是

$$\sin A=\sqrt{1-\cos^2A}=\frac{3}{14}\sqrt{3}$$

以下同解法1.

方法3　结合方法2,设边AC上的高为h,那么

$$h=1\times\sin A=\frac{3}{14}\sqrt{3}$$

于是

$$s=\frac{1}{2}ACh=\frac{1}{2}\times2\times\frac{3}{14}\sqrt{3}=\frac{3}{14}\sqrt{3}$$

评析　以上两种解法较为直观,让$\frac{2}{3}\pi$呈现在图形中,为正余弦定理的应用提供了条件,这样就转化为日常题型了.对于三角形的面积,在条件充分的情况下,选择机会较多,但运算量差别较大,我们在比较中择优应用,以提高速度和准确率,提高学生思维能力.

视角2　将问题向∠C转化

解法3　由$B-C=\frac{2}{3}\pi$得

$$B=\frac{2}{3}\pi+C$$

进而

$$A=\frac{1}{3}\pi-2C$$

由正弦定理得

$$\frac{1}{\sin C}=\frac{2}{\sin\left(\frac{2}{3}\pi+2C\right)}$$

整理得

$$\tan C=\frac{\sqrt{3}}{5}$$

由万能公式得

$$\sin 2C = \frac{2 \times \frac{\sqrt{3}}{5}}{1+\frac{3}{25}} = \frac{5}{14}\sqrt{3}, \cos 2C = \frac{1-\frac{3}{25}}{1+\frac{3}{25}} = \frac{11}{14}$$

于是

$$\sin A = \sin\left(\frac{\pi}{3} - 2C\right) = \frac{\sqrt{3}}{2}\cos 2C - \frac{1}{2}\sin 2C = \frac{3}{14}\sqrt{3}$$

以下同解法 1.

评析　这种解法是在函数思想指导下推进的,将问题归结为求 $\angle C$ 的三角函数值. 通过正弦定理求得 $\tan C = \frac{\sqrt{3}}{5}$ 后,进一步考查学生的知识面,虽然现行教材不要求掌握万能公式了,但是通过同角三角函数的基本关系是很容易导出的,作为基本功,作为一种解题思路,我们还是有必要深刻理解和掌握的,以开拓思路,提升数学素养.

视角 3　构造方程求解

解法 4　过 B 作 $BD \perp AC$,垂足为 D,如图 3-7 所示.

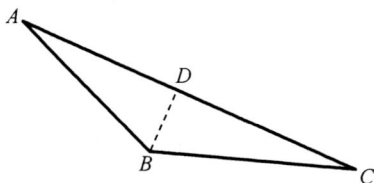

图 3-7

结合解法 3 知 $\tan C = \frac{\sqrt{3}}{5}$,于是令 $BD = \sqrt{3}x$,$CD = 5x$,那么 $AD = 2 - 5x$.

在 $\triangle ABD$ 中:

$$AB^2 = BD^2 + AD^2$$

即

$$1 = (\sqrt{3}x)^2 + (2-5x)^2$$

解得 $x = \frac{1}{2}$,或 $x = \frac{3}{14}$.

当 $x = \frac{1}{2}$ 时,$CD = \frac{5}{2} > 2$,不合题意,舍去.

于是 $BD = \sqrt{3}x = \frac{3}{14}\sqrt{3}$. 因此

$$s = \frac{1}{2}AC \cdot BD = \frac{1}{2} \times 2 \times \frac{3}{14}\sqrt{3} = \frac{3}{14}\sqrt{3}$$

评析　本解法依托三角形的高线,构造两个相关的直角三角形,建立方程. 解法较为巧妙,在舍根这一步,学生容易陷入困境,应注意极限思想的培养,否则难以取舍. 两个直角三角形的依托关系是本解法的创新点.

解法5 结合解法3知 $\tan C = \dfrac{\sqrt{3}}{5}$，由 $\begin{cases} \dfrac{\sin C}{\cos C} = \dfrac{\sqrt{3}}{5} \\ \sin^2 C + \cos^2 C = 1 \end{cases}$，解得 $\cos C = \dfrac{5\sqrt{7}}{14}$.

由余弦定理得

$$\cos C = \frac{a^2 + b^2 - c^2}{2ab} = \frac{a^2 + 4 - 1}{4a} = \frac{5\sqrt{7}}{14}$$

解得 $a = \sqrt{7}$ 或 $a = \dfrac{3\sqrt{7}}{7}$.

因为 $\sqrt{7} > 2$，所以舍去 $a = \sqrt{7}$.

综上，$a = \dfrac{3\sqrt{7}}{7}$.

以下同解法2.

评析 这种解法具有返璞归真的理念,解题思路紧紧依靠教材的基础知识,无论是正余弦定理,还是同角三角函数的基本关系都是重要知识,学生都有深刻的认识,把这些知识综合起来,突破难题是教学的关注点.

3. 试题溯源

(1)[2014年普通高等学校招生全国统一考试(天津卷)数学(理工类)第(12)题]在 $\triangle ABC$ 中,内角 A,B,C 所对的边为 a,b,c,已知 $b - c = \dfrac{1}{4}a$, $2\sin B = 3\sin C$,则 $\cos A$ 的值为＿＿＿＿＿.

(2)[2015年普通高等学校招生全国统一考试(湖南卷)理科数学第17题]设 $\triangle ABC$ 的内角 A,B,C 的对边分别为 a,b,c, $a = b\tan A$,且 B 为钝角.

（Ⅰ）证明: $B - A = \dfrac{\pi}{2}$;

（Ⅱ）略.

以上两题在题设或结论中出现了差值,均有本题的影子,但相去甚远.我们在学习中应善于积累并用比较性思维总结问题,找到精准解题的策略.

4. 解后反思

所谓创新试题,我们可以理解为,在题设方面,改头换面;在结论方面,开放探究;在结构方面,交换题设和背景;在背景方面,融入生活情景;在知识方面,跨越章节模块,甚至跨越学科;在思想方面,代数、几何融会贯通;在思维方面,全面发散.应对创新试题,我们日常必须有所准备:一题多解,多题一解,开展小组研究性学习,开展项目式学习.一题多解可以培养学生的发散性思维,通过横纵发散,可以达到串联知识、沟通方法,最终实现举一反三的教学目的.通过多题一解,可以加大学生的思维深度,学习分析问题,抓住问题的本质,自觉总结问题间的关系.研究性学习、项目式学习均可提高学生的思维品质,提升学习能力,提高数学素养.

全国高中数学联合竞赛一试和高考是紧密相连的,值得关注.2022届高三考生应该对2021年全国中学生数学奥林匹克竞赛(初赛)暨2021年全国高中数学联合竞赛一试试题(A卷)进行深入研究,其他精彩试题,限于篇幅,不再赘述.

参 考 文 献

[1] 贺凤梅,李昌成.巧用构造法突破一道2021年高考压轴题[J].理科考试研究,2021,28(15):6-8.
[2] 任志鸿.十年高考分类解析与应试策略.数学[M].北京:知识出版社,2020.

3.7 基于核心素养的高中数学经典习题探究

摘 要:本项研究旨在探索数学教材上的经典习题,以期同人们关注教材,用好教材,领悟教材编写者的真正意图,让教材对培养学生的核心素养起到实效,帮助学生脱离"题海",同时希望核心素养培养能在平常教学中潜移默化地推进,成为一种教学自觉,让经典习题发挥应有的教育功效.

关键词:核心素养;经典习题;培养

数学素养是人们通过数学学习建立起来的认识、理解和处理周围事物时所具备的品质,通常指,人们与周围环境产生相互作用时,所表现出来的思考方式和解决问题的策略.王尚志教授提出高中数学核心素养有数学抽象、逻辑推理、数学建模、数学运算、直观想象、数据分析等六方面.

我们在教学中往往重视教辅资料上的习题,学生先做,教师再讲,学生再修改,甚至再考.但是教材上的习题,尤其是复习参考题很难被重视,有些都被忽略了.殊不知,很多教材习题都堪称经典,要么是高考题的母本,例如,《普通高中课程标准实验教科书数学选修2-2(B版)》第32页B组1(3)(4);要么就是曾经的高考题,可能被修改.下面这道题就是1994年高考题(改变了形式,但未改变实质),可以说它是培养高中生数学核心素养的最佳题材.

题目 [《普通高中课程标准实验教科书数学必修4》第147页,B组8(1)]已知 $\sin\beta+\cos\beta=\frac{1}{5},\beta\in(0,\pi)$,求 $\tan\beta$ 的值.

1. 解决问题

解法1 因为 $\beta\in(0,\pi)$,所以 $\sin\beta>0$,且 $\tan\beta=\frac{\sin\beta}{\cos\beta}$,另外 $-\frac{4}{3}=\frac{\frac{4}{5}}{-\frac{3}{5}}$,且

$$\frac{4}{5}+\left(-\frac{3}{5}\right)=\frac{1}{5}$$

所以可以估算 $\tan\beta=-\dfrac{4}{3}$.

评析 题目中 $\dfrac{1}{5}$ 非常经典,既没给 $\dfrac{1}{4}$,也没给 $\dfrac{1}{6}$,这是源于初中学的勾3股4弦5定理. 联系三角函数定义,六种函数值间有明确的数量关系,因此可使用估算法. 通过直观想象、数据分析等核心素养,我们可知,这不是一种瞎猜,恰好是一个学生的数学综合修养的体现. 无独有偶,在求值题中,这种特殊代替一般的情况比比皆是. 下面举两个例子.

(2015 年普通高等学校招生全国统一考试理科数学第 7 题) 过三点 $A(1,3)$,$B(4,2)$,$C(1,7)$ 的圆交于 y 轴于 M,N 两点,则 $|MN|=$ （　　）

A. $2\sqrt{6}$　　　　B. 8　　　　C. $4\sqrt{6}$　　　　D. 10

此题如按常规计算,至少有三种办法,且都有一定的运算量,但是如果对数字敏感,就会发现这是一个以 AC 为直径的圆,那么问题就豁然开朗.

[2000 年普通高等学校招生全国统一考试数学(理工农医类) 第 3 题] 一个长方体共一个顶点的三个面的面积分别是 $\sqrt{2}$,$\sqrt{3}$,$\sqrt{6}$,这个长方体对角线的长是 （　　）

A. $2\sqrt{3}$　　　　B. $3\sqrt{2}$　　　　C. 6　　　　D. $\sqrt{6}$

这道题需要学生具备较强的数字敏感性. $\sqrt{2}=\sqrt{2}\cdot 1$,$\sqrt{3}=\sqrt{3}\cdot 1$,$\sqrt{6}=\sqrt{2}\cdot\sqrt{3}$,若学生发现这个数量关系,就得到了这个长方体的三度分别为 1,$\sqrt{2}$,$\sqrt{3}$,题目迎刃而解. 但是不是每个学生都能发现的,这需要教师长期的培养、引导,学生自觉地磨炼、研修,这种素养方可习得. 数学是严谨的,如不放心,还可以粗略算算,再下结论.

解法 2 因为 $\sin\beta+\cos\beta=\dfrac{1}{5}$,所以将等式两边同时平方整理得

$$\sin\beta\cdot\cos\beta=-\frac{12}{25}<0$$

所以 $\sin\beta$,$\cos\beta$ 异号,因为 $\beta\in(0,\pi)$,所以 $\sin\beta>0$,$\cos\beta<0$.

又因为 $\dfrac{1}{5}=\dfrac{4}{5}+\left(-\dfrac{3}{5}\right)$,$-\dfrac{12}{25}=\dfrac{4}{5}\times\left(-\dfrac{3}{5}\right)$,所以可以准确估算:$\sin\beta=\dfrac{4}{5}$,$\cos\beta=-\dfrac{3}{5}$,所以

$$\tan\beta=\frac{\sin\beta}{\cos\beta}=-\frac{4}{3}$$

评析 数学运算是高中数学的重要内容,区分于初中数学的"死算",它必须融入数学思想和方法. 依据三角函数间的关系,借助方程组的思想,培养学生的核心素养:运算! 不得不说,运算是一种能力.

解法 3 因为

$$\sin\beta+\cos\beta=\frac{1}{5} \qquad\qquad ①$$

又因为

$(\sin\beta+\cos\beta)^2+(\sin\beta-\cos\beta)^2=\sin^2\beta+\cos^2\beta+2\sin\beta\cos\beta+\sin^2\beta+\cos^2\beta-2\sin\beta\cos\beta=2$

所以

$$(\sin\beta-\cos\beta)^2=2-(\sin\beta+\cos\beta)^2=\frac{49}{25}$$

所以

$$\sin\beta-\cos\beta=\pm\frac{7}{5}$$

因为 $\beta\in(0,\pi)$，所以 $\sin\beta>0$，$\cos\beta<0$，因此

$$\sin\beta-\cos\beta>0$$

所以

$$\sin\beta-\cos\beta=\frac{7}{5}$$ ②

联立式①、式②得：$\sin\beta=\frac{4}{5}$，$\cos\beta=-\frac{3}{5}$，所以

$$\tan\beta=\frac{\sin\beta}{\cos\beta}=-\frac{4}{3}$$

评析 古人云：横看成岭侧成峰，远近高低各不同. 同样使用方程组的办法推进，方法也是大不一样的，各有各的精彩，这正应了那句话：条条道路通罗马. 数学也要教会学生人生哲学，提高个人生存能力、解决问题的能力.

解法 4 因为

$$\sin\beta+\cos\beta=\frac{1}{5}$$ ①

所以将等式两边同时平方整理得

$$\sin\beta\cdot\cos\beta=-\frac{12}{25}<0$$

因此 $\sin\beta$，$\cos\beta$ 异号. 因为 $\beta\in(0,\pi)$，所以

$$\sin\beta>0,\cos\beta<0,\sin\beta-\cos\beta>0,(\sin\beta-\cos\beta)^2=1-2\sin\beta\cos\beta=\frac{49}{25}$$

所以

$$\sin\beta-\cos\beta=\frac{7}{5}$$ ②

同上解得答案.

评析 方程组的妙用，再看一例.《普通高中课程标准实验教科书数学必修 4》第 143 页 A2：已知 $\sin(\alpha+\beta)=\frac{1}{2}$，$\sin(\alpha-\beta)=\frac{1}{3}$，求证：$\tan\alpha=5\tan\beta$. 初学者会觉得难以下手. 事实上，将已知条件展开，可以看成关于 $\sin\alpha\cos\beta$，$\cos\alpha\sin\beta$ 的二元一次方程组，解得 $\sin\alpha\cos\beta$，$\cos\alpha\sin\beta$ 后，两式相除就是答案. 核心素养之逻辑推理、数学建模、数学抽象都得到了很好的培养. 数学的各章各节既有侧重点，又有某些联系. 华罗庚先生说过："数缺形时少直观，形少数时难入微"，这是数形结合的绝妙阐述，那么代数间就不能沟通吗？非也！

解法5 因为

$$\sin\beta+\cos\beta=\frac{1}{5}=\frac{1}{10}+\frac{1}{10}$$

所以

$$\frac{1}{10}-\sin\beta=\cos\beta-\frac{1}{10}$$

因此 $\sin\beta,\frac{1}{10},\cos\beta$ 成等差数列. 设其公差为 d,所以

$$\cos\beta-\frac{1}{10}=d,\frac{1}{10}-\sin\beta=d$$

因此

$$\cos\beta=d+\frac{1}{10},\sin\beta=\frac{1}{10}-d$$

因为

$$\sin^2\beta+\cos^2\beta=1$$

所以

$$\left(d+\frac{1}{10}\right)^2+\left(\frac{1}{10}-d\right)^2=1$$

解得 $d=\pm\frac{7}{10}$.

因为 $0<\beta<\pi$,所以 $\sin\beta>0,\frac{1}{10}-d>0,d<\frac{1}{10}$,则 $d=-\frac{7}{10}$,因此 $\sin\beta=\frac{4}{5}$,$\cos\beta=-\frac{3}{5}$,所以 $\tan\beta=\frac{\sin\beta}{\cos\beta}=-\frac{4}{3}$.

评析 本解法让数列为三角提供了技术支持.这种跨越章节、跨越学科的联系互助太多了,也是核心素养的培养途径.代数与代数之间,例如,极坐标、参数方程与普通方程,它们之间各有优劣,极坐标的几何功能强大,参数方程的消元功能重要.几何与几何之间也有诸多联系,有的立体几何中在某个面上就有解析几何的设计,如2004年普通高等学校招生全国统一考试数学(理工农医类)(重庆卷)第12题就是一例.代数与几何之间的相互转化就更多了,数形结合是一种重要数学思想,也是一种重要的解题技巧.2011年普通高等学校招生全国统一考试理科数学第Ⅱ卷第18题就是一个典例.数学与哲学也联系紧密,正弦函数、余弦函数就具有丰富的哲学思想.数学与物理之间,如三角函数与简谐振动就是一对双胞胎.数学与化学之间,如有机化学与数列就有千丝万缕的联系.数学与生物之间,一次函数的线性不变性,可以看作生物的遗传性.数学与历史之间,就更不用赘述了,现在每年的高考都有一道中华传统文化的数学题.

2. 探究反思

数学的核心素养不仅要在本学科中培养,也要在学科间培养,还要在生活中培养,并且用于解决实际问题,转化成学生的素质能力.

上述各种解法是从不同的角度切入的,每种解法运用了不同的知识,虽然每种解法的难易程度不同,甚至有的解法仿佛有些生疏,但它锻炼了我们的思维.如果长期坚持这样的训练,我们会找到各类问题的简便解法,同时又能巩固基础知识,加强知识间的融合、学科间的融合,提高学习效率,做到事半功倍,让核心素养培养落实到教学中.只要留心,就会发现教材中的素材很多,我们要充分挖掘、合理配置、积极引导、正确使用,这项工作一定能取得良好成效.

通过对题目的细细品读,再三斟酌,能有效地提升教师的自身思维能力.教师是学生思维的领航者和引导者,只有教师自己在题里看到一片天,学生才能看到点点繁星,学生的数学核心素养才能得到培养.

参 考 文 献

[1]　杨子光.一道高考三角题的多种解法及思路[J].数学教学研究,2008,27(10):37-39.

[2]　罗增儒.谈谈中学教师的数学研究工作[J].中学数学教学参考,1997(7):12-13.

[3]　柴骥宁.一道三角形面积最值问题的探析[J].中学数学研究(上半月),2017(8):27-28.

3.8　教授知识　总结方法　提高素养

——以一道期末联考题为例

摘　要:培养创新意识是数学教学的重要任务.常规题能顺利完成,而同质创新题不能很好作答,这说明我们还没有足够重视概念本质的教学,学生的数学思想没有培养到位,核心素养亟待提高.考试能检验日常学习状况,我们将以一道期末联考题为例,进行研究,希望改进我们的工作,提升学生的核心素养.

关键词:联考题;知识;解法;素养

近日,乌鲁木齐地区几个重点中学进行了期末联考.第17题是一道有关三角函数的解答题,题目看上去还算正常,题设中的中线使得题目略显新颖.但从阅卷系统中发现,此题学生普遍做得很差,得分率很低,不乏空白答卷.就此问题,笔者进行了深入研究,也有一些思考,在此与同人们分享交流,以期抛砖引玉.

1. 题目呈现

在 $\triangle ABC$ 中,M 是边 BC 的中点,$\tan\angle BAM=\dfrac{\sqrt{3}}{5}$,$\cos\angle AMC=-\dfrac{2\sqrt{7}}{7}$.

(1)求角 B 的大小;

（2）若 $\angle BAC = \dfrac{\pi}{6}$，$BC$ 边上的中线 AM 的长为 $\sqrt{7}$，求 $\triangle ABC$ 的面积.

2. 问题分析

在阅卷系统中，我们发现第一问就有一部分学生出错了，导致第二问无法作答. 其实第一问不算难. 严重的问题是，很多学生对中线长度无法使用，导致放弃第二问的学生较多. 另外，作答的学生很多找不到出口，思路不清晰，计算不准确，答案非常"难看"，进而失分. 因此，我们从思路角度，把本题拆分一下，降维处理. 首先要通过已知条件厘清角的关系和大小，其次要把边长理顺，减少变量，最后准确选择三角形的面积表达式进行计算.

3. 题目解析[1]

第一问通过和角公式、同角三角函数基本关系，可求得 $B = \dfrac{2\pi}{3}$. 下面主要探究第二问. 分成两步完成解答，第一步解决边长问题，第二步解决面积问题.

对于第一步有如下策略.

策略 1　从角入手，依托正弦定理解答

解法 1　因为 $B = \dfrac{2\pi}{3}$，$\angle BAC = \dfrac{\pi}{6}$，所以由三角形内角和定理得 $C = \dfrac{\pi}{6}$.

所以 $BA = BC$.

设 $BA = 2t$，$BM = t$，则在 $\triangle ABM$ 中：

$$\dfrac{AM}{\sin \dfrac{2\pi}{3}} = \dfrac{2t}{\sin \angle AMB}$$

即

$$\dfrac{\sqrt{7}}{\dfrac{\sqrt{3}}{2}} = \dfrac{2t}{\sqrt{1 - \left(\dfrac{2\sqrt{7}}{7}\right)^2}}$$

解得 $2t = 2$.

所以 $BA = BC = 2t = 2$.

策略 2　从边入手，依托余弦定理解答

解法 2　结合解法 1，设 $BA = 2t$，$BM = t$，则在 $\triangle ABM$ 中：

$$AM^2 = AB^2 + MB^2 - 2AB \cdot BM \cos \dfrac{2\pi}{3}$$

即

$$7 = 4t^2 + t^2 - 4t \cdot t \left(-\dfrac{1}{2}\right)$$

解得 $t = 1$.

所以 $BA = BC = 2t = 2$.

策略3 从边角入手,依托射影定理解答

解法3 设 $BA=2t,BC=t$,则在 $\triangle ABM$ 中:
$$AM=AB\cos\angle BAM+MB\cos\angle AMB$$

因为 $\tan\angle BAM=\dfrac{\sqrt{3}}{5}$,所以 $\cos\angle BAM=\dfrac{5}{2\sqrt{7}}$.

因为 $\cos\angle AMC=-\dfrac{2\sqrt{7}}{7}$,所以 $\cos\angle AMB=\dfrac{2\sqrt{7}}{7}$.

因此 $\sqrt{7}=2t\cdot\dfrac{5}{2\sqrt{7}}+t\cdot\dfrac{2\sqrt{7}}{7}$.

解得 $t=1$.

所以 $BA=BC=2t=2$.

策略4 抓住等腰的特征,依托解析法解答

解法4 以边 AC 所在直线为 x 轴,以 AC 的中垂线为 y 轴,建立平面直角坐标系. 设 $BA=2t,BC=t$,则 $A(-\sqrt{3}t,0),B(0,t),C(\sqrt{3}t,0)$.

所以 $M\left(\dfrac{\sqrt{3}t}{2},\dfrac{t}{2}\right)$.

所以 $AM=\sqrt{7}=\sqrt{\left(\dfrac{3\sqrt{3}t}{2}\right)^2+\left(\dfrac{t}{2}\right)^2}$.

解得 $t=1$.

所以 $BA=BC=2t=2$.

第二步,关于三角形的面积,有以下几个策略.

策略1 依托公式 $S=\dfrac{1}{2}ac\sin B$ 解答

解法1 结合第一步,$BA=BC=2$,所以
$$S_{\triangle ABC}=\dfrac{1}{2}\times2\times2\times\sin\dfrac{2\pi}{3}=\sqrt{3}$$

策略2 依托公式 $S=\dfrac{1}{2}bc\sin A$ 解答

解法2 由余弦定理得
$$AC^2=4+4-2\times2\times2\times\cos\dfrac{2\pi}{3}=12$$

所以 $AC=2\sqrt{3}$.
于是
$$S_{\triangle ABC}=\dfrac{1}{2}\times2\times2\sqrt{3}\times\sin\dfrac{\pi}{6}=\sqrt{3}$$

策略3 依托公式 $S=\dfrac{1}{2}ah$ 解答

解法3 由前文知 AC 边上的高为 $2\times\sin\dfrac{\pi}{6}=1$,所以

$$S_{\triangle ABC}=\frac{1}{2}\times2\sqrt{3}\times1=\sqrt{3}$$

解法 4 在 $\triangle ABC$ 中，AB 边上的高为 $AM\times\sin\angle BAM$，而 $\tan\angle BAM=\frac{\sqrt{3}}{5}$，所以 $\sin\angle BAM=$ $\frac{\sqrt{3}}{2\sqrt{7}}$，因此

$$S_{\triangle ABC}=\frac{1}{2}\times AB\times h_M\times2=\frac{1}{2}\times2\times\frac{\sqrt{3}}{2\sqrt{7}}\times2=\sqrt{3}$$

解法 5 在 $\triangle ACM$ 中，AC 边上的高为 $CM\times\sin\frac{\pi}{6}=\frac{1}{2}$，因为 AM 是 $\triangle ABC$ 的中线，所以

$$S_{\triangle ABC}=2S_{\triangle ACM}=\frac{1}{2}\times AC\times h_M\times2=\frac{1}{2}\times2\sqrt{3}\times\frac{1}{2}\times2=\sqrt{3}$$

策略 4　依托海伦公式解答

解法 6 结合第一步知 $BA=BC=2$，$AC=2\sqrt{3}$. 所以

$$p=\frac{2+2+2\sqrt{3}}{2}=2+\sqrt{3}$$

所以

$$\begin{aligned}S_{\triangle ABC}&=\sqrt{p(p-a)(p-b)(p-c)}\\&=\sqrt{(2+\sqrt{3})(2+\sqrt{3}-2)(2+\sqrt{3}-2)(2+\sqrt{3}-2\sqrt{3})}\\&=\sqrt{3}\end{aligned}$$

策略 5　依托平行四边形求解

解法 7 将 AM 延长至 D，使得 $MD=AM$，连接 BD,CD. 所以四边形 $ABDC$ 为平行四边形.

$$\begin{aligned}S_{\triangle ABC}&=S_{\triangle ACD}=\frac{1}{2}AC\times CD\times\sin\angle ACD\\&=\frac{1}{2}\times2\sqrt{3}\times2\times\sin\left(\frac{2\pi}{3}+\frac{\pi}{6}\right)\\&=\sqrt{3}\end{aligned}$$

4. 本题值得商榷的地方

通过研究发现，本题条件"$\angle BAC=\frac{\pi}{6}$"是多余的，下面证明之.

证法 1 在 $\triangle ABM$ 中：

$$\frac{AM}{\sin\frac{2\pi}{3}}=\frac{AB}{\sin\angle AMB}$$

即

$$\frac{\sqrt{7}}{\frac{\sqrt{3}}{2}} = \frac{AB}{\sqrt{1-\left(\frac{2\sqrt{7}}{7}\right)^2}}$$

解得 $AB = 2$.

因为 $\tan\angle BAM = \frac{\sqrt{3}}{5}$，所以 $\sin\angle BAM = \frac{\sqrt{3}}{2\sqrt{7}}$.

$$S_{\triangle ABC} = 2\left(\frac{1}{2}\times AB\times AM\times\sin\angle BAM\right) = 2\left(\frac{1}{2}\times 2\times\sqrt{7}\times\frac{\sqrt{3}}{2\sqrt{7}}\right) = \sqrt{3}$$

证法 2 过 B 作 $BD\perp AM$ 于 D. 设 $BM = x$.

因为 $\cos\angle AMC = -\frac{2\sqrt{7}}{7}$，所以 $\cos\angle AMB = \frac{2}{\sqrt{7}}$，因此 $\sin\angle AMB = \frac{\sqrt{3}}{\sqrt{7}}$. 于是 $BD = \frac{\sqrt{3}}{\sqrt{7}}x$，$MD = \frac{2}{\sqrt{7}}x$，$AD = \sqrt{7}-\frac{2}{\sqrt{7}}x$.

在 $\triangle ABD$ 中，$\frac{\frac{\sqrt{3}}{\sqrt{7}}x}{\sqrt{7}-\frac{2}{\sqrt{7}}x} = \frac{\sqrt{3}}{5}$，解得 $x=1$. 于是 $BD = \frac{\sqrt{3}}{\sqrt{7}}$，$AD = \frac{5}{\sqrt{7}}$，$AB = \sqrt{\frac{3}{7}+\frac{25}{7}} = 2$.

以下同证法 1.

5. 解后反思

（1）公式定理的教学

本题就是一个公式定理教学的再现. 等积法就是证明正弦定理的好方法，但是教材不是这样处理的，所以我们要重视公式定理的教学. 我们不仅要证明之，而且要尽可能用多种方法证明，不仅要教师带着证明，还要学生自己会证明. 只有重视公式定理的证明，才能真正掌握公式定理的内涵，才会准确应用公式定理解题. 机械地死记硬背公式、定理就会导致在新背景下茫然失措.

（2）数学思想的培养

本题有着严谨的逻辑推理，要求三角形的面积，就必须选择某类面积公式，就必须找齐相应的条件. 于是问题就归结为确定三角形的边长，这本质就是一个方程的思想. 本题中仅有一个未知边，仅需建立一个关于它的方程，至于建立的方式就很多了. 正如前文，从 4 个角度都可以达成目标. 数学思想很多，我们应在日常学习中分门别类地全面掌握数学思想，并在解题中，主动应用，恰当应用.

（3）数学核心素养的培养

对于本题，大部分学生做得不好，其实是数学核心素养尚未养成. 因此，我们要积极主动培养学生的数学核心素养. 基于数学核心素养的数学教学，要求教师要更新观念. 培养并提升核心素养，不能依赖模仿、记忆，更需要理解、感悟，需要主动、自觉，将"学生为本"的理念与教学实际有机结合.具体的在教学中落实核心素养时,建议注意以下六点.

①要整体把握数学课程.包括要整体理解数学课程性质与理念;整体掌握数学课程目标;整体认识数学课程内容结构;整体设计与实施教学.

②落实单元教学.从一节一节的教学中跳出来,以"主题(单元)"作为教学的基本思考对象.可以"章"为单元,也可以数学中的重要主题为教学设计单元,还可以数学中通性通法为单元.

③注重引导学生发现问题、提出问题与分析解决问题.在数学课程目标中,特别强调发展学生发现问题、提出问题与分析解决问题的能力.

④要合理创设情境."情境"包括实际情境、科学情境、数学情境、历史情境.教学中合理创设情境,便于学生理解学习内容,能够激发学生的兴趣和热情,也有利于提高学生应用数学的能力.

⑤适当增加数学史与数学建模的教学.数学教学应当是以知识为核心的文化教学,是数学文化背景下的建模活动.

⑥要加强对学生的"会学"指导."会学"比"学会"更重要."会学数学"应包括:阅读理解、质疑提问、梳理总结、表达交流.数学是思维的体操,思维是数学的灵魂,"会学"要以思维为基础,这样能力提升才能得到有效落实.

参 考 文 献

[1] 李昌成.由一道2021年高考模考压轴题引发的研究:关于双曲线的一类离心率问题[J].数理化解题研究(高中版),2021(12):22-24.

[2] 李景财.数学基本活动经验的认识及实践[J].理科考试研究,2020(10):22-24.

3.9 厘清本质 突破一类易错试题

摘 要:有关三角函数周期性、单调性、对称性,并且带有参数的题目往往需要全面考虑三者之间的制约关系,若有遗漏致错,很难发现问题所在.使用数形结合、分类讨论、穷举法等技巧和方法处理这类问题比较稳妥.

关键词:三角函数;参数;范围

1. 问题的提出

一天一位善于研究的学生找到笔者,他说他在某知名教辅资料上遇到一道难题.他不会做,但是可以肯定答案是错的,并且在网上也找到了此题,答案依然是错的.笔者让这位学生提供了原题及参考答案.

题目 已知把函数 $f(x) = \sin \omega x (\omega > 0)$ 的图像向左平移 $\frac{\pi}{12}$ 个单位长度后得到的图像关于点 $\left(\frac{\pi}{6}, 0\right)$ 对称，$f(x)$ 在 $\left(\frac{\pi}{4}, \frac{5\pi}{18}\right)$ 上具有单调性，则 ω 的最大值为 （ ）

A. 8 　　　　　　　 B. 16 　　　　　　　 C. 32 　　　　　　　 D. 36

参考答案 把函数 $f(x) = \sin \omega x (\omega > 0)$ 的图像向左平移 $\frac{\pi}{12}$ 个单位长度后得到的函数为

$$y = \sin \omega \left(x + \frac{\pi}{12}\right)$$

其图像关于点 $\left(\frac{\pi}{6}, 0\right)$ 对称，则

$$\omega\left(\frac{\pi}{6} + \frac{\pi}{12}\right) = k\pi$$

即

$$\omega = 4k \,(k \in \mathbf{Z}) \qquad\qquad ①$$

因为 $f(x)$ 在 $\left(\frac{\pi}{4}, \frac{5\pi}{18}\right)$ 上具有单调性，所以

$$\frac{1}{2} \times \frac{2\pi}{\omega} \geqslant \frac{5\pi}{18} - \frac{\pi}{4}$$

解得

$$0 < \omega \leqslant 36 \qquad\qquad ②$$

故选 D.

2. 问题的分析

本参考答案仿佛没有问题，三角函数的平移规则、对称性、周期性等应用合乎逻辑. 但是当 $\omega = 36$ 时，$f(x) = \sin 36x$ 在 $\left(\frac{\pi}{4}, \frac{5\pi}{18}\right)$ 上不单调. 因为由 $36x = \frac{\pi}{2} + k\pi$ 得 $x = \frac{(2k+1)\pi}{72}$，当 $k = 9$ 时，$x = \frac{19\pi}{72} \in \left(\frac{\pi}{4}, \frac{5\pi}{18}\right)$，所以 $\left(\frac{\pi}{4}, \frac{5\pi}{18}\right)$ 包含了一个单增区间和一个单减区间. 因此，我们还要深挖条件，找出问题的根源. 既然不符合单调性，说明问题与单调性一定相关. 事实上，在正余弦函数中，某区间长度小于或等于半周期是函数在此区间单调的必要条件，辅以已知区间包含于函数固有单调区间才能确保单调性. 类似于带参定轴二次函数中移动定长区间求函数最值问题：求函数 $y = x^2 - 2x - 1$ 在 $[t, t+1]$ 的最值.

3. 纠正参考答案

结合参考答案，继续加强约束条件.

因为 $\frac{\pi}{4} < x < \frac{5\pi}{18}$，$\omega > 0$，所以 $\frac{\pi\omega}{4} < \omega x < \frac{5\pi}{18}\omega$.

因为 $f(x) = \sin x$ 在 $\left[-\frac{\pi}{2} + n\pi, \frac{\pi}{2} + nk\pi\right] (n \in \mathbf{Z})$ 单调，所以

$$\left[\frac{\pi\omega}{4}, \frac{5\pi}{18}\omega\right] \subseteq \left[-\frac{\pi}{2}+n\pi, \frac{\pi}{2}+n\pi\right]$$

因此

$$\begin{cases} \dfrac{\pi}{4}\omega \geqslant -\dfrac{\pi}{2}+n\pi \\ \dfrac{5\pi}{18}\omega \leqslant \dfrac{\pi}{2}+n\pi \end{cases}$$

解得

$$4n-2 \leqslant \omega \leqslant \frac{18n+9}{5}(n \in \mathbf{Z}) \qquad\qquad ③$$

综上, ω 须满足①式、②式、③式的要求, 即 ω 为 4 的正整数倍, 且在②式、③式限定的范围中.

下面在③式中寻找满足②式、③式限定的 ω:

当 $n=1$ 时, $2 \leqslant \omega \leqslant \dfrac{27}{5}$, ω 可取 4;

当 $n=2$ 时, $6 \leqslant \omega \leqslant \dfrac{45}{5}$, ω 可取 8;

当 $n=3$ 时, $10 \leqslant \omega \leqslant \dfrac{63}{5}$, ω 可取 12;

当 $n=4$ 时, $14 \leqslant \omega \leqslant \dfrac{81}{5}$, ω 可取 16;

当 $n=5$ 时, $18 \leqslant \omega \leqslant \dfrac{99}{5}$, ω 无可取值;

当 $n=6$ 时, $22 \leqslant \omega \leqslant \dfrac{117}{5}$, ω 无可取值;

当 $n=7$ 时, $26 \leqslant \omega \leqslant \dfrac{135}{5}$, ω 无可取值;

当 $n=8$ 时, $30 \leqslant \omega \leqslant \dfrac{153}{5}$, ω 无可取值;

当 $n=9$ 时, $34 \leqslant \omega \leqslant \dfrac{171}{5}$, ω 无可取值.

所以 $\omega_{\max}=16$.

正确答案为 B.

根据学生的反馈, 还有一种解法如下:

因为

$$\omega = 4k \qquad\qquad ④$$

当 $x=\dfrac{\pi}{4}$ 时,

$$\omega x = k\pi \geqslant 0 \qquad\qquad ⑤$$

当 $x = \dfrac{5\pi}{18}$ 时,

$$\omega x = \dfrac{10}{9}k\pi \qquad\qquad ⑥$$

所以

$$0 \leqslant k\pi < \omega x < \dfrac{5\pi}{18}\omega = \dfrac{10}{9}k\pi \leqslant \dfrac{\pi}{2}+k\pi \qquad\qquad ⑦$$

因此 $0 \leqslant k \leqslant \dfrac{9}{2}(k \in \mathbf{Z})$.

所以 $k_{\max} = 4, \omega_{\max} = 16$.

本解法只是偶然凑巧做对了,因为④式、⑤式、⑥式处的 k 与⑦式处的 k 不具备等量关系,只表达相应研究对象的周期性.

无独有偶,某资料又出现了类似错误的解答,如下.

题目 已知函数 $f(x) = \sin \omega x + \sqrt{3}\cos \omega x\,(\omega > 0)$,$f\left(\dfrac{\pi}{6}\right) + f\left(\dfrac{\pi}{2}\right) = 0$,且 $f(x)$ 在区间 $\left(\dfrac{\pi}{6}, \dfrac{\pi}{2}\right)$ 上单调递减,则 $\omega = $ _____.

参考答案 因为 $f(x)$ 在区间 $\left(\dfrac{\pi}{6}, \dfrac{\pi}{2}\right)$ 上单调递减,$f\left(\dfrac{\pi}{6}\right) + f\left(\dfrac{\pi}{2}\right) = 0$,所以 $f\left(\dfrac{\frac{\pi}{6}+\frac{\pi}{2}}{2}\right) = 0$,即 $f\left(\dfrac{\pi}{3}\right) = 0$.

因为

$$f(x) = \sin \omega x + \sqrt{3}\cos \omega x = 2\sin\left(\omega x + \dfrac{\pi}{3}\right)$$

所以

$$\dfrac{\pi}{3}\omega + \dfrac{\pi}{3} = k\pi, k \in \mathbf{Z}$$

解得

$$\omega = 3k-1, k \in \mathbf{Z} \qquad\qquad ⑧$$

又因为

$$\dfrac{1}{2} \times \dfrac{2\pi}{\omega} \geqslant \dfrac{\pi}{2} - \dfrac{\pi}{6}, \omega > 0 \qquad\qquad ⑨$$

所以 $\omega = 2$.

这个解答过程是错的. 和前例一样,解答中缺失单调性的另一组保障条件:

$$\begin{cases} \dfrac{\pi}{6}\omega + \dfrac{\pi}{3} \geqslant \dfrac{\pi}{2} + n\pi \\ \dfrac{\pi}{2}\omega + \dfrac{\pi}{3} \leqslant \dfrac{3\pi}{2} + n\pi \end{cases}, n \in \mathbf{Z}$$

整理得

$$12n+1 \leqslant \omega \leqslant 4n+\frac{7}{3}, n \in \mathbf{Z}$$

当 $n=0$ 时，$1 \leqslant \omega \leqslant \frac{7}{3}$，$\omega=2$.

当 $n=1$ 时，$13 \leqslant \omega \leqslant \frac{19}{3}$，此时 ω 的取值与⑨式矛盾.

显然 n 不可取负整数.

所以 $\omega=2$.

至此，本问题解决了. 但在实际考试中，本问题可以有多种多样的呈现方式，需要我们从问题本质出发，找准找全 ω 的约束限制条件，以免放大范围.

4. 问题的变式 [1]

（1）变换函数名称

变式 1 已知把函数 $f(x)=\cos \omega x(\omega>0)$ 的图像向左平移 $\frac{\pi}{12}$ 个单位长度后得到的图像关于点 $P\left(\frac{\pi}{6}, 0\right)$ 对称，P 离最近的对称轴的距离不小于 $\frac{\pi}{18}$，则 ω 的最大值为　　　（　　）

A. 2　　　　　　B. 4　　　　　　C. 6　　　　　　D. 8

略解 $f(x)=\cos \omega x(\omega>0)$ 的图像向左平移 $\frac{\pi}{12}$ 个单位长度后得 $y=\cos \omega\left(x+\frac{\pi}{12}\right)$，进而得

$$\begin{cases} \dfrac{\pi}{6}\omega+\dfrac{\pi}{12}\omega=k\pi+\dfrac{\pi}{2} \\ \dfrac{T}{4} \geqslant \dfrac{1}{18}\pi \end{cases}, k \in \mathbf{Z}$$

参考答案为 C.

（2）变换对称性

变式 2 已知把函数 $f(x)=\sin \omega x(\omega>0)$ 的图像向左平移 $\frac{\pi}{12}$ 个单位长度后得到的图像关于 $x=\frac{\pi}{6}$ 轴对称，$f(x)$ 在 $\left(\frac{\pi}{4}, \frac{5\pi}{18}\right)$ 上具有单调性，则 ω 的最小值为　　　（　　）

A. 2　　　　　　B. 6　　　　　　C. 10　　　　　　D. 14

略解 $f(x)=\sin \omega x(\omega>0)$ 的图像向左平移 $\frac{\pi}{12}$ 个单位长度后得 $y=\sin \omega\left(x+\frac{\pi}{12}\right)$，进一步得

$$\begin{cases} \dfrac{\pi}{6}\omega+\dfrac{\pi}{12}\omega=k\pi+\dfrac{\pi}{2} \\ \dfrac{T}{2} \geqslant \dfrac{5}{18}\pi-\dfrac{\pi}{4} \\ \dfrac{\pi}{4}\omega \geqslant -\dfrac{\pi}{2}+n\pi \\ \dfrac{5\pi}{18}\omega \leqslant \dfrac{\pi}{2}+n\pi \end{cases}, k,n \in \mathbf{Z}$$

参考答案为 A.

（3）变换单调区间

变式 3 已知把函数 $f(x)=\sin\omega x\,(\omega>0)$ 的图像向左平移 $\frac{\pi}{12}$ 个单位长度后得到的图像关于点 $\left(\frac{\pi}{6},0\right)$ 对称，$f(x)$ 在 $\left(-\frac{\pi}{72},\frac{\pi}{36}\right)$ 上具有单调性，则满足条件的 ω 的个数有　　　（　　）

A. 1　　　　　　B. 2　　　　　　C. 3　　　　　　D. 4

略解　$f(x)=\sin\omega x\,(\omega>0)$ 的图像向左平移 $\frac{\pi}{12}$ 个单位长度后得 $y=\sin\omega\left(x+\frac{\pi}{12}\right)$，进一步得

$$\begin{cases}\dfrac{\pi}{6}\omega+\dfrac{\pi}{12}\omega=k\pi\\[2mm]\dfrac{T}{2}\geqslant\dfrac{\pi}{36}+\dfrac{\pi}{72}\\[2mm]-\dfrac{\pi}{72}\omega\geqslant-\dfrac{\pi}{2}+n\pi\\[2mm]\dfrac{\pi}{36}\omega\leqslant\dfrac{\pi}{2}+n\pi\end{cases},k,n\in\mathbf{Z}$$

参考答案为 D.

评析　在变式 2 和变式 3 中一定要弄清 k,n 在本类题目中的区别与联系，否则容易出错.

（4）变换平移方向（量）

变式 4 已知把函数 $f(x)=\sin\omega x\,(\omega>0)$ 的图像向右平移 $\frac{\pi}{3}$ 个单位长度后得到的图像关于点 $\left(\frac{\pi}{6},0\right)$ 对称，$f(x)$ 在 $\left(\frac{\pi}{4},\frac{5\pi}{18}\right)$ 上具有单调性，则 ω 的最大值为　　　（　　）

A. 6　　　　　　B. 12　　　　　　C. 18　　　　　　D. 30

略解　$f(x)=\sin\omega x\,(\omega>0)$ 的图像向右平移 $\frac{\pi}{3}$ 个单位长度后得 $y=\sin\omega\left(x-\frac{\pi}{3}\right)$，进一步得

$$\begin{cases}\dfrac{\pi}{6}\omega-\dfrac{\pi}{3}\omega=k\pi\\[2mm]\dfrac{T}{2}\geqslant\dfrac{5\pi}{18}-\dfrac{\pi}{4}\\[2mm]\dfrac{\pi}{4}\omega\geqslant-\dfrac{\pi}{2}+n\pi\\[2mm]\dfrac{5\pi}{18}\omega\leqslant\dfrac{\pi}{2}+n\pi\end{cases},k,n\in\mathbf{Z}$$

参考答案为 D.

（5）变换参数

变式 5 已知把函数 $f(x) = \sin \omega x (\omega > 0)$ 的图像向左平移 $\frac{\pi}{12}$ 个单位长度后得到的图像关于点 $\left(\frac{\pi}{6}, 0\right)$ 对称，$f(x)$ 在 $\left(\frac{\pi}{4}, \frac{5\pi}{18}\right)$ 上具有单调性，则 $f(x)$ 的最小正周期为　　　　（　　）

A. π B. $\frac{\pi}{4}$ C. $\frac{\pi}{8}$ D. $\frac{\pi}{16}$

参考答案为 C.

（6）变换题型

本题以选择题呈现实际上降低了难度. 从考试的角度看，验证法有效，从大往小逐一验证可得到答案. 但是改为填空题，问题本质不变，题目区分度自然上升，杜绝了蒙对的成分.

5. 问题的本质

突破这类问题要厘清问题的本质，命题的知识背景包括 $f(x) = A\sin(\omega x + \varphi)(\omega > 0)$，或 $f(x) = A\cos(\omega x + \varphi)(\omega > 0)$ 的周期性、单调性、奇偶性、对称性（中心对称、轴对称）. 倘若函数中 A, ω, φ 以常数呈现，那么问题是属于静态的，学生易于掌握；倘若函数中 A, ω, φ 的某一个以参数呈现，那么问题是属于动态的，务必弄清参数的几何作用. A 主要影响函数的最值；ω 决定函数的周期；φ 主要影响函数图像的平移. A, ω, φ 三者结合时，要数形结合，挖掘多重含义，用好制约关系，形成解题思路.

6. 题目溯源

[2022 年普通高等学校招生全国统一考试（全国乙卷）数学（理科）第 15 题] 记函数 $f(x) = \cos(\omega x + \varphi)(\omega > 0, 0 < \varphi < \pi)$ 的最小正周期为 T，若 $f(T) = \frac{\sqrt{3}}{2}$，$x = \frac{\pi}{9}$ 为 $f(x)$ 的零点，则 ω 的最小值为＿＿＿＿.

参考答案为 3.

评析 本题考查三角函数的周期性、对称性（零点实际就是三角函数的对称中心的横坐标）、诱导公式、特殊值等. 题设表述形式新颖，还需利用一次函数的单调性建立不等式，算出 ω 最小值.

7. 牛刀小试

已知函数 $f(x) = 4\sin \omega x \sin^2\left(\frac{\omega x}{2} + \frac{\pi}{4}\right) + \cos 2\omega x - 1 (\omega > 0)$ 在区间 $\left[-\frac{\pi}{3}, \frac{2\pi}{3}\right]$ 上是增函数，且在区间 $[0, \pi]$ 上恰好取得一次最大值，则实数 ω 的取值范围是　　　　（　　）

A. $\left[\frac{1}{2}, \frac{3}{4}\right]$ B. $\left[\frac{1}{2}, \frac{5}{2}\right)$ C. $\left[\frac{3}{4}, \frac{5}{2}\right)$ D. $\left[\frac{5}{2}, 3\right)$

参考答案为 A（本题需从周期性、单调性、对称性三方面约束 ω）.

8. 研究感悟

这类 ω 取值范围的问题备受专家青睐,是因为它与三角函数的周期性、单调性、对称性(中心对称、轴对称)、图形变换、最值等重要性质均相关,数形结合思想在本类问题中有较强的支撑作用,可以很好地考查学生的综合素质.如果解题思路稍有缺失,答案范围就会放大,这也是参考答案错误的原因[2].

参 考 文 献

[1]　王新宏.赏析一道高考题的多种解法[J].数理化学习(高中版),2020(8):19-21.
[2]　陈熙春.2021 年全国新高考Ⅰ卷第 21 题的解法探究与拓展[J].数理化学习(高中版),2022(3):8-13.

第4章　平面向量篇

4.1　多视角研究一道 2023 年高考题

摘　要:平面向量作为数学工具对解题有很大帮助,它具有代数和几何双重性.以平面向量为背景的试题往往具有迷惑性、开放性,试题通常难度较大,灵活多变,解法新奇.2023年普通高等学校招生全国统一考试理科数学(乙卷)第12题就是一个典例,其入口宽,解法多,有研究价值.

关键词:数量积;圆;最值

以平面向量为背景的题目作为高考压轴题虽然不多,但是每次出现都很新颖,感觉似曾相识,又相去甚远,入手难,推进更难.这是因为平面向量具有代数和几何双重性,往往使得题目具有迷惑性、开放性[1].2023年普通高等学校招生全国统一考试理科数学(乙卷)第12题就是一个典例.

1.试题呈现

[2023年普通高等学校招生全国统一考试理科数学(乙卷)第12题]已知圆 O 的半径为1,直线 PA 与圆 O 相切于点 A,直线 PB 与圆 O 交于 B,C 两点,D 为 BC 中点,若 $|PO| = \sqrt{2}$,则 $\overrightarrow{PA} \cdot \overrightarrow{PD}$ 的最大值为 （　　）

A. $\dfrac{1+\sqrt{2}}{2}$　　　　B. $\dfrac{1+2\sqrt{2}}{2}$　　　　C. $1+\sqrt{2}$　　　　D. $2+\sqrt{2}$

2.总体认识

本题作为选择压轴题自有其独到之处,具体表现为:首先背景知识丰富,有圆与直线相切的位置关系;有圆与直线相交的位置关系;有弦中点;有数量积运算;还有最值.其次表象上属于常规题,仔细做题,会发现此题很有新意,融合度高,思路开阔,是反套路、反刷题的好题,高度体现了高考改革的风向:注重数学思想、方法的考查.此题值得广大一线师生好好品味.

3.解法探究[2]

思路1　按照数量积的定义计算,从题设中寻找两个向量的模,引入角来联系向量的模

— 71 —

与向量夹角,构造三角函数求最值.

解法1 如图 4-1 所示,连接 AO,DO.

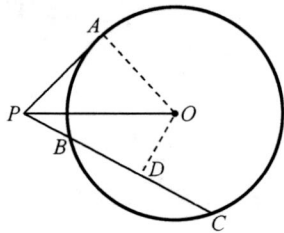

图 4-1

因为直线 PA 与圆 O 相切于点 A,所以 $AO \perp PA$.

因为圆 O 半径为 1,$|PO| = \sqrt{2}$,所以 $\triangle PAO$ 为等腰直角三角形,$|PA| = 1$,$\angle APO = \dfrac{\pi}{4}$.

设 $\angle OPD = \beta$,当直线 PA,PD 在 PO 同侧时,记为 β 负角;当直线 PA,PD 在 PO 异侧时,记为 β 正角.

所以 $\beta \in \left(-\dfrac{\pi}{2}, \dfrac{\pi}{2} \right)$.

在直角 $\triangle POD$ 中,$|\overrightarrow{PD}| = \sqrt{2} \cos \beta$. 所以

$$\overrightarrow{PA} \cdot \overrightarrow{PD} = |\overrightarrow{PA}| \, |\overrightarrow{PD}| \cos \left(\dfrac{\pi}{4} + \beta \right)$$

$$= 1 \times \sqrt{2} \cos \beta \times \cos \left(\dfrac{\pi}{4} + \beta \right)$$

$$= \cos^2 \beta - \sin \beta \cos \beta$$

$$= \dfrac{\sqrt{2}}{2} \sin \left(\dfrac{\pi}{4} - 2\beta \right) + \dfrac{1}{2}$$

$$\leqslant \dfrac{1 + \sqrt{2}}{2}$$

当 $\beta = -\dfrac{\pi}{8}$ 时,等式成立.

所以 $\overrightarrow{PA} \cdot \overrightarrow{PD}$ 的最大值为 $\dfrac{1 + \sqrt{2}}{2}$.

故选 A.

评析 本解法容易想到,但是 β 的范围容易失误,易误判为锐角,从而取错最值. 对于正负角的考查实属精辟,也是创新,体现了学以致用的教学精髓. 以前不曾在正负角这个知识上做文章,或者说,以前应用较为浅显. 以此为例,还有多少这种可考但还未考的考点呢!

思路2 用特值法固定点 A 和点 P,为引进直线参数方程构造条件,将向量问题转化为三角问题.

解法2 不失一般性,如图 4-2 所示,依据题意,可令 $A(0,1)$,$P(1,1)$. 易得圆 O:

$$x^2 + y^2 = 1 \qquad \qquad ①$$

直线 PD 即 BC 的参数方程为

$$\begin{cases} x = 1 + t\cos\alpha \\ y = 1 + t\sin\alpha \end{cases} \qquad \qquad ②$$

其中,t 为参数,α 为直线的倾斜角.

将②式代入①式整理得

$$t^2 + 2(\sin\alpha + \cos\alpha)t + 1 = 0$$

所以

$$t_1 + t_2 = -2(\sin\alpha + \cos\alpha)$$

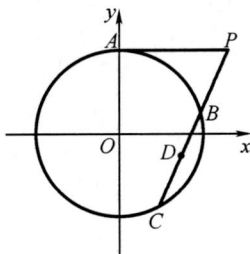

图 4-2

由参数 t 的几何意义知 $|\overrightarrow{PD}| = \left| \dfrac{t_1 + t_2}{2} \right|$,所以 $|\overrightarrow{PD}| = |\sin\alpha + \cos\alpha|$. 数形结合得 $\alpha \in \left(0, \dfrac{\pi}{2}\right)$,所以

$$|\overrightarrow{PD}| = |\sin\alpha + \cos\alpha|$$

易知 $AP /\!/ x$ 轴,所以 $\overrightarrow{PA}$ 与 $\overrightarrow{PD}$ 的夹角为 α. 因此

$$\begin{aligned}
\overrightarrow{PA} \cdot \overrightarrow{PD} &= |\overrightarrow{PA}||\overrightarrow{PD}|\cos\alpha \\
&= 1 \times (\sin\alpha + \cos\alpha) \times \cos\alpha \\
&= \cos^2\alpha + \sin\alpha\cos\alpha \\
&= \frac{\sqrt{2}}{2}\sin\left(2\alpha + \frac{\pi}{4}\right) + \frac{1}{2} \\
&\leqslant \frac{1 + \sqrt{2}}{2}
\end{aligned}$$

当 $\alpha = \dfrac{\pi}{8}$ 时,等式成立.

所以 $\overrightarrow{PA} \cdot \overrightarrow{PD}$ 的最大值为 $\dfrac{1 + \sqrt{2}}{2}$.

故选 A.

评析 本解法处理模长和夹角都显得简洁,当然概念性更强.将直线 BC 的倾斜角直接转化为向量的夹角,比解法 1 简单,也使得后续运算方便许多.参数方程的引入是本解法的关键.

思路3 抓住直线与圆相切,以及圆的中点弦,利用垂径定理,易知 A,P,D,O 4 点共圆,利用平面向量的坐标运算解题.

解法3 如图 4-3 所示,以线段 PO 所在直线为 x 轴,线段 PO 的中垂线为 y 轴,新的原点记为 E,建立平面直角坐标系.

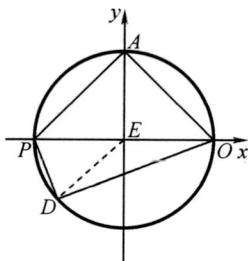

图 4-3

连接 AO,因为直线 PA 与圆 O 相切于点 A,所以 $AO \perp PA$.

因为 D 为 BC 中点,易得 A,P,D,O 4 点共圆,记为圆 E.

因为 $|PO| = \sqrt{2}$,所以圆 E:

$$x^2 + y^2 = \frac{1}{2}$$

同时, $P\left(-\dfrac{\sqrt{2}}{2}, 0\right)$, $A\left(0, \dfrac{\sqrt{2}}{2}\right)$,连接 DE,设 $\angle DEO = \varphi$,则 $D\left(\dfrac{\sqrt{2}}{2}\cos\varphi, \dfrac{\sqrt{2}}{2}\sin\varphi\right)$,于是

$$\overrightarrow{PA} = \left(\frac{\sqrt{2}}{2}, \frac{\sqrt{2}}{2}\right), \overrightarrow{PD} = \left(\frac{\sqrt{2}}{2}\cos\varphi + \frac{\sqrt{2}}{2}, \frac{\sqrt{2}}{2}\right)$$

所以

$$\overrightarrow{PA} \cdot \overrightarrow{PD} = \frac{1}{2}\cos\varphi + \frac{1}{2} + \frac{1}{2}\sin\varphi = \frac{\sqrt{2}}{2}\sin\left(\varphi + \frac{\pi}{4}\right) + \frac{1}{2}$$

当 $\varphi = \dfrac{\pi}{4}$ 时, $\overrightarrow{PA} \cdot \overrightarrow{PD}$ 的最大值为 $\dfrac{1+\sqrt{2}}{2}$.

故选 A.

评析 这种方法变换了坐标系,被研究元素的坐标具体化、简单化,从而使得相关向量坐标可视化,于是数量积就水到渠成.将抽象复杂问题简单化,需要较高的逻辑推理能力,从而简化运算.

思路4 本题中,点 P 的位置不影响问题的本质,因此可以特殊化,从而可以确定点 A,于是可以把问题归结为直线 BC 与圆 O 的相交关系下的函数问题.

解法4 不失一般性,结合题意,设 $P(-\sqrt{2}, 0)$,结合前文,易得 $A\left(-\dfrac{\sqrt{2}}{2}, \dfrac{\sqrt{2}}{2}\right)$.

圆 $O: x^2 + y^2 = 1$. 设 BC:

$$y = k(x + \sqrt{2})$$

由 $\begin{cases} y=k(x+\sqrt{2}) \\ x^2+y^2=1 \end{cases}$ 得

$$(1+k^2)x^2+2\sqrt{2}k^2x+2k^2-1=0$$

因为直线 BC 与圆 O 相交,所以

$$\Delta=8k^4-4(1+k^2)(2k^2-1)>0$$

解得 $-1<k<1$.

另外, $x_B+x_C=-\dfrac{2\sqrt{2}k^2}{1+k^2}$,所以 $x_D=-\dfrac{\sqrt{2}k^2}{1+k^2}$.

因为 $y_D=k(x_D+\sqrt{2})$,所以 $y_D=\dfrac{\sqrt{2}k}{1+k^2}$.

于是 $\overrightarrow{PA}=\left(\dfrac{\sqrt{2}}{2},\dfrac{\sqrt{2}}{2}\right)$, $\overrightarrow{PD}=\left(\dfrac{\sqrt{2}}{1+k^2},\dfrac{\sqrt{2}k}{1+k^2}\right)$.

所以

$$\overrightarrow{PA}\cdot\overrightarrow{PD}=\dfrac{1}{1+k^2}+\dfrac{k}{1+k^2}=\dfrac{1+k}{1+k^2}$$

令 $\varphi(k)=\dfrac{1+k}{1+k^2}$, $-1<k<1$. 则

$$\varphi'(k)=-\dfrac{1+2k+k^2}{(1+k^2)^2}$$

由 $\varphi'(k)>0$ 得 $-1<k<\sqrt{2}-1$,由 $\varphi'(k)<0$ 得 $\sqrt{2}-1<k<1$.

所以 $\varphi(k)$ 在 $(-1,\sqrt{2}-1)$ 单调递增,在 $(\sqrt{2}-1,1)$ 单调递减.

因此 $\varphi(k)_{\max}=\varphi(\sqrt{2}-1)=\dfrac{1+\sqrt{2}}{2}$.

故选 A.

评析 本解法是圆锥曲线的通解通法,借助导数求出最值.平时教学加强训练,既对小题有帮助,也对解析几何的压轴大题有支撑作用.函数思想是高中数学的重要思想,它是处理很多最值问题的法宝.

思路 5 处理复杂函数是学生的难点,解法 4 中处理函数最值也可以从均值不等式入手,构造均值不等式是关键.

解法 5 结合解法 4

$$\varphi(k)=\dfrac{1+k}{1+k^2}, -1<k<1$$

$$=\dfrac{1+k}{(1+k)^2-2k}$$

$$=\dfrac{1+k}{(1+k)^2-2(1+k)+2}$$

$$= \frac{1}{(1+k)+\dfrac{2}{1+k}-2}$$

因为 $-1<k<1$，所以 $0<1+k<2$，所以

$$1+k+\frac{2}{1+k} \geq 2\sqrt{2}, \quad 1+k+\frac{2}{1+k}-2 \geq 2\sqrt{2}-2>0$$

进而

$$\frac{1}{1+k+\dfrac{2}{1+k}-2} \leq \frac{1}{2\sqrt{2}-2} = \frac{1+\sqrt{2}}{2}$$

当且仅当 $1+k=\dfrac{2}{1+k}, k=\sqrt{2}-1$ 时等式成立.

故选 A.

评析 这类函数最值是常见模型,处理过程中要注意三点:一是定义域的限制;二是定值(常数)的构造;三是当均值不等式失效的情况下,及时利用对勾函数补救. 这个问题可以衍生出其他类型的最值问题.

类型 1:已知 $h(k)=\dfrac{1+k}{1+k^2}, k \in \mathbf{R}$,求 $h(k)$ 的值域. 特点:定义域开放.

类型 2:已知 $h(k)=\dfrac{1-k^2}{1+k^2}, k \in \mathbf{R}$,求 $h(k)$ 的值域. 特点:解析式中仅含二次项.

类型 3:已知 $h(k)=\dfrac{1+k^2}{1+k}, k \in (-1,1)$,求 $h(k)$ 的值域. 特点:与类型 1 比较,分子、分母颠倒,更容易构造均值不等式.

类型 4:已知 $h(k)=\dfrac{1+k^2}{1+k}, k \in \mathbf{R}$,求 $h(k)$ 的值域. 特点:定义域区别于类型 3.

类型 5:已知 $h(k)=\dfrac{1+k+k^2}{1+k^2}, k \in \mathbf{R}$,求 $h(k)$ 的值域. 特点:与类型 2 比较,分子、分母均为二次式,且含有一次项.

以上每种类型的处理办法不尽相同,感兴趣的同人可以仔细研究.

4. 高考链接

[2017 年普通高等学校招生全国统一考试理科数学(新课标 Ⅱ卷)第 12 题]已知 $\triangle ABC$ 是边长为 2 的等边三角形,P 为平面 ABC 内一点,则 $\overrightarrow{PA} \cdot (\overrightarrow{PB}+\overrightarrow{PC})$ 的最小值是 （ ）

A. -2 B. $-\dfrac{3}{2}$ C. $-\dfrac{4}{3}$ D. -1

参考答案为 B.

5. 解后反思

突破高考压轴题要在日常教学中下功夫,尤其不能有畏难思想,遇到"难题""新题"不

能因害怕而放弃,也不能因耗时较多就搁下.事实上,只有加强耐挫力的培养,学生才能提高学习自信心.通过一定次数的磨砺,所谓的难题也就在感觉上变得容易.否则,学生的应试能力节节败退,高难题害怕,中档题也担心.

突破高考压轴题要在基本功上下功夫,不能搞套路化训练.因为基本功扎实了,思路就开放了,逻辑就连贯了,运算就准确了,速度也自然提升了.反之,被灌输一些套路的学生遇到新情景、新问题只能束手就擒,无计可施,在考场上情绪激动,影响整场考试心理,这就是常说的"平时学得很好,高考没发挥出来".本题中,求函数的最值需要学生良好的基础,无论是三角出口,还是分式函数出口,都是日常教学的重点.

参 考 文 献

[1]　刘族刚,唐忠.一道模拟试题的深度解题[J].数理化学习(高中版),2020(10):29-31.

[2]　候正卫,王勇.2021年高考平面向量考点透析[J].中学生理科应试,2022(C1):26-30.

4.2　对一道高考模考题的解法探究和反思

摘　要:求数量积必须依靠相关长度和角度,解题往往依托三角函数、平面向量、平面几何、解析几何的知识.这些知识的关系在圆的内接四边形中容易被隐蔽起来,解题时要考虑周全,找到这类题目的一般解法.

关键词:圆内接四边形;数量积;解法;反思

1. 题目

(2019年乌鲁木齐市二模理科第16题)如图4-4所示,在圆内接四边形 $ABCD$ 中,已知对角线 BD 为圆的直径, $AB=AC=2\sqrt{2}$, $AD=1$,则 $\overrightarrow{AC}\cdot\overrightarrow{BD}$ 的值为_____.

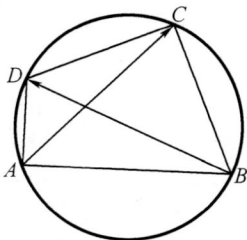

图 4-4

2. 背景

本题作为二模的填空压轴题真正起到了把关作用.在笔者所教的两个班(共97名学

生)中只有 9 人得分,得分率仅为 0.093,全市得分率更低(我校一本率在 90% 左右). 因此,本题具有研究的价值,以便让学生把这类与圆内接四边形有关的数量积问题弄通透,让模考直通高考.

3. 分析

本题以数量积作为背景,考查学生综合运用知识的能力. 求数量积必须依靠相关长度和角度,因此解题要向这两个量靠拢. 本题要依托三角函数、平面向量、平面几何、解析几何、正余弦定理等知识作为突破口进行分析解答,解题中等价转化尤为关键,抽丝剥茧,直到水落石出.

4. 解答

(1)以三角函数为突破口

解法 1 如图 4-5 所示,因为 BD 为圆的直径,所以 $\angle BAD = \angle BCD = 90°$.

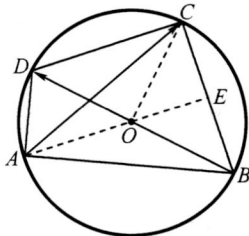

图 4-5

因为 $AB = 2\sqrt{2}$,$AD = 1$,所以 $BD = 3$.

由已知得 $\angle ADB = \angle ACB = \angle ABC$.

设 AC 与 BD 交于 P,$\angle ADB = \angle ACB = \angle ABC = \theta$,$\angle ABD = \alpha$,则 $\overrightarrow{AC}$ 与 $\overrightarrow{BD}$ 的夹角为 $\angle DPC = 2\theta - \alpha$.

在直角 $\triangle DAB$ 中,$\sin \alpha = \cos \theta = \dfrac{1}{3}$,$\sin \theta = \cos \alpha = \dfrac{2\sqrt{2}}{3}$.

因此

$$\cos \angle DPC = \cos(2\theta - \alpha) = -\frac{10}{27}\sqrt{2}$$

所以

$$\overrightarrow{AC} \cdot \overrightarrow{BD} = -\frac{10}{27}\sqrt{3} \times 3 \times 2\sqrt{2} = -\frac{40}{9}$$

解法 2 如图 4-5 所示,过点 A 作 $AE \perp BC$,交 BD 于 O,连结 CO. 易得 $\triangle AOB \backsim \triangle AOC$. 所以 $\angle BAO = \angle CAO = \angle ABO$.

结合解法 1,$\overrightarrow{AC}$ 与 $\overrightarrow{BD}$ 的夹角为 $\pi - 3\alpha$.

$$\cos(\pi - 3\alpha) = -\cos 3\alpha = 3\cos \alpha - 4\cos^3 \alpha = -\frac{10}{27}\sqrt{2}$$

所以

$$\overrightarrow{AC} \cdot \overrightarrow{BD} = -\frac{10}{27}\sqrt{3} \times 3 \times 2\sqrt{2} = -\frac{40}{9}$$

（2）以平面向量为突破口

解法 3　如图 4-5 所示,设 $OE = h$,由 $AB^2 = BE^2 + AE^2$ 得

$$(2\sqrt{2})^2 = \left(\frac{3}{2} + h\right)^2 + \left(\frac{3}{2}\right)^2 - h^2$$

解得 $h = \frac{7}{6}$.

因此

$$BC^2 = (2BE)^2 = (2\sqrt{OB^2 - h^2})^2 = \frac{32}{9}$$

$$\begin{aligned}
\overrightarrow{AC} \cdot \overrightarrow{BD} &= (\overrightarrow{AB} + \overrightarrow{BC}) \cdot \overrightarrow{BD} = \overrightarrow{AB} \cdot \overrightarrow{BD} + \overrightarrow{BC} \cdot \overrightarrow{BD} \\
&= \overrightarrow{AB} \cdot (\overrightarrow{BA} + \overrightarrow{AD}) + \overrightarrow{BC} \cdot (\overrightarrow{BC} + \overrightarrow{CD}) \\
&= -\overrightarrow{AB}^2 + \overrightarrow{BC}^2 \\
&= -\frac{40}{9}
\end{aligned}$$

解法 4　结合解法 3

$$\begin{aligned}
\overrightarrow{AC} \cdot \overrightarrow{BD} &= (\overrightarrow{AB} + \overrightarrow{BC}) \cdot (\overrightarrow{BA} + \overrightarrow{AD}) \\
&= -\overrightarrow{AB}^2 + \overrightarrow{BC} \cdot \overrightarrow{BA} + \overrightarrow{BC} \cdot \overrightarrow{AD} \\
&= -\overrightarrow{AB}^2 + \overrightarrow{BC} \cdot \overrightarrow{BA} + \overrightarrow{BC} \cdot (\overrightarrow{AC} + \overrightarrow{CD}) \\
&= -\overrightarrow{AB}^2 + \overrightarrow{BC} \cdot \overrightarrow{BA} + \overrightarrow{BC} \cdot \overrightarrow{AC} \\
&= -\overrightarrow{AB}^2 + |\overrightarrow{BC}||\overrightarrow{BA}|\cos\theta + |\overrightarrow{BC}||\overrightarrow{AC}|\cos\theta \\
&= -\frac{40}{9}
\end{aligned}$$

（3）建立直角坐标系,以点 C 的坐标为突破口

解法 5　以点 A 为坐标原点,以直线 AB 为 x 轴,以直线 AD 为 y 轴建立直角坐标系.于是 $B(2\sqrt{2}, 0)$,$D(0, 1)$,圆心为 $\left(\sqrt{2}, \frac{1}{2}\right)$.设直线 AC 的方程为 $y = kx$.结合解法 2 知圆心到直线 AC 的距离为 $\frac{1}{2}$.于是

$$\frac{1}{2} = \frac{\left|\sqrt{2}k - \frac{1}{2}\right|}{\sqrt{1 + k^2}}$$

解得 $k = \frac{4\sqrt{2}}{7}$.

所以 AC 的方程为

$$y = \frac{4\sqrt{2}}{7}x$$

又知圆的方程为

$$(x-\sqrt{2})^2 + \left(y-\frac{1}{2}\right)^2 = \frac{9}{4}$$

联立解得 $C\left(\frac{14}{9}\sqrt{2}, \frac{16}{9}\right)$.

于是 $\overrightarrow{AC} = \left(\frac{14}{9}\sqrt{2}, \frac{16}{9}\right)$，$\overrightarrow{BD} = (-2\sqrt{2}, 1)$，所以

$$\overrightarrow{AC} \cdot \overrightarrow{BD} = -\frac{56}{9} + \frac{16}{9} = -\frac{40}{9}$$

（4）建立直角坐标系,依托正弦定理找到突破口

解法 6 结合解法 4,设 $C(x,y)$,则 $\overrightarrow{DC} = (x, y-1)$，$\overrightarrow{BC} = (x-2\sqrt{2}, y)$.

因为 $\overrightarrow{DC} \perp \overrightarrow{BC}$,所以 $x(x-2\sqrt{2}) + y(y-1) = 0$,即

$$x^2 - 2\sqrt{2}x + y^2 - y = 0$$

而且 $x^2 + y^2 = 8$,所以 $2\sqrt{2}x = 8 - y$.

由三角函数定义得

$$\frac{y}{2\sqrt{2}} = \sin\angle BAC$$

在 $\triangle ABC$ 中,由正弦定理得

$$\frac{BC}{\sin\angle BAC} = 3$$

所以

$$\frac{y}{2\sqrt{2}} = \frac{BC}{3} = \frac{\sqrt{(x-2\sqrt{2})^2 + y^2}}{3}$$

解得 $y = \frac{16}{9}$,所以

$$\begin{aligned}
\overrightarrow{AC} \cdot \overrightarrow{BD} &= x(x-2\sqrt{2}) + y(y-1) \\
&= -2\sqrt{2}x + y \\
&= 2y - 8 \\
&= -\frac{40}{9}
\end{aligned}$$

（5）建立直角坐标系,依托余弦定理找到突破口

解法 7 结合解法 1,知 $\sin\theta = \frac{2\sqrt{2}}{3}$，$\cos\theta = \frac{1}{3}$.

在 $\triangle ABC$ 中,有

$$AC^2 = AB^2 + BC^2 - 2AB \cdot BC\cos\theta$$

即

$$(2\sqrt{2})^2 = 2(\sqrt{2})^2 + BC^2 - \frac{4\sqrt{2}}{3}BC$$

解得 $BC = \frac{4\sqrt{2}}{3}$.

设 $C(x,y)$, 则

$$y = BC\sin\theta = \frac{4\sqrt{2}}{3} \cdot \frac{2\sqrt{2}}{3} = \frac{16}{9}$$

结合解法 6 知

$$\overrightarrow{AC} \cdot \overrightarrow{BD} = 2y - 8 = -\frac{40}{9}$$

解法 8 结合解法 1, 知 $\cos\alpha = \frac{2\sqrt{2}}{3}$. 而 $\angle ACD = \alpha$, 所以 $\cos\angle ACD = \frac{2\sqrt{2}}{3}$.

在 $\triangle ACD$ 中, 有

$$AD^2 = AC^2 + CD^2 - 2AC \cdot CD\cos\alpha$$

即

$$1 = (2\sqrt{2})^2 + CD^2 - \frac{16}{3}CD$$

解得 $CD = \frac{7}{3}$.

在直角 $\triangle BCD$ 中, 有

$$BC = \sqrt{BD^2 - CD^2} = \frac{4\sqrt{2}}{3}$$

以下同解法 7.

5. 反思

两个向量的数量积是平面向量最重要、最活跃的内容, 它的概念和性质在三角函数、立体几何、解析几何中都有着广泛的应用, 求两个向量的数量积常常出现在各类试题中. 这类试题通常有四种解法: 一是定义法; 二是坐标法; 三是转化法; 四是投影法. 前三种方法前文已经用到. 对于投影法, 往往使用在投影易得的题目中.

例如, 在平行四边形 $ABCD$ 中, $\angle BAD = 60°$, $AB = 1$, $AD = 2$, 点 P 在边 BC, CD 上运动, 则 $\overrightarrow{AC} \cdot \overrightarrow{AP}$ 的最大值为_____.

结合图形发现当 $\overrightarrow{AP}$ 与 $\overrightarrow{AC}$ 重合时取得最大值 7, 若用别的解法作答会很困难. 具体到每一道有关数量积的题用哪一种解法, 需要分析条件, 等价转化, 找到问题的瓶颈, 采取相应的解法. 不可忽视的是本题中圆作为背景起到了推波助澜的作用, 让问题变得扑朔迷离. 这样的高考题不在少数. 例如, 2001 年普通高等学校招生全国统一考试数学 (文史类) 第 19

题:已知圆内接四边形 $ABCD$ 的边长分别是 $AB=2$, $BC=6$, $CD=DA=4$, 求四边形 $ABCD$ 的面积[1]. 2016 年北京大学自主招生把本题中四边形各边长度增大翻新成考题, 本质没变, 解法没变, 但运算量大大增加, 考查考生的运算能力, 事实上这个模考题的运算量也不小.

参 考 文 献

[1]   北京天利考试信息网. 高考真题. 11[M]. 拉萨:西藏人民出版社,2010.

第5章 立体几何篇

空间角的向量解法

——建基法

通过建立空间直角坐标系,利用向量的坐标运算,根据向量的数量积公式 $a \cdot b = ab\cos\theta$,可求向量 a 与 b 的夹角 θ,但这种建系法有很大的局限性,它要求坐标轴两两互相垂直.下面介绍空间角的一般向量解法——建基法,它不要求坐标轴两两互相垂直,因此具有明显的优越性.

例 1 如图 5-1 所示,在正方体 $ABCD$-$A_1B_1C_1D_1$ 中,E、F 分别是 A_1B_1、CC_1 的中点,试求异面直线 AE 与 BF 的夹角 θ.

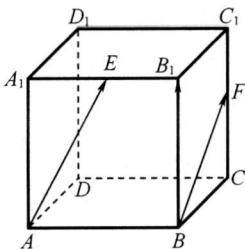

图 5-1

解 设 $AB = 2$,建立基底 $\overrightarrow{BC} = a$,$\overrightarrow{BB_1} = b$,$\overrightarrow{BA} = c$,则

$$\overrightarrow{AE} = -\frac{1}{2}c + b,\ \overrightarrow{BF} = a + \frac{1}{2}b$$

$$|\overrightarrow{AE}| = |\overrightarrow{BF}| = \sqrt{5},\ a \cdot b = b \cdot c = c \cdot a = 0$$

由

$$\cos\theta = \frac{\overrightarrow{AE} \cdot \overrightarrow{BF}}{|\overrightarrow{AE}||\overrightarrow{BF}|} = \frac{\left(-\frac{1}{2}c + b\right) \cdot \left(a + \frac{1}{2}b\right)}{5} = \frac{2}{5}$$

得 $\theta = \arccos\dfrac{2}{5}$.

例 2 如图 5-2 所示,正四面体 A-BCD 中,M,N 分别是 BC 与 AD 的中点,求异面直线 AM 与 CN 的夹角 θ.

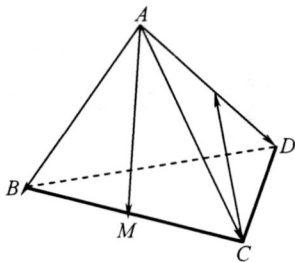

图 5-2

解 设 $AB=2$,建立基底 $\overrightarrow{AB}=\boldsymbol{a},\overrightarrow{AC}=\boldsymbol{b},\overrightarrow{AD}=\boldsymbol{c}$,则

$$|\overrightarrow{AM}| = |\overrightarrow{CN}| = \sqrt{3},\boldsymbol{a}\cdot\boldsymbol{b}=\boldsymbol{b}\cdot\boldsymbol{c}=\boldsymbol{c}\cdot\boldsymbol{a}=2$$

$$\overrightarrow{AM}=\frac{1}{2}(\boldsymbol{a}+\boldsymbol{b}),\overrightarrow{CN}=\frac{1}{2}\boldsymbol{c}-\boldsymbol{b}$$

由

$$\cos\theta = \left|\frac{\overrightarrow{AM}\cdot\overrightarrow{CN}}{|\overrightarrow{AM}||\overrightarrow{CN}|}\right| = \left|\frac{\frac{1}{2}(\boldsymbol{a}+\boldsymbol{b})\cdot\left(\frac{1}{2}\boldsymbol{c}-\boldsymbol{b}\right)}{3}\right| = \frac{2}{3}$$

得 $\theta=\arccos\dfrac{2}{3}$.

例3 如图 5-3 所示,在四棱锥 $P-ABCD$ 中,$PB\perp AD$,侧面 PAD 为边长等于 2 的正三角形,底面 $ABCD$ 是菱形,侧面 PAD 与底面 $ABCD$ 所成的二面角为 $120°$.

(1)求点 P 到底面 $ABCD$ 的距离.

(2)求侧面 APB 与侧面 CPB 所形成的二面角的大小.

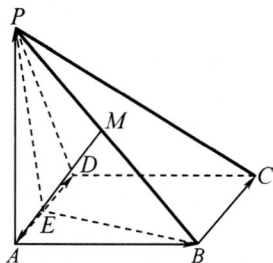

图 5-3

解 设 E 为 AD 的中点,则 $AD\perp EP$.

又 $PB\perp AD$,故 $AD\perp EB$,即 $\angle PEB$ 为侧面 PAD 与底面 $ABCD$ 所形成的二面角,$\angle PEB=120°$. 易求得 $PE=EB=\sqrt{3}$,$PB=3$.

(1)点 P 到底面 $ABCD$ 的距离为

$$PE\times\sin 60° = \sqrt{3}\times\frac{\sqrt{3}}{2}=\frac{3}{2}$$

(2)建立基底 $\overrightarrow{AB}=\boldsymbol{a},\overrightarrow{AD}=\boldsymbol{b},\overrightarrow{AP}=\boldsymbol{c}$,则 $\overrightarrow{BC}=\boldsymbol{b}$,$\overrightarrow{MA}=-\dfrac{1}{2}(\boldsymbol{a}+\boldsymbol{c})$,$|\overrightarrow{MA}|=\sqrt{2^2-\left(\dfrac{3}{2}\right)^2}=$

$\dfrac{\sqrt{7}}{2}$，$\boldsymbol{a}\cdot\boldsymbol{b}=\boldsymbol{b}\cdot\boldsymbol{c}=2$．易得 $BC\perp BP$，$MA\perp BP$，则平面 APB 与平面 CPB 所形成的二面角即为向量 $\overrightarrow{BC}$ 和 $\overrightarrow{MA}$ 的夹角 θ.

由

$$\cos\theta=\frac{-\dfrac{1}{2}(\boldsymbol{a}+\boldsymbol{c})\cdot\boldsymbol{b}}{|\overrightarrow{BC}||\overrightarrow{MA}|}=\frac{-\dfrac{1}{2}(2+2)}{\sqrt{7}}=-\frac{2\sqrt{7}}{7}$$

得 $\theta=\pi-\arccos\dfrac{2\sqrt{7}}{7}$.

例4 如图 5-4 所示，在直三棱柱 $ABC-A_1B_1C_1$ 中，$AB=BC$，D、E 分别为 BB_1、AC_1 的中点.

（1）证明：ED 为异面直线 BB_1 与 AC_1 的公垂线.

（2）设 $AA_1=AC=\sqrt{2}AB$，求二面角 A_1-AD-C_1 的大小.

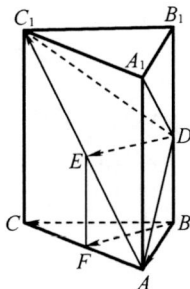

图 5-4

解 建立基底 $\overrightarrow{BA}=\boldsymbol{a}$，$\overrightarrow{BB_1}=\boldsymbol{b}$，$\overrightarrow{BC}=\boldsymbol{c}$，则 $|\boldsymbol{a}|=|\boldsymbol{c}|$，$\boldsymbol{a}\cdot\boldsymbol{b}=\boldsymbol{b}\cdot\boldsymbol{c}=0$.

设 AC 的中点为 F，则 $EF/\!/CC_1/\!/BD$，$EF=\dfrac{1}{2}CC_1=BD$，四边形 $EFBD$ 为矩形，故

$$\overrightarrow{DE}=\overrightarrow{BF}=\frac{1}{2}(\boldsymbol{a}+\boldsymbol{c})，\overrightarrow{AC_1}=\boldsymbol{c}-\boldsymbol{a}+\boldsymbol{b}$$

（1）由

$$\overrightarrow{DE}\cdot\overrightarrow{BB_1}=\frac{1}{2}(\boldsymbol{a}+\boldsymbol{c})\cdot\boldsymbol{b}=0，\overrightarrow{DE}\cdot\overrightarrow{AC_1}=\frac{1}{2}(\boldsymbol{a}+\boldsymbol{c})\cdot(\boldsymbol{c}-\boldsymbol{a}+\boldsymbol{b})=\frac{1}{2}(\boldsymbol{c}^2-\boldsymbol{a}^2)=0$$

得 $DE\perp BB_1$，且 $DE\perp AC_1$，即 DE 为异面直线 BB_1 与 AC_1 的公垂线.

（2）设 $AB=1$，则四边形 AA_1CC_1 为边长等于 $\sqrt{2}$ 的正方形．易得 $AB\perp BC$，$BC\perp$ 平面 ADA_1，$A_1E\perp$ 平面 ADC_1，则向量 $\overrightarrow{BC}$ 与向量 $\overrightarrow{A_1E}$ 的夹角 θ 的大小等于二面角 A_1-AD-C_1 的平面角．由 $\overrightarrow{BC}=\boldsymbol{c}$，$\overrightarrow{A_1E}=\dfrac{1}{2}(\boldsymbol{c}-\boldsymbol{a}-\boldsymbol{b})$，得

$$\cos\theta=\frac{\overrightarrow{BC}\cdot\overrightarrow{A_1E}}{|\overrightarrow{BC}||\overrightarrow{A_1E}|}=\frac{\boldsymbol{c}\cdot\dfrac{1}{2}(\boldsymbol{c}-\boldsymbol{a}-\boldsymbol{b})}{1\times 1}=\frac{1}{2}$$

则 $\theta=60°$，故二面角 A_1-AD-C_1 的平面角大小为 $60°$.

第6章 数列篇

近几年数列高考题型研究[1]

——以全国Ⅱ卷为例

摘 要:当前数列在教学大纲中的内容减少了,要求降低了.但是,高考中的题型仍然不少,教学中需要归类总结、分类指导,才能提升学生的能力.

关键词:高考;数列;题型

当前数列在教学大纲中的内容减少了,要求降低了.但是,高考中题型仍然不少,有的题目技巧性很强,难度较大,仔细研究高考真题,能够发现一些规律,抓住重点,突破难点,对于高考复习应考有较好的指导作用.

1. 主干知识

现行教学大纲对数列要求的主要基础知识[2]如下.

(1) $a_n = \begin{cases} a_1(n=1) \\ S_n - S_{n-1}(n \geq 2) \end{cases}$.

(2)等差数列 $\{a_n\}$ 中: $a_{n+1} - a_n = d$; $a_n = a_1 + (n-1)d$; $S_n = \dfrac{a_1 + a_n}{2}n = na_1 + \dfrac{n(n-1)}{2}d$; $S_k, S_{2k} - S_k, S_{3k} - S_{2k}, \cdots$ 成等差数列(其中 a_1 为首项,d 为公差).

(3)等比数列 $\{a_n\}$ 中: $\dfrac{a_{n+1}}{a_n} = q \neq 0$; $a_n = a_1 q^{n-1}$; $S_n = \begin{cases} na_1(q=1) \\ \dfrac{a_1(1-q^n)}{1-q}(q \neq 1) \end{cases}$; $S_k, S_{2k} - S_k, S_{3k} - S_{2k}, \cdots$

$(q \neq -1)$ 成等比数列(其中 a_1 为首项,q 为公比).

2. 考情分析

纵观近几年高考全国Ⅱ卷,数列通常以"两小"或"一大"的形式考查.若是"两小"的形式,分值为 10 分,往往一道题较为简单,排布在第 3~5 题,另一道题较为复杂,可能是选择题或填空题的把关题;若是"一大"的形式,分值为 12 分,分两小问,第一问较为基础,第二问通常会与函数结合,考查一些数列的重要知识,有一定的创新性.换言之,目前数列好学不好考,值得关注.

3. 题型梳理

类型 1 单纯考查等差、等比的基本公式

等差数列中的 a_1 和 d, 等比数列中的 a_1 和 q, 称为基本元素. 针对 a_1, $d(q)$, n, a_n, S_n 等 5 个元素, 利用方程组的思想, 可以进行"知三求二"的运算, 求某些元素. 这是最基本的题型, 高考注重这类通解通法的考查.

例 1 [2013 年普通高等学校招生全国统一考试数学 (全国新课标卷 Ⅱ) 第 3 题] 等比数列 $\{a_n\}$ 的前 n 项和为 S_n, 已知 $S_3 = a_2 + 10a_1$, $a_5 = 9$, 则 $a_1 =$ ( )[3]

A. $\dfrac{1}{3}$ B. $-\dfrac{1}{3}$ C. $\dfrac{1}{9}$ D. $-\dfrac{1}{9}$

解 由 $S_3 = a_2 + 10a_1$, $a_5 = 9$ 得

$$3a_1 + \frac{3 \times 2}{2}d = a_1 + d \qquad ①$$

$$a_1 + 4d = 9 \qquad ②$$

①式、②式联立解得 $a_1 = \dfrac{1}{9}$.

故选 C.

练习题 (2015 年普通高等学校招生全国统一考试理科数学第 4 题) 等比数列 $\{a_n\}$ 满足 $a_1 = 3$, $a_1 + a_3 + a_5 = 21$, 则 $a_3 + a_5 + a_7 =$ ( )

A. 21   B. 42   C. 63   D. 84

参考答案为 B.

类型 2 与函数结合, 综合考查数列知识和技巧

例 2 (2011 年普通高等学校招生全国统一考试理科数学第 17 题) 等比数列 $\{a_n\}$ 的各项均为正数, 且 $2a_1 + 3a_2 = 1$, $a_3^2 = 9a_2a_6$.

(Ⅰ) 求数列 $\{a_n\}$ 的通项公式;

(Ⅱ) 设 $b_n = \log_3 a_1 + \log_3 a_2 + \cdots + \log_3 a_n$, 求数列 $\left\{\dfrac{1}{b_n}\right\}$ 的前 n 项和.

解 (Ⅰ) 设等比数列 $\{a_n\}$ 的公比为 q, 由 $2a_1 + 3a_2 = 1$, $a_3^2 = 9a_2a_6$, 得

$$\begin{cases} 2a_1 + 3a_1 q = 1 \\ a_1^2 q^4 = 9a_1^2 q^6 \end{cases}$$

解得 $\begin{cases} a_1 = \dfrac{1}{2 + 3q} \\ q^2 = \dfrac{1}{9} \end{cases}$.

因为等比数列 $\{a_n\}$ 的各项均为正数, 所以公比 $q > 0$, 从而得 $a_1 = \dfrac{1}{3}$, $q = \dfrac{1}{3}$, 因此数列 $\{a_n\}$ 的通项公式 $a_n = \dfrac{1}{3^n}$.

（Ⅱ）由（Ⅰ）得

$$\log_3 a_n = \log_3 \frac{1}{3^n} = -n, b_n = (-1)+(-2)+\cdots+(-n) = -\frac{n(n+1)}{2}$$

所以

$$\frac{1}{b_n} = -\frac{1}{n(n+1)} = -2\left(\frac{1}{n}-\frac{1}{n+1}\right)$$

因此，数列$\left\{\frac{1}{b_n}\right\}$的前$n$项和

$$
\begin{aligned}
T_n &= -2\left(1-\frac{1}{2}\right)-2\left(\frac{1}{2}-\frac{1}{3}\right)-\cdots-2\left(\frac{1}{n}-\frac{1}{n+1}\right)\\
&= -2\left[\left(1-\frac{1}{2}\right)+\left(\frac{1}{2}-\frac{1}{3}\right)+\cdots+\left(\frac{1}{n}-\frac{1}{n+1}\right)\right]\\
&= -2\left(1-\frac{1}{n+1}\right)\\
&= -\frac{2n}{n+1}
\end{aligned}
$$

评析 本题借助对数函数，将等比数列转化为等差数列，主要考查等比数列的通项公式、性质，等差数列的前n项和，利用裂项相消求和完成解答。解答过程要细心，运用公式性质要灵活。

例3（2016年普通高等学校招生全国统一考试理科数学试题卷第17题）S_n为等差数列$\{a_n\}$的前n项和，且$a_1=1, S_7=28$。记$b_n=[\lg a_n]$。其中$[x]$表示不超过x的最大整数，如$[0.9]=0, [\lg 99]=1$。

（Ⅰ）求b_1, b_{11}, b_{101}；

（Ⅱ）求数列$\{b_n\}$的前1 000项和。

解（Ⅰ）设$\{a_n\}$的公差为$d, S_7=7a_4=28$，所以$a_4=4$，因此

$$d=\frac{a_4-a_1}{3}=1$$

所以

$$a_n=a_1+(n-1)d=n$$

所以

$$b_1=[\lg a_1]=[\lg 1]=0, b_{11}=[\lg a_{11}]=[\lg 11]=1, b_{101}=[\lg a_{101}]=[\lg_{101}]=2$$

（Ⅱ）记$\{b_n\}$的前n项和为T_n，则

$$T_{1\,000}=b_1+b_2+\cdots+b_{1\,000}=[\lg a_1]+[\lg a_2]+\cdots+[\lg a_{1\,000}]$$

当$0\leqslant\lg a_n<1$时，$n=1,2,\cdots,9$；

当$1\leqslant\lg a_n<2$时，$n=10,11,\cdots,99$；

当$2\leqslant\lg a_n<3$时，$n=100,101,\cdots,999$；

当$\lg a_n=3$时，$n=1\,000$。

所以$T_{1\,000}=0\times9+1\times90+2\times900+3\times1=1\,893$。

评析 本题以等差数列为背景,以高斯函数为创新点,综合考查学生的应用知识的能力.第一问是第二问的铺垫,对数函数将问题灵活化,各项取值很新颖,对学生来说生搬硬套行不通,在考场上要随机应变,沉着应对.因为题面创新,所以学生不适应.

例4 (2018年普通高等学校招生全国统一考试理科数学试题卷第17题)记 S_n 为等差数列 $\{a_n\}$ 的前 n 项和,已知 $a_1=-7$,$S_3=-15$.

(Ⅰ)求 $\{a_n\}$ 的通项公式;

(Ⅱ)求 S_n,并求 S_n 的最小值.

解 (Ⅰ)设 $\{a_n\}$ 的公差为 d,由题意得
$$3a_1+3d=-15$$
由 $a_1=-7$ 得 $d=2$.

所以 $\{a_n\}$ 的通项公式为
$$a_n=2n-9$$

(Ⅱ)由(Ⅰ)得
$$S_n=n^2-8n=(n-4)^2-16$$
所以,当 $n=4$ 时,S_n 取得最小值,最小值为 -16.

评析 本题将数列和二次函数结合起来考查.数列是特殊的函数,研究数列最值问题,可利用二次函数性质,但要注意其定义域为正整数集这一限制条件.题目很平和,未在对称轴上做文章,若对称轴为非正整数,则需要在其左右临近的正整数处取最值.

类型3 与不等式结合,考查综合素养

例5 (2015年第17题)已知数列 $\{a_n\}$ 满足 $a_1=1$,$a_{n+1}=3a_n+1$.

(Ⅰ)证明 $\left\{a_n+\dfrac{1}{2}\right\}$ 是等比数列,并求 $\{a_n\}$ 的通项公式;

(Ⅱ)证明:$\dfrac{1}{a_1}+\dfrac{1}{a_2}+\cdots+\dfrac{1}{a_n}<\dfrac{3}{2}$.

证明 (Ⅰ)因为 $a_{n+1}=3a_n+1$,所以
$$a_{n+1}+\frac{1}{2}=3\left(a_n+\frac{1}{2}\right)$$
于是
$$\frac{a_{n+1}+\dfrac{1}{2}}{a_n+\dfrac{1}{2}}=3$$
因此数列 $\left\{a_n+\dfrac{1}{2}\right\}$ 是等比数列.

而 $a_1+\dfrac{1}{2}=\dfrac{3}{2}$,因此
$$a_n+\frac{1}{2}=\frac{3}{2}\times3^{n-1}=\frac{3^n}{2}$$

所以

$$a_n = \frac{3^n}{2} - \frac{1}{2}$$

(Ⅱ)由(Ⅰ)得

$$\frac{1}{a_n} = \frac{2}{3^n - 1}$$

当 $n = 1$ 时, $\frac{1}{a_1} = 1 < \frac{3}{2}$;

当 $n \geq 2$ 时, $\frac{1}{a_n} = \frac{2}{3^n - 1} < \frac{2 + 1}{3^n - 1 + 1} = \frac{1}{3^{n-1}}$.

所以

$$\frac{1}{a_1} + \frac{1}{a_2} + \cdots + \frac{1}{a_n} < 1 + \frac{1}{3} + \frac{1}{3^2} + \cdots + \frac{1}{3^{n-1}}$$

$$= \frac{1\left(1 - \frac{1}{3^n}\right)}{1 - \frac{1}{3}}$$

$$= \frac{3}{2}\left(1 - \frac{1}{3^n}\right)$$

$$< \frac{3}{2}$$

综上, $\frac{1}{a_1} + \frac{1}{a_2} + \cdots + \frac{1}{a_n} < \frac{3}{2}$.

评析 本题第二问考查放缩法证明不等式, $\frac{2}{3^n - 1} < \frac{2 + 1}{3^n - 1 + 1}$ 这一步很多学生难以实现,原因在于没有把不等式中的"糖水原理"理解透彻,把握不准放缩的度,导致无法求和,无法进一步放缩.本题考查了学生的综合素养.

类型4 与传统文化相结合,考查数学建模

例6 (2017年普通高等学校招生全国统一考试理科数学第3题)我国古代数学名著《算法统宗》中有如下问题:"远望巍巍塔七层,红光点点倍加增,共灯三百八十一,请问尖头几盏灯?"意思是:一座7层塔共挂了381盏灯,且相邻两层中的下一层灯数是上一层灯数的2倍,则塔的顶层共有灯 ( )

A.1盏　　　　B.3盏　　　　C.5盏　　　　D.9盏

解 设塔的顶层共有灯 x 盏,则各层的灯数构成一个首项为 x,公比为2的等比数列,结合等比数列的求和公式有: $\frac{x(1 - 2^7)}{1 - 2} = 381$,解得 $x = 3$,即塔的顶层共有灯3盏,故选B.

评析 本题考查数学中的传统文化,旨在激发学生的爱国热情和学习兴趣.学生需要过两关,一是读懂古文(有翻译,应该不是问题);二是数学建模,这需要灵活应对,是等差数列、等比数列,或其他的数列,这需要在题设中抽象概括,建立恰当的模型.

类型 5　构造新数列,形成把关题

例 7　(2015 年普通高等学校招生全国统一考试理科数学第 16 题)设 S_n 是数列 $\{a_n\}$ 的前 n 项和,且 $a_1 = -1$,$a_{n+1} = S_n S_{n+1}$,则 $S_n =$ _____.

解　由已知得

$$a_{n+1} = S_{n+1} - S_n = S_n S_{n+1}$$

两边同时除以 $S_n S_{n+1}$,得

$$\frac{1}{S_{n+1}} - \frac{1}{S_n} = -1$$

故数列 $\left\{\dfrac{1}{S_n}\right\}$ 是以 -1 为首项,-1 为公差的等差数列,则

$$\frac{1}{S_n} = -1 - (n-1) = -n$$

所以 $S_n = -\dfrac{1}{n}$.

评析　本题考查抽象数列,非等差非等比,学生在心理上会有恐惧感.公式 $a_n = \begin{cases} a_1 & (n=1) \\ S_n - S_{n-1} & (n \geqslant 2) \end{cases}$ 的递推使用需要理解,同时除以 $S_n S_{n+1}$ 的技巧使用又是一个难点,所以构造出这个新的等差数列还是有挑战性的.因概念不清,易误写成 $\dfrac{1}{S_n} - \dfrac{1}{S_{n+1}} = 1$,造成公差错误,前功尽弃.

例 8　(2012 年普通高等学校招生全国统一考试理科数学第 16 题)数列 $\{a_n\}$ 满足 $a_{n+1} + (-1)^n a_n = 2n-1$,则 $\{a_n\}$ 的前 60 项和为_____.

解　由 $a_{n+1} + (-1)^n a_n = 2n-1$ 可以判断 $\{a_n\}$ 为等差数列.

当 $n=1$ 时,$a_2 = 1 + a_1$;

当 $n=2$ 时,$a_3 = 2 - a_1$;

当 $n=3$ 时,$a_4 = 7 - a_1$.

所以

$$a_1 + a_2 + a_3 + a_4 = 10$$

当 $n=4$ 时,$a_5 = a_1$;

当 $n=5$ 时,$a_6 = 9 + a_1$;

当 $n=6$ 时,$a_7 = 2 - a_1$;

当 $n=7$ 时,$a_8 = 15 - a_1$.

所以

$$a_5 + a_6 + a_7 + a_8 = 26$$

于是得到新的等差数列 $10, 26, 42, \cdots$ 共 15 项,其和为

$$S_{15} = 15 \times 10 + \frac{15 \times 14}{2} \times 16 = 1\ 830$$

评析　本题属于数列中的奇偶项问题,判断 $\{a_n\}$ 为等差数

列的通项公式是关于 n 的一次函数以及数列相邻项作差或求和不改变其类型才能判断. 另外, "$S_k, S_{2k}-S_k, S_{3k}-S_{2k}, \cdots$ 成等差数列"的使用也比较隐蔽. 学生会在首项取值上纠缠不清, 事实上与之无关, 这使得本题扑朔迷离, 成为一道近几年来最难的数列压轴题. 其作为压轴小题当之无愧.

4. 几点思考

由于教学大纲的变化, 数列课时锐减, 所以考试大纲也发生了相应变化. 数列本身内容丰富, 含金量高, 曾经是高考的重头戏. 针对当前的现状, 笔者有以下几点思考.

（1）有关"差比数列"的求和, 应该让学生好好掌握. 它是等比数列求和的延伸, 源于教材, 又高于教材, 是高考命题的原则之一. 另外, Ⅱ 卷之外的高考卷也经常考查这个内容, 但 Ⅱ 卷还未做考查.

（2）数列有很多特殊技巧方法, 现在有弱化技巧的趋势, 我们关注几个重要的即可, 减轻学生负担. 例如, 针对"$a_{n+1}-a_n=f(n)$"的累加求和; 针对"$\dfrac{a_{n+1}}{a_n}=f(n)$"的累乘求积; 针对"等差数列"的倒序求和; 针对"等比数列"的错位相减求和; 针对"$\dfrac{1}{n(n+1)}=\dfrac{1}{n}-\dfrac{1}{n+1}$, $\dfrac{k}{n(n+1)}=\dfrac{1}{k}\left(\dfrac{1}{n}-\dfrac{1}{n+1}\right), \dfrac{2n+1}{n(n+1)}=\dfrac{1}{n}+\dfrac{1}{n+1}$"的裂项相消求和等. 淡化其他的特殊技巧, 强调通解通法教学.

（3）重视 $a_{n+1}=S_{n+1}-S_n$ 的应用. 它既可以导出 a_n 的关系式, 也能导出 S_n 的关系式, 应用灵活多变.

（4）加强函数与数列融合题型训练. 统计发现, 多年的解答题都是数列函数联合命制的, 也能体现了数列是特殊的函数, 将函数与数列融合, 与大纲要求相符.

5. 结束语

数列是高中数学的重要内容, 因为教材改革, 专家对其的定位也在改变, 但是一些资料对此把握不到位, 各种陈题、难题、偏题、怪题经常出现, 学生无法鉴别, 教师应该把好关, 做好各种"减法", 为学生减负, 增强教学的有效性. 各地的高考试卷也有差异, 我们还应深入研究对应试卷, 使教学有针对性, 以上研究仅针对全国 Ⅱ 卷.

参 考 文 献

［1］ 王长友, 刘刚. 解析 2018 年高考解三角形试题［J］. 数理化学习（高中版）, 2019（4）: 31-34.

［2］ 人民教育出版社, 课程教材研究所中学数学课程教材研究开发中心. 普通高中课程标准实验教科书数学必修 5（A 版）［M］. 3 版. 北京: 人民教育出版社, 2007.

［3］ 任志鸿. 十年高考分类解析与应试策略. 数学［M］. 北京: 知识出版社, 2020.

第7章 概 率 篇

7.1 高考应用题解题策略探究

——以全国Ⅱ卷统计概率解答题为例

摘 要：统计概率解答题类型多，与实际生活紧密联系，对学生的阅读能力、运算能力、应用能力要求较高，能多角度考查学生的数学核心素养．全国Ⅱ卷常以几类题型交替命题，学生得分率并不高，研究其解题策略非常有必要．

关键词：统计概率；解答题；解题策略

纵观近几年来，全国Ⅱ卷理科统计概率的解答题总体可以分为五类，符合新课程标准和考试大纲的要求．但是学生的得分率却一直不高，究其原因主要有三：阅读能力欠佳，读不懂题意；数学模型判断错误，毫不沾边；运算能力不过关，前功尽弃．为此，我们有必要探究统计概率解答题的解题策略．

1. 依托统计重点考查回归方程

解题策略 把高中阶段学过的茎叶图、折线图、频率分布直方图、统计表等知识和涉及的概念弄清楚，参数理解到位，在实际问题中准确应用，使文字表达紧扣统计专业术语．

例 1 （2018 年普通高等学校招生全国统一考试理科数学第 18 题）图 7-1 是某地区 2000 年至 2016 年环境基础设施投资额 y（单位：亿元）的折线图．为了预测该地区 2018 年的环境基础设施投资额，建立了 y 与时间变量 t 的两个线性回归模型．根据 2000 年至 2016 年的数据（时间变量 t 的值依次为 $1,2,\cdots,17$）建立模型①：$\hat{y}=-30.4+13.5t$；根据 2010 年至 2016 年的数据（时间变量 t 的值依次为 $1,2,\cdots,7$）建立模型②：$\hat{y}=99+17.5t$．

（1）分别利用这两个模型，求该地区 2018 年的环境基础设施投资额的预测值；

（2）你认为用哪个模型得到的预测值更可靠？并说明理由．

分析 （1）两个回归直线方程中无参数，所以分别求自变量为 2018 年时所对应的函数值，就得到结果．

（2）根据折线图知 2000—2009 年，与 2010—2016 年是两个有明显区别的直线，且 2010—2016 年的增幅明显高于 2000—2009 年，也高于模型①的增幅，因此用模型②更能较好地得到 2018 年的预测．

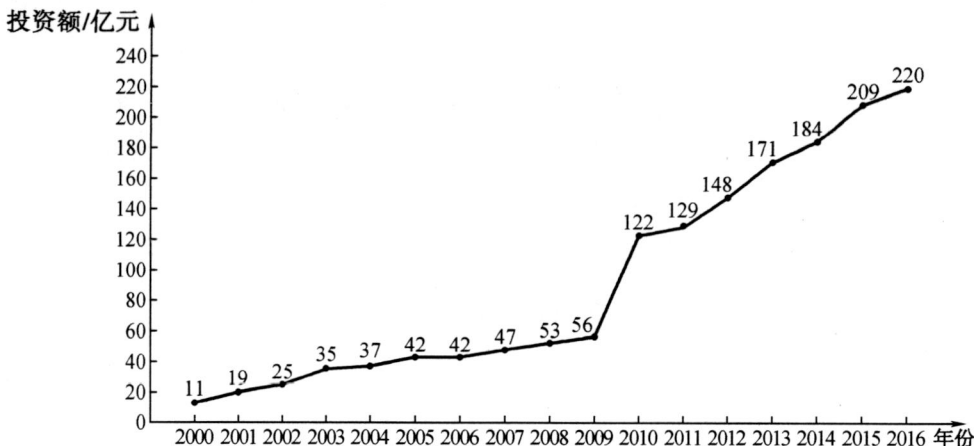

图 7-1

解 （1）利用模型①，该地区 2018 年的环境基础设施投资额的预测值为

$$\hat{y} = -30.4 + 13.5 \times 19 = 226.1(亿元)$$

利用模型②，该地区 2018 年的环境基础设施投资额的预测值为

$$\hat{y} = 99 + 17.5 \times 9 = 256.5(亿元)$$

（2）利用模型②得到的预测值更可靠. 理由如下：从计算结果看，相对于 2016 年的环境基础设施投资额 220 亿元，由模型①得到的预测值 226.1 亿元的增幅明显偏低，而利用模型②得到的预测值的增幅比较合理，说明利用模型②得到的预测值更可靠.

注：2014 年普通高等学校招生全国统一考试（新课标 I 卷）数学（理科）第 18 题与此题类似.

2. 依托统计重点考查独立性检验

解题策略 统计的突破策略同上. 独立性检验要注意参数 a, b, c, d 的确定，这需要在文字语言、图形语言、表格中提炼. 还要注意运算的精确性、结论的标准性.

例 2 （2017 年普通高等学校招生全国统一考试理科数学第 18 题）海水养殖场进行某水产品的新、旧网箱养殖方法的产量对比，收获时各随机抽取了 100 个网箱，测量各箱水产品的产量（单位：kg）. 其频率分布直方图如图 7-2 所示.

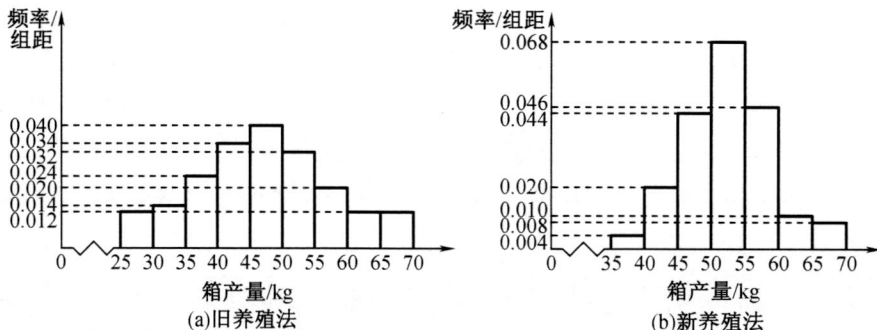

图 7-2

(1)设两种养殖方法的箱产量相互独立,记 A 表示事件:"旧养殖法的箱产量低于 50 kg,新养殖法的箱产量不低于 50 kg",估计 A 的概率;

(2)填写下面列联表 7-1,并根据列联表判断是否有 99% 的把握认为箱产量与养殖方法有关:

表 7-1

养殖法	箱产量<50 kg	箱产量≥50 kg
旧养殖法		
新养殖法		

(3)根据箱产量的频率分布直方图,求新养殖法箱产量的中位数的估计值(精确到 0.01).

附:

$P(K^2 \geq k)$	0.050	0.010	0.001
k	3.841	6.635	10.828

$K^2 = \dfrac{n(ad-bc)^2}{(a+b)(c+d)(a+c)(b+d)}$

分析 (1)本问考查相互独立事件同时发生的概率,只要知道频率分布直方图中矩形块的面积是概率,结合相关公式就可以完成解答.

(2)把独立性检验中涉及的 a,b,c,d,n 的含义搞懂,应用到公式中,准确运算,懂得判别方法就能解答.

(3)掌握频率分布直方图中中位数、平均数、纵数的计算方法就能完成计算.

解 (1)记 B 表示事件"旧养殖法的箱产量低于 50 kg",C 表示事件"新养殖法的箱产量不低于 50 kg".

旧养殖法的箱产量低于 50 kg 的频率为
$$(0.040+0.034+0.024+0.014+0.012)\times5 = 0.62$$
故 $P(B)$ 的估计值为 0.62.

新养殖法的箱产量不低于 50 kg 的频率为
$$(0.068+0.046+0.010+0.008)\times5 = 0.66$$
故 $P(C)$ 的估计值为 0.66.

由题意知
$$P(A)=P(BC)=P(B)P(C)$$
因此,事件 A 的概率估计值为 $P(A)=0.62\times0.66=0.4092$.

(2)根据箱产量的频率分布直方图得列联表 7-2:

表 7-2

养殖法	箱产量<50 kg	箱产量≥50 kg
旧养殖法	62	38
新养殖法	34	66

所以

$$K^2 = \frac{200 \times (62 \times 66 - 34 \times 38)^2}{100 \times 100 \times 96 \times 104} \approx 15.705$$

由于 15.705>6.635,故有 99% 的把握认为箱产量与养殖方法有关.

(3)因为新养殖法的箱产量频率分布直方图中,箱产量低于 50 kg 的直方图面积为

$$(0.004 + 0.020 + 0.044) \times 5 = 0.34 < 0.50$$

箱产量低于 55 kg 的直方图面积为

$$(0.004 + 0.020 + 0.044 + 0.068) \times 5 = 0.68 > 0.50$$

故新养殖法箱产量的中位数的估计值为

$$50 + \frac{0.50 - 0.34}{0.068} \approx 52.35 (\text{kg})$$

3. 单纯考查概率

解题策略　学生应把高中阶段学习过的古典概型、几何概型、条件概率、超几何分布的概率、独立重复事件的概率、正态分布的概率等概率概念弄通,公式记牢,并掌握相关的概率性质. 能否通过题意得出当前事件所包含的基本事件是解决问题的关键,教师平时应注重培养学生的推理能力、从题目中获取所需信息的能力以及运算能力.

例 3　(2019 年普通高等学校招生全国统一考试理科数学第 18 题)11 分制乒乓球比赛,每赢一球得 1 分,当某局打成 10∶10 平后,每球交换发球权,先多得 2 分的一方获胜,该局比赛结束. 甲、乙两位同学进行单打比赛,假设甲发球时甲得分的概率为 0.5,乙发球时甲得分的概率为 0.4,各球的结果相互独立. 某局双方 10∶10 平后,甲先发球,两人又打了 X 个球该局比赛结束.

(1)求 $P(X=2)$;

(2)求事件"$X=4$ 且甲获胜"的概率.

分析　(1)本题首先可以通过题意推导出 $P(X=2)$ 所包含的事件为"甲连赢两球或乙连赢两球",然后计算出每种事件的概率并求和即可得出结果.

(2)本题首先可以通过题意推导出 $P(X=4)$ 所包含的事件为"前两球甲、乙各得 1 分,后两球均为甲得分",然后计算出每种事件的概率并求和即可得出结果.

解　(1)由题意可知,$P(X=2)$ 所包含的事件为"甲连赢两球或乙连赢两球",所以

$$P(X=2) = 0.5 \times 0.4 + 0.5 \times 0.6 = 0.5$$

(2)由题意可知,$P(X=4)$ 包含的事件为"前两球甲、乙各得 1 分,后两球均为甲得分",所以

$$P(X=4)=0.5\times0.6\times0.5\times0.4+0.5\times0.4\times0.5\times0.4=0.1$$

注:2015 年普通高等学校招生全国统一考试理科数学第 18 题与此题类似.

4. 依托表格考查统计概率

解题策略 读懂文字信息的同时,深刻理解表格中蕴含的数量意义,为概率计算做好准备. 对于概率模型必须判断准确,对于非直接描述的期望(平均值)要在题设中提炼出来. 计算务求精准,确保最后答案的准确.

例 4 (2016 年普通高等学校招生全国统一考试理科数学第 18 题)某险种的基本保费为 a(单位:元),继续购买该险种的投保人称为续保人,续保人本年度的保费与其上年度出险次数的关联见表 7-3.

表 7-3

上年度出险次数	0	1	2	3	4	≥5
保费	0.85a	a	1.25a	1.5a	1.75a	2a

设该险种一续保人一年内出险次数与相应概率见表 7-4.

表 7-4

一年内出险次数	0	1	2	3	4	≥5
概率	0.30	0.15	0.20	0.20	0.10	0.05

(1)求一续保人本年度的保费高于基本保费的概率;

(2)若一续保人本年度的保费高于基本保费,求其保费比基本保费高出 60% 的概率;

(3)求续保人本年度的平均保费与基本保费的比值.

分析 (1)表格为古典概型提供了充足的计算条件.

(2)题设中"保费高于基本保费"和"保费比基本保费高出 60%"意味着要考查条件概率.

(3)题设中"平均保费"暗示着考查期望.

解 (1)设续保人本年度的保费高于基本保费为事件 A,则

$$P(A)=1-P(\bar{A})=1-(0.30+0.15)=0.55$$

(2)设续保人保费比基本保费高出 60% 为事件 B,则

$$P(B|A)=\frac{P(AB)}{P(A)}=\frac{0.10+0.05}{0.55}=\frac{3}{11}$$

(3)设本年度所交保费为随机变量 X(表 7-5).

表 7-5

X	0.85a	a	1.25a	1.50a	1.75a	2a
P	0.30	0.15	0.20	0.20	0.10	0.05

平均保费为

$$E(X) = 0.85 \times 0.30 + 0.15a + 1.25a \times 0.20 + 1.50a \times 0.20 + 1.75a \times 0.10 + 2a \times 0.05$$
$$= 0.255a + 0.15a + 0.25a + 0.30a + 0.175a + 0.10a$$
$$= 1.23a$$

所以平均保费与基本保费比值为 1.23.

5. 以函数为背景考查统计概率

解题策略　函数背景是问题的难点,直接影响后续问题,必须正确建立函数关系. 应用函数解决问题时,注意实际意义,计算概率时恰当使用统计数据. 方差的运算量比较大,要沉着应战,避免半途而废.

例5　某花店每天以每枝 5 元的价格从农场购进若干枝玫瑰花,然后以每枝 10 元的价格出售,如果当天卖不完,剩下的玫瑰花作垃圾处理.

(1)若花店一天购进 16 枝玫瑰花,求当天的利润 y(单位:元)关于当天需求量 n(单位:枝,$n \in \mathbf{N}$)的函数解析式.

(2)花店记录了 100 天玫瑰花的日需求量(单位:枝),整理得表 7-6.

表 7-6

日需求量 n	14	15	16	17	18	19	20
频数	10	20	16	16	15	13	10

以 100 天记录的各需求量的频率作为各需求量发生的概率.

(1)若花店一天购进 16 枝玫瑰花,X 表示当天的利润(单位:元),求 X 的分布列,数学期望及方差;

(2)若花店计划一天购进 16 枝或 17 枝玫瑰花,你认为应购进 16 枝还是 17 枝?请说明理由.

分析　(1)结合实际意义,本函数是分段函数,分界点为 $n = 16$.

(2)在第一问的基础上进行期望、方差的考查,运算量较大.

解　(1)当 $n \geqslant 16$ 时,$y = 16 \times (10-5) = 80$.

当 $n \leqslant 15$ 时,$y = 5n - 5(16-n) = 10n - 80$.

综上

$$y = \begin{cases} 10n-80 & (n \leqslant 15) \\ 80 & (n \geqslant 16) \end{cases}, n \in \mathbf{N}$$

（2）① X 可取 $60,70,80$.
$$P(X=60)=0.1,P(X=70)=0.2,P(X=80)=0.7$$
X 的分布列见表 7-7.

表 7-7

X	60	70	80
P	0.1	0.2	0.7

X 的数学期望为
$$E(X)=60×0.1+70×0.2+80×0.7=76$$
X 的方差为
$$D(X)=16^2×0.1+6^2×0.2+4^2×0.7=44$$
②购进 17 枝时,当天的利润为
$$y=(14×5-3×5)×0.1+(15×5-2×5)×0.2+(16×5-1×5)×0.16+17×5×0.54=76.4$$
显然 76.4>76,所以应购进 17 枝.

注:2011 年、2012 年、2013 年普通高等学校招生全国统一考试理科数学连续三年以这种模式考查统计概率.

6. 结束语

从近几年的高考题来看,我们不难发现,统计的分量明显大于概率;题型覆盖教材的角角落落,包括必修和选修部分;还有一些统计模型未被考查,如相关系数,值得关注.传统的排列组合意义下的概率几乎不被关注;数学建模考查年年压给本部分内容.突破的办法,因人而异,学生阅读能力弱的,平时应加强阅读,在考场上耐心通读几遍题目再解答;对于建模困难的学生,必须扎牢基础,理解概念,把握其区别和联系;对于计算经常失误的学生,唯有多加训练,计算是一种能力,能力是可以习得的.

参 考 文 献

[1] 任志鸿.十年高考分类解析与应试策略.数学[M].北京:知识出版社,2020.

7.2 回味近几年全国数学高考Ⅱ卷 积极迎战 2016 年高考

2015 年高考已经过去了好久,笔者的心情十分喜悦,只因为考前那些预测好多都变成了现实.让我们一起回味近几年全国数学高考Ⅱ卷,积极迎战 2016 年高考,再创佳绩!

1.回顾

选择题、填空题基本人人都心中有数,下面谈谈解答题.

第 17 题,2014 年高考考的是数列,并且第二问难度还不小,很多学生都被难住了.笔者预测 2015 年高考应该考查三角函数,可能的类型有:三角函数和差倍分公式运算,配上三角函数图像性质;向量与三角联合命题,向量作为工具,实则考三角函数;解斜三角形,考查正余弦定理、面积公式,三角运算做支撑.2015 年的高考就在三角形中命题了,2016 年的高考还会继续吧.

例如:已知向量 $m=(2\sin x-1)$,$n=(\sin x-\sqrt{3}\cos x-2)$,函数 $f(x)=(m-n)\cdot m$.

(1)求 $f(x)$ 在区间 $\left[-\dfrac{\pi}{2},\dfrac{\pi}{2}\right]$ 上的零点;

(2)在 $\triangle ABC$ 中,角 A,B,C 的对边分别为 $a,b,c,a=4$,$\triangle ABC$ 的面积 $S=\sqrt{3}$,当 $x=A$ 时,函数 $f(x)$ 取得极大值,求 $b+c$ 的值.

第 18 题,概率统计题近几年都很新颖,且有难度.2011 年的高考题以质量监测为背景,考查图表、统计、概率;2012 年的高考题以花店经营为背景,考查图表、函数、统计、概率;2013 年的高考题以农资经销为背景,考查频率分布直方图、函数、统计、概率;2014 年的高考题以经济调查为背景,考查图表、线性回归.笔者预测:首先,走 2011 年、2012 年、2013 年的路线,用茎叶图(文科 2015 年高考考的茎叶图)考查生活中的统计、概率问题.其次,考查某种特殊的模型,看好二项分布和超几何分布,原因是其他省市近几年高考都在考查模型类,预测 2016 年高考还会保持这种风格.

例如:某电视台组织部分记者,用"10 分制"随机调查某社区居民的幸福指数.现从调查人群中随机抽取 16 名,如图 7-3 所示的茎叶图记录了他们的幸福指数的得分(以小数点前的一位数字为茎,小数点后的一位数字为叶):

7	3 0
8	6 6 6 6 7 7 8 8 9 9
9	7 6 5 5

图 7-3

(1)指出这组数据的众数和中位数;

(2)若幸福指数不低于 9.5 分,则称该人的幸福指数为"极幸福".求从这 16 人中随机

选取 3 人,至多有 1 人是"极幸福"的概率;

(3)以这 16 人的样本数据来估计整个社区的总体数据,若从该社区(人数很多)任选 3 人,记 ξ 表示抽到"极幸福"的人数,求 ξ 的分布列及数学期望.

第 19 题,立体几何多年来一直是不温不火,波澜不惊.以考查空间位置关系的证明和线线角、线面角、二面角计算居多.平静背后,多有不安,笔者预测考查作图题和存在性问题. 2015 年高考题出现了作图题,希望 2016 年高考考查一下存在性问题.

例如:如图 7-4 所示,四棱锥 $P-ABCD$,侧面 PAD 是边长为 2 的正三角形,且与底面垂直,底面 $ABCD$ 是 $\angle ABC=60°$ 的菱形,M 为棱 PC 上的动点,且 $\dfrac{PM}{PC}=\lambda(\lambda\in[0,1])$.

(1)求证:$\triangle PBC$ 为直角三角形;

(2)试确定 λ 的值,使得二面角 $P-AD-M$ 的平面角余弦值为 $\dfrac{2\sqrt{5}}{5}$.

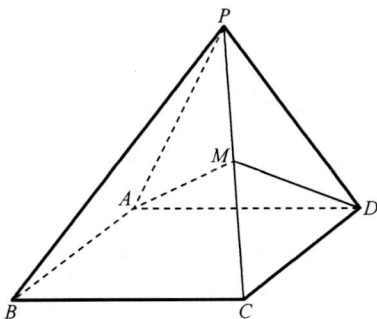

图 7-4

第 20 题,解析几何解答题,众所周知难度大,选拔功能强.我们希望学生能把第一问稳打稳扎,拿全分,第二问可能进行不到底,但要把自己的思维展示出来,显示良好的数学修养.通常这道题考查椭圆、抛物线的方程,椭圆的离心率等知识和待定系数法、导游法(代入法、坐标转移法、相关点法)、点差法等方法.

例如:平面直角坐标系 xOy 中,过椭圆 $M:\dfrac{x^2}{a^2}+\dfrac{y^2}{b^2}=1(a>b>0)$ 右焦点的直线 $x+y-\sqrt{3}=0$ 交 M 于 A,B 两点,P 为 AB 的中点,且 OP 的斜率为 $\dfrac{1}{2}$.

(1)求 M 的方程;

(2)C,D 为 M 上两点,若四边形 $ACBD$ 的对角线 $CD\perp AB$,求四边形 ACB 面积的最大值.

第 21 题,导数应用题历年都具有强烈的区分度.我们把希望寄托在第一问,对第二问敬而远之,以免赔了夫人又折兵.通常第一问考查切线问题、参数问题、单调性问题、恒成立问题.

关于选做题,一般尽量做不等式,次选极坐标参数方程,但是纯不等式证明应慎重.

2. 建议

作为一线教师,我们可以做一些思考,与时俱进,将我们的工作与高考趋势、社会需要紧密联系起来,为学生提供准确指导.

(1)夯实教材基础,构建知识网络

数学教学的本质,是在数学知识的教学中,把大量的数学概念、定理、公式等陈述性知识,让学生在主动参与、积极构建的基础上,形成越来越有层次的数学知识网络结构,使学生体验整个学习过程中所蕴含的数学思想、数学方法,形成解决问题的产生方式.

(2)突破思维定势,提高数学能力

高中数学作为逻辑性极强的学科,不仅需要学生按照既定思维进行思考,还需要学生在原有思维基础上不断地创新发展,这样才能满足数学教育锻炼学生思维能力和创造能力的教学目标.

(3)研究高考真题,提高教学质量

高三的复习课教学,要认真研究并使用高考题,只有认真研究高考真题,才能更好地把握教学方向,更有效地提高学生的成绩. 对于教师而言,我们要明确研究高考题,应该研究高考题的命题目的、命题思路、命题方法、命题趋势,应该研究高考题与教材的联系,从而发现高考题的考查方式、内容与自己平日教学的差距,以进一步提高自己的教学水平,提升教学效果. 对于学生而言,依据考试说明,通过分析高考题,明确自己应掌握的知识和方法、规律,高效率复习. 另外,文理科在相近年份具有互补性,文科生要做一做理科题,理科生要做一做文科题.

(4)规范书写格式,提高答题得分率

现在高考阅卷采用网上阅卷,速度相对较快. 若学生书写凌乱,表述不清,势必造成误判. 对于表述不准确的现象,虽然本质上一样,但是形式迥异,也可能造成失分. 我们必须规范书写!

第8章　解析几何篇

8.1　点差法在解题中的应用研究

摘　要:有关弦中点的问题,与"联立法"求解相比,"点差法"的求解,形式更简单、运算更快捷,学生更容易接受和掌握."点差法"是解析几何中的重要方法,教学中需引领学生主动探究,在探究中体会思想与方法的形成过程,再辅之以典型例题与练习,由浅入深,达到灵活应用的程度.

关键词:点差法;中点弦;圆锥曲线

已知直线与圆锥曲线的两交点(弦的端点)坐标,将这两点坐标代入圆锥曲线的方程,并对所得两式作差,得到一个与弦的中点坐标和斜率有关的式子,进而求出直线的斜率,然后利用中点求出直线方程. 我们称这种代点作差的方法为"点差法",它的一般结论叫作点差法公式. 点差法是解决圆锥曲线与直线的关系中常用到的一种方法. 利用点差法可以减少大量的计算,所以在解有关的问题时用这种方法比较好. 下面以具体实例来说明,以期达到抛砖引玉的效果.

1. 椭圆中弦中点问题

例1　(求平行弦中点轨迹)已知椭圆$\dfrac{x^2}{25}+\dfrac{y^2}{75}=1$,求它的斜率为3的弦中点的轨迹方程.

解　设弦的两端点$P(x_1,y_1)$、$Q(x_2,y_2)$,弦PQ的中点为$M(x,y)$,则有

$$x_1+x_2=2x,y_1+y_2=2y$$

易知$x_1\neq x_2$,且

$$\frac{x_1^2}{25}+\frac{y_1^2}{75}=1 \qquad\qquad ①$$

$$\frac{x_2^2}{25}+\frac{y_2^2}{75}=1 \qquad\qquad ②$$

①式、②式相减得

$$\frac{x_1^2-x_2^2}{25}+\frac{y_1^2-y_2^2}{75}=0$$

整理得

$$3(x_1+x_2)(x_1-x_2)+(y_1+y_2)(y_1-y_2)=0$$

— 103 —

即

$$3 \times 2x(x_1-x_2)+2y(y_1-y_2)=0$$

$$\frac{y_1-y_2}{x_1-x_2}=-\frac{3x}{y}$$

又斜率 $k=3$,因此 $-\dfrac{3x}{y}=3$,即 $x+y=0$.

联立 $\begin{cases} x+y=0 \\ \dfrac{x^2}{25}+\dfrac{y^2}{75}=1 \end{cases}$,消去 y,整理得 $x^2=\dfrac{75}{4}$,所以 $x=\pm\dfrac{5\sqrt{3}}{2}$.

由条件可知,点 M 在椭圆内部,故椭圆的斜率为 3 的弦中点的轨迹方程为

$$x+y=0 \left(-\frac{5\sqrt{3}}{2}<x<\frac{5\sqrt{3}}{2} \right)$$

例 2 (求中点弦方程)过椭圆 $\dfrac{x^2}{16}+\dfrac{y^2}{4}=1$ 内一点 $M(2,1)$ 引一条弦,使弦被点 M 平分,求这条弦所在的直线方程.

解 设弦的两端点 $A(x_1,y_1)$、$B(x_2,y_2)$,弦 AB 的中点为 $M(2,1)$,则有

$$x_1+x_2=4,y_1+y_2=2$$

易知 $x_1 \neq x_2$,且

$$\frac{x_1^2}{16}+\frac{y_1^2}{4}=1 \qquad\qquad ③$$

$$\frac{x_2^2}{16}+\frac{y_2^2}{4}=1 \qquad\qquad ④$$

③式、④式相减得

$$\frac{x_1^2-x_2^2}{16}+\frac{y_1^2-y_2^2}{4}=0$$

整理得

$$(x_1+x_2)(x_1-x_2)+4(y_1+y_2)(y_1-y_2)=0$$

所以

$$\frac{y_1-y_2}{x_1-x_2}=-\frac{1}{2}$$

从而该弦中点所在的直线方程为

$$y-1=-\frac{1}{2}(x-2)$$

即

$$x+2y-4=0$$

评析 以上例题实质上就是在求解直线与椭圆相交被截的线段中点坐标的时候,利用直线和圆锥曲线的两个交点,并把交点坐标代入圆锥曲线的方程,作差,进而求出直线的斜率,然后利用中点求出直线方程.

2. 双曲线中弦中点问题

例3 （借助于点差法求双曲线方程）已知双曲线中心在原点,且一个焦点为 $F(\sqrt{7},0)$,直线 $x-y-1=0$ 与其交于 M,N 两点, MN 中点的横坐标为 $-\dfrac{2}{3}$,则此双曲线的方程为 （　　）

A. $\dfrac{x^2}{3}-\dfrac{y^2}{4}=1$　　　B. $\dfrac{x^2}{4}-\dfrac{y^2}{3}=1$　　　C. $\dfrac{x^2}{5}-\dfrac{y^2}{2}=1$　　　D. $\dfrac{x^2}{2}-\dfrac{y^2}{5}=1$

解 由条件,设双曲线方程 $\dfrac{x^2}{a^2}-\dfrac{y^2}{b^2}=1(a>0,b>0)$, $M(x_1,y_1),N(x_2,y_2)$,则

$$x_1+x_2=-\frac{4}{3}$$

易知 $x_1 \neq x_2$,且

$$\frac{x_1^2}{a^2}-\frac{y_1^2}{b^2}=1 \qquad ⑤$$

$$\frac{x_2^2}{a^2}-\frac{y_2^2}{b^2}=1 \qquad ⑥$$

⑤式、⑥式相减得

$$\frac{x_1^2-x_2^2}{a^2}-\frac{y_1^2-y_2^2}{b^2}=0$$

整理得

$$\frac{(y_1+y_2)(y_1-y_2)}{(x_1+x_2)(x_1-x_2)}=\frac{a^2}{b^2}$$

又

$$\frac{y_1-y_2}{x_1-x_2}=1$$

所以

$$y_1+y_2=-\frac{4a^2}{3b^2}$$

从而中点纵坐标为

$$\frac{y_1+y_2}{2}=-\frac{2a^2}{3b^2}$$

将中点坐标 $\left(-\dfrac{2}{3},-\dfrac{2a^2}{3b^2}\right)$ 代入直线 $x-y-1=0$ 中,整理得

$$2b^2=5a^2$$

又 $c=\sqrt{7}$, $c^2=a^2+b^2$,联合求解可得 $a^2=2,b^2=5$,因此所求双曲线方程为

$$\frac{x^2}{2}-\frac{y^2}{5}=1$$

故选 D.

评析 本例题利用点差法结合已知条件求出弦中点的纵坐标,将中点坐标代入直线方程,找到 a 与 b 的又一个关系式,从而顺利求出 a 与 b 的值,问题得解.

例 4 (双曲线中的中点弦存在性问题,2021 年高考总复习,优化方案)已知双曲线 $x^2 - \dfrac{y^2}{2} = 1$,过点 $P(1,1)$ 能否作一条直线 l 与双曲线交于 A,B 两点,且点 P 是线段 AB 的中点?

解 假设存在直线 l 与双曲线交于 A,B 两点,且点 P 是线段 AB 的中点.

设 $A(x_1,y_1),B(x_2,y_2)$,弦 AB 的中点为 $P(1,1)$,则有

$$x_1^2 - \frac{y_1^2}{2} = 1 \qquad\qquad ⑦$$

$$x_2^2 - \frac{y_2^2}{2} = 1 \qquad\qquad ⑧$$

且

$$x_1 + x_2 = 2, \quad y_1 + y_2 = 2$$

⑦式、⑧式相减得

$$(x_1^2 - x_2^2) - \left(\frac{y_1^2}{2} - \frac{y_2^2}{2}\right) = 0$$

整理得

$$(x_1 + x_2)(x_1 - x_2) - \frac{(y_1 + y_2)(y_1 - y_2)}{2} = 0$$

所以

$$2(x_1 - x_2) - (y_1 - y_2) = 0$$

即

$$k_{AB} = \frac{y_1 - y_2}{x_1 - x_2} = 2, \quad x_1 \neq x_2$$

故直线 l 的方程为

$$y - 1 = 2(x - 1)$$

即

$$y = 2x - 1$$

接下来进行检验,由 $\begin{cases} y = 2x - 1 \\ x^2 - \dfrac{y^2}{2} = 1 \end{cases}$,消去 y 得

$$2x^2 - 4x + 3 = 0$$

而

$$\Delta = (-4)^2 - 4 \times 2 \times 3 = 16 - 24 < 0$$

方程无解,故不存在一条直线 l 与双曲线交于 A,B 两点,且点 P 是线段 AB 的中点.

评析 直线和双曲线相交并给出所得弦的中点,这时运用点差法求解便可得到弦的方程. 然而点差法在解决双曲线中点弦问题时有其局限性,借助点差法求出的直线方程往往

需要检验.

3. 抛物线中弦中点问题

例5 (2019 年北京市丰台区高三一模,证明平行问题)已知抛物线 $y^2 = 2px\,(p>0)$ 过点 $M(2,2)$,A,B 是抛物线上不同两点,且 $AB/\!/OM\,(O$ 为坐标原点$)$,直线 AO 与 BM 交于点 P,线段 AB 的中点为 Q.

(1)求抛物线 C 的标准方程;

(2)求证:直线 PQ 与 x 轴平行.

解 (1)易得 $p=1$,抛物线方程为

$$y^2 = 2x$$

准线方程为

$$x = -\frac{p}{2} = -\frac{1}{2}$$

(2)设 $A(x_1,y_1)$,$B(x_2,y_2)$,易知 $x_1 \neq x_2$,则

$$y_1^2 = 2x_1 \qquad ⑨$$

$$y_2^2 = 2x_2 \qquad ⑩$$

⑨式、⑩式相减,整理得

$$(y_1+y_2)(y_1-y_2) = 2(x_1-x_2)$$

由 $AB/\!/OM$,得 $k_{AB} = k_{OM} = 1$. 故

$$\frac{y_1-y_2}{x_1-x_2} = \frac{2}{y_1+y_2} = 1$$

所以

$$y_1+y_2 = 2$$

从而 $y_Q = 1$.

而直线 AO:

$$y = \frac{y_1}{x_1}x = \frac{y_1}{\dfrac{y_1^2}{2}}x = \frac{2}{y_1}x$$

直线 BM:

$$y-2 = \frac{y_2-2}{x_2-2}(x-2) = \frac{y_2-2}{\dfrac{y_2^2}{2}-2}(x-2) = \frac{2}{y_2+2}(x-2)$$

联立求解得

$$\begin{cases} x = \dfrac{x_1}{2} \\ y = 1 \end{cases}$$

即得 $y_P = 1$,所以 $y_P = y_Q$.

当直线 PQ 的斜率不存在时,结论显然也成立.

因此,直线 PQ 与 x 轴平行.

评析 本例题利用点差法,求出点 Q 的纵坐标,接着求出两直线 AO 与 BM 交于点 P 的纵坐标,问题得证.利用"点差法"可以减少计算量,简化运算.

4. 牛刀小试

(1)(求椭圆中的弦中点轨迹)已知椭圆 $\dfrac{x^2}{2}+y^2=1$,求它的斜率为 2 的平行线的中点轨迹方程.

(2)(求双曲线中的中点弦)已知双曲线 $C:y^2-\dfrac{x^2}{3}=1$,过点 $P(2,1)$ 作直线 l 交双曲线 C 于 A,B 两点.若点 P 恰为弦 AB 的中点,求直线 l 的方程.

(3)(求抛物线中的中点弦方程)已知点 $M(1,t)$ 在抛物线 $y^2=2px(x>0)$ 上,且点 M 到抛物线焦点的距离为 2,直线 l 与抛物线相交于 A,B 两点,且线段 AB 的中点为 $(3,2)$.求直线 l 的方程.

5. 结束语

解析几何主要是研究用代数的方法解决几何问题,而它的运算都是发生在平面直角坐标系的背景之下的.如何教学生将运算进行到底?教师不仅要培养学生脚踏实地的精神,同时要培养学生思维的灵活性.让学生学会设而不求的巧算技巧,最常见的技巧之一就是"点差法".本节就是通过"点差法"的应用的总结和归纳,道出此解法的真谛.

参 考 文 献

[1] 韩晓刚."点差法"解决圆锥曲线的中点弦问题[J].学周刊,2011(12):132-133.
[2] 王胜林.突破点差法解双曲线中点弦问题的难点[J].中学教研:数学版,2010(5):9-10.

8.2 都是两圆作差 结果却大不同

摘 要:两圆方程作差结果是一条直线,但是本质不同.教材没有做具体说明,我们可以和学生一起分类探究,从理论和实践的角度认识这些直线的本质,增强学生学习数学的兴趣,提高教学效益.
关键词:圆;作差;直线;本质

笔者在教授"圆与方程"一章时,遇到一个求两个已知圆的公共弦长问题.一些学生先将两个圆作差得公共弦所在的直线方程,然后利用点到直线距离公式、垂径定理、勾股定理得到正确答案.参考答案也是这样做的.这种做法遭到了学生的质疑——两个圆作差就能得到公共弦所在的直线方程？任意两圆的位置关系有五种，作差结果能一样吗？殊不知相离、相切两圆还没有公共弦呢！学生的质疑引发了笔者对两圆作差的几何本质的思考. 现将探究过程总结如下, 以飨读者.

1. 研究习题, 提出问题

[《普通高中课程标准实验教科书数学必修2（A版）》第144页A组第4题] 求圆 $x^2+y^2-10x-10y=0$ 与 $x^2+y^2-6x+2y-40=0$ 的公共弦长[1].

对于本题, 学生有如下解法.

解法1 记

$$x^2+y^2-10x-10y=0 \quad ①$$
$$x^2+y^2-6x+2y-40=0 \quad ②$$

于是①式-②式得

$$x+3y-10=0 \quad ③$$

又 $x^2+y^2-10x-10y=0$ 的圆心为 $C(5,5)$, 半径 $R=5\sqrt{2}$.

那么 $C(5,5)$ 到 $x+3y-10=0$ 的距离为

$$d=\frac{|5+3\times5-10|}{\sqrt{1+9}}=\sqrt{10}$$

由垂径定理, 结合勾股定理得公共弦长为

$$2\sqrt{R^2-d^2}=2\sqrt{50-10}=4\sqrt{10}$$

解法2 结合解法1, ③式可以变形为

$$y=\frac{10-x}{3} \quad ④$$

把④式代入 $x^2+y^2-6x+2y-40=0$, 整理得

$$x^2-8x-20=0$$

解得 $x_1=10, x_2=-2$.

于是 $y_1=0, y_2=4$.

设公共弦端点为 $M(10,0), N(-2,4)$, 所以

$$|MN|=\sqrt{(10-0)^2+(4+2)^2}=4\sqrt{10}$$

从以上两种解法不难看出, 两圆作差就是公共弦所在直线的方程. 这是偶然, 还是必然？如何证明呢？

2. 研究问题, 实践论证

（1）两圆相交, 方程之差的本质

不失一般性, 设圆 C_1:

$$x^2+y^2+D_1x+E_1y+F_1=0$$

圆 C_2:

$$x^2+y^2+D_2x+E_2y+F_2=0$$

两圆相交于 A,B 两点. 两方程作差得

$$(D_1-D_2)x+(E_1-E_2)y+(F_1-F_2)=0 \qquad (*)$$

点 A 在圆 C_1 上,它的坐标满足 C_1 的方程,同时点 A 也在 C_2 上,它的坐标也满足 C_2 的方程. 所以点 A 的坐标也满足($*$)式,说明点 A 在二元一次方程($*$)表示的直线上;同理,点 B 也在二元一次方程($*$)表示的直线上. 从而说明 A、B 两点都在二元一次方程($*$)表示的直线上,所以($*$)表示的直线就是两圆公共弦所在的直线方程.

结论 1 两圆相交,方程之差的本质是公共弦所在的直线方程.

(2)两圆外切,方程之差的本质

对于两圆外切,我们可以利用极限的思想来研究. 当两个相交圆的公共弦长越来越短的时候,两交点就越来越近;当公共弦长缩短至 0 时,两个交点重合,我们认为此时两圆相交变为两圆外切.

结论 2 两圆外切,方程之差的本质是两圆的内公切线.

例 1 求圆 $O_1:x^2+y^2-6x+4y+12=0$ 与圆 $O_2:(x-3)^2+y^2=1$ 的内公切线方程.

解 由已知得 $O_1(3,-2),r_1=1;O_2(3,0),r_2=1$. 所以

$$|O_1O_2|=\sqrt{(3-3)^2+(-2-0)^2}=2=r_1+r_2$$

因此,圆 O_1 与圆 O_2 相外切.

而 $x^2+y^2-6x+4y+12=0$ 与 $(x-3)^2+y^2=1$ 作差得 $y=-1$.

$O_1(3,-2)$ 到 $y=-1$ 的距离为 $d_1=|-1-(-2)|=1$;

$O_2(3,0)$ 到 $y=-1$ 的距离为 $d_2=|-1-0|=1$;

显然 $d_1+d_2=2$,所以 $y=-1$ 是圆 O_1 与圆 O_2 的内公切线.

(3)两圆内切,方程之差的本质

对于两圆内切,我们也可以类似于两圆外切的情形,利用极限的思想来研究.

结论 3 两圆内切,方程之差的本质是两圆的公切线.

例 2 求圆 $C_1:x^2+y^2+4x-6y+12=0$ 与圆 $C_2:x^2+y^2-2x-14y+14=0$ 的公切线方程.

解 由已知得 $C_1(-2,3),r_1=1;C_2(1,7),r_2=6$. 所以

$$|O_1O_2|=\sqrt{(-2-1)^2+(3-7)^2}=5=r_2-r_1$$

因此,圆 O_1 与圆 O_2 相内切.

而 $x^2+y^2+4x-6y+12=0$ 与 $x^2+y^2-2x-14y+14=0$ 作差得

$$3x+4y-1=0$$

$C_1(-2,3)$ 到 $3x+4y-1=0$ 的距离为

$$d_1=\frac{|-2\times3+3\times4-1|}{\sqrt{3^2+4^2}}=1$$

$C_2(1,7)$ 到 $3x+4y-1=0$ 的距离为

$$d_2=\frac{|3+4\times7-1|}{\sqrt{3^2+4^2}}=6$$

显然 $d_2-d_1=5$,所以 $3x+4y-1=0$ 是圆 C_1 与圆 C_2 的公切线.

（4）相离两圆,方程之差的本质

如果圆 C_1 与圆 C_2 相离,它们无公共点,当然无公切线. 但此时圆 C_1 与圆 C_2 两方程相减仍得到一个二元一次方程,它表示一条直线,那这条直线有什么特征呢?

不妨用圆的标准方程表示两圆.

圆 C_1:

$$(x-a_1)^2+(x-b_1)^2=r_1^2$$

圆 C_2:

$$(x-a_2)^2+(x-b_2)^2=r_2^2$$

两个方程相减得

$$(x-a_1)^2+(x-b_1)^2-(x-a_2)^2-(y-b_2)^2=r_1^2-r_2^2$$

整理得

$$\sqrt{(x-a_1)^2+(x-b_1)^2-r_1^2}=\sqrt{(x-a_2)^2+(y-b_2)^2-r_2^2}$$

设点 $P(x,y)$,两圆圆心分别为 C_1 与 C_2,则上式几何意义为

$$\sqrt{|PC_1|^2-r_1^2}=\sqrt{|PC_2|-r_2^2}$$

由勾股定理以及圆的性质知上式表示过动点 $P(x,y)$ 向圆 C_1 与圆 C_2 引切线 PM,PN（M,N 为切点）,则切线长相等（图 8-1）,即 $|PM|=|PN|$.

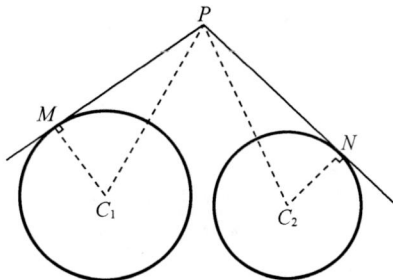

图 8-1

结论 4　相离两圆,方程之差的本质是向两圆所引的切线长相等的动点的轨迹（直线）方程.

（5）两圆内含,方程之差的本质

当两圆内含时,我们也可以类似于两圆相离的情形进行研究.

结论 5　相离内含,方程之差的本质是向两圆所引的切线长相等的动点的轨迹（直线）方程.

3. 牛刀小试

题目　已知点 $A(4,0)$,圆 $B:(x+4)^2+y^2=16$,动点 P 在圆 B 上,Q 为 PA 的中点,直线 l: $y=kx+2$.

（1）求点 Q 的轨迹 E 的方程;

（2）若 $k=1$,当过直线 l 上的点 C 能作曲线 E 的两条切线时,设切点分别为 M,N,直线

MN 是否过定点? 若过定点,请求出该点坐标;若不过定点,请说明理由.

解 (1)略解:$x^2+y^2=4$.

(2)当 $k=1$ 时,l:$y=x+2$.

因为 $CM\perp OM$,$CN\perp ON$,所以 C,M,O,N 四点在以 OC 为直径的圆上.

设 $C(x_0,x_0+2)$,则以 OC 为直径的圆的方程为

$$\left(x-\frac{x_0}{2}\right)^2+\left(y-\frac{x_0+2}{2}\right)^2=\frac{x_0^2+(x_0+2)^2}{4}$$

即

$$x^2+y^2-x_0x-(x_0+2)y=0$$

由 $x^2+y^2-x_0x-(x_0+2)y=0$ 与 $x^2+y^2=4$ 作差得

$$x_0x+(x_0+2)y-4=0$$

设 $M(x_1,y_1)$,$N(x_2,y_2)$,则

$$x_0x_1+(x_0+2)y_1-4=0,x_0x_2+(x_0+2)y_2-4=0$$

M,N 的坐标都适合方程

$$x_0x+(x_0+2)y-4=0$$

所以直线 MN 的方程为

$$x_0x+(x_0+2)y-4=0$$

整理得

$$y-2=\frac{-x_0}{x_0+2}(x+2)$$

所以直线 MN 过定点 $(-2,2)$.

评析 本题中 C,M,O,N 四点共圆,是两圆相交的隐含背景,只有对上面结论很清楚的学生才能想到去求此圆方程,进而作差得到直线 MN 的方程.其他方法解答此题都会因为变量太多而搁浅.

4.教学反思

对于我们一线教师,尤其是有经验的教师而言,容易在经验主义的"误导"下教学,忽视学生的认知,凭自己的知识积淀和方法积累开展教学,这样可能脱离实际学情,淡化知识的生成教学,甚至拔苗助长.学生的疑问就是我们重要的教学点,学生的困难就是我们教学的出发点.以学生为本,以问题为导向,以学懂弄通为目标,我们的教学就能真正提升学生的数学核心素养.

参 考 文 献

[1] 人民教育出版社,课程教材研究所中学数学课程教材研究开发中心.普通高中课程标准实验教科书数学必修2(A版)[M].3版.北京:人民教育出版社,2007.

8.3 对 2024 届一道 T8 联考题的解法探究与拓展

摘 要:以圆锥曲线为背景的直线与圆锥曲线的综合题一直是近几年高考及模考的重点和热点问题,其内容丰富,涵盖了代数、几何等章节中的众多知识,还涉及许多解题技巧,考查考生综合应用数学知识分析问题和解决问题的能力.

关键词:圆锥曲线;直线斜率;圆的切线;多视角

直线与圆锥曲线中切线斜率的求解逐渐成为高考及模考的常考题型. 这类题型常把直线、圆及圆锥曲线等知识结合在一起,注重数学思想方法的考查,尤其是函数思想、数形结合的思想、化归与转化的思想等的考查[1],符合课程标准中"对数学能力的考查要以数学基础知识、数学思想和方法为基础"的要求. 下面以 2024 届 T8 联考一道圆锥曲线题为例进行分析与探讨.

1. 试题呈现

(2024 届高三第一次学业质量评价 T8 联考第 20 题)已知椭圆 $\frac{x^2}{a^2}+\frac{y^2}{b^2}=1(a>b>0)$ 的右焦点为 F,点 P 是椭圆与 x 轴正半轴的交点,点 Q 是椭圆与 y 轴正半轴的交点,且 $|FQ|=\sqrt{2}$,$|PF|=\sqrt{2}-1$. 直线 l 过圆 $O:x^2+y^2=1$ 的圆心,并与椭圆相交于 A,B 两点,过点 A 作圆 O 的一条切线,与椭圆的另一个交点为 C,且 $S_{\triangle ABC}=\frac{4}{3}$.

(1)求椭圆的方程;
(2)直线 AC 的斜率.

2. 总体分析

本题是 2024 届高三第一次学业质量评价数学试题(即 T8 联考)第 20 题,是直线与圆锥曲线的综合题. 此题以椭圆为载体,第(1)问是求椭圆方程,根据题目所给信息以及 a,b,c 之间的关系,列出等式即可求出,属于基础题. 第(2)问以常规方法易求,设直线 AC 的斜截式方程,与椭圆联立,结合根与系数的关系、点到直线的距离公式以及三角形面积公式联合求解即可. 不过笔者通过计算与求解发现,除了参考答案中的常规解答外,还可以以 AB 为底边、点 C 到 AB 的距离为高转化求解;因为直线 AC 与圆相切,也可以借助切点写出切线方程,再利用两种转化策略求解. 另外,还可以将问题进一步拓展和推广,得到一般结论. 以下具体分析与探讨,期待能对大家有所启发.

3. 试题解答

第(1)问略解:椭圆方程为 $\frac{x^2}{2}+y^2=1$.

以下着重探讨第(2)问.

若圆 O 的切线 AC 垂直于 x 轴,此时 $|AC|=\sqrt{2}$,$S_{\triangle ABC}=\sqrt{2}$,不符合题意;因此直线 AC 斜率存在.下面针对一般情形进行深入探讨.

解法 1 设直线 $AC:y=kx+m$,$A(x_1,y_1)$,$C(x_2,y_2)$,AC 与圆 O 相切,所以

$$d=\frac{|m|}{\sqrt{k^2+1}}=1$$

整理得

$$m^2=k^2+1 \qquad\qquad ①$$

联立 $\begin{cases} y=kx+m \\ x^2+2y^2-2=0 \end{cases}$,消 y 整理得

$$(2k^2+1)x^2+4kmx+2m^2-2=0$$

且 $\Delta>0$,即 $m^2>2k^2+1$.

由根与系数的关系得

$$x_1+x_2=-\frac{4km}{2k^2+1},x_1x_2=\frac{2m^2-2}{2k^2+1} \qquad ②$$

O 为 AB 中点,所以 $S_{\triangle ABC}=2S_{\triangle AOC}$,而 O 到 AC 的距离 $d=1$,且 $|AC|=\sqrt{1+k^2}\,|x_1-x_2|$,所以

$$S_{\triangle ABC}=2S_{\triangle AOC}=2\times\frac{1}{2}|AC|\cdot d$$

$$=|AC|=\sqrt{1+k^2}\cdot\sqrt{(x_1+x_2)^2-4x_1x_2}$$

$$=\sqrt{1+k^2}\cdot\sqrt{\left(-\frac{4km}{2k^2+1}\right)^2-\frac{4(2m^2-2)}{2k^2+1}}$$

将①式代入化简整理得

$$S_{\triangle ABC}=\sqrt{1+k^2}\cdot\frac{2\sqrt{2}\,|k|}{2k^2+1}=\frac{4}{3}$$

继续化简可得 $k^4+k^2-2=0$,解得 $k=\pm1$.

评析 此法属于常规解法,由于 O 为 AB 中点,则 $S_{\triangle ABC}=2S_{\triangle AOC}$,再以弦长 AC 为底,AC 为切线,故高为圆 O 的半径 1.厘清了这些关系,面积的求解就简单易行了.

解法 2 结合解法 1 可得:$y_1=kx_1+m$,$y_2=kx_2+m$,直线 l 方程为 $y_1x-x_1y=0$,点 C 到 AB 的距离为

$$d_{C-AB}=\frac{|x_2y_1-x_1y_2|}{\sqrt{x_1^2+y_1^2}}$$

O 为 AB 中点,所以

$$|AB| = 2|OA| = 2\sqrt{x_1^2 + y_1^2}$$

则

$$S_{\triangle ABC} = \frac{1}{2}|AB| \cdot d_{C-AB}$$
$$= |x_2 y_1 - x_1 y_2|$$
$$= |x_2(kx_1 + m) - x_1(kx_2 + m)|$$
$$= \frac{4}{3}$$

整理得

$$|(x_1 - x_2)m| = \frac{4}{3}$$

平方并转化得

$$[(x_1 + x_2)^2 - 4x_1 x_2]m^2 = \frac{16}{9}$$

联合①式、②式得

$$k^4 + k^2 - 2 = 0$$

故有 $k = \pm 1$.

评析 此解法是尝试利用 $S_{\triangle ABC} = \frac{1}{2}|AB| \cdot d_{C-AB}$ 转化后,结合 O 为 AB 中点,从而得出

$|AB| = 2|OA| = 2\sqrt{x_1^2 + y_1^2}$,直线 l 方程可设为 $y_1 x - x_1 y = 0$,利用距离公式求解后再结合点在

$AC: y = kx + m$ 上,联合根与系数的关系,最终得出斜率 k 的方程,成功求解.

解法 3 设切点坐标 (x_0, y_0),$A(x_1, y_1)$,$C(x_2, y_2)$,切线 AC:

$$x_0 x + y_0 y = 1 (y_0 \neq 0)$$

联立 $\begin{cases} x_0 x + y_0 y = 1 \\ x^2 + 2y^2 - 2 = 0 \end{cases}$,消 y 整理得

$$(2x_0^2 + y_0^2)x^2 - 4x_0 x + 2 - 2y_0^2 = 0$$

且

$$y_0^2 = 1 - x_0^2 \qquad ③$$

即

$$(1 + x_0^2)x^2 - 4x_0 x + 2x_0^2 = 0$$

由根与系数的关系可知

$$x_1 + x_2 = \frac{4x_0}{1 + x_0^2}, \quad x_1 x_2 = \frac{2x_0^2}{1 + x_0^2} \qquad ④$$

结合解法 1 可知

$$S_{\triangle ABC} = 2S_{\triangle AOC} = 2 \times \frac{1}{2}|AC| \cdot d$$

$$= |AC| = \sqrt{1 + \left(-\frac{y_0}{x_0}\right)^2} \cdot \sqrt{(x_1+x_2)^2 - 4x_1x_2}$$

联合③式、④式可得

$$S_{\triangle ABC} = \frac{2\sqrt{2}|x_0|}{1+x_0^2} = \frac{4}{3}$$

即

$$2x_0^4 - 5x_0^2 + 2 = 0$$

又 $x_0^2 \leq 1$，解得 $x_0^2 = \frac{1}{2}$，则 $y_0^2 = \frac{1}{2}$.

所以直线 AC 的斜率 $k = -\frac{x_0}{y_0} = \pm 1$.

评析 此解法是以切点坐标设出直线 AC 的方程，与椭圆方程联立，处理方法与解法 1 异曲同工，读者朋友们自行阅读与领会.

解法 4 结合解法 2 可知

$$
\begin{aligned}
S_{\triangle ABC} &= \frac{1}{2}|AB| \cdot d_{C-AB} \\
&= |x_2y_1 - x_1y_2| \\
&= \left| x_2 \cdot \frac{1-x_0x_1}{y_0} - x_1 \cdot \frac{1-x_0x_2}{y_0} \right| \\
&= \frac{4}{3}
\end{aligned}
$$

整理得

$$|x_1 - x_2| = \frac{4}{3}|y_0|$$

平方并转化得

$$[(x_1+x_2)^2 - 4x_1x_2] = \frac{16}{9}y_0^2$$

联合③式、④式得

$$2x_0^4 - 5x_0^2 + 2 = 0$$

下同解法 3.

评析 此解法是结合了解法 3 设直线 AC 的方法，面积的转化和求解与解法 2 如出一辙. 只要我们善于研究与探讨，一定会发现各种解法之间的关联性，从而拓宽解题思路，提升解题能力.

4. 一般推广

以上的探讨与解答只是对此道题的分析，如果就此止步，未免可惜. 根据题目数据的设置，并结合图像发现，圆的半径是椭圆的短轴长，由此猜想，$\triangle ABC$ 面积是否与椭圆中的 a，b，c 以及直线 AC 的斜率 k 有内在联系呢？于是尝试将问题一般化，进行推广.

问题 已知椭圆 $\dfrac{x^2}{a^2}+\dfrac{y^2}{b^2}=1(a>b>0)$，直线 l 过圆 $O:x^2+y^2=b^2$ 的圆心，并与椭圆相交于 A,B 两点，过点 A 作圆 O 的一条切线，与椭圆的另一个交点为 C，切线 AC 方程为 $y=kx+m$，试求 $S_{\triangle ABC}$（用 a,b,c 及 k 表示）.

详解如下.

直线 $AC:y=kx+m$，$A(x_1,y_1)$，$C(x_2,y_2)$，AC 与圆 O 相切，所以

$$d=\frac{|m|}{\sqrt{k^2+1}}=b$$

整理得

$$m^2=(k^2+1)b^2 \qquad\qquad\qquad ⑤$$

联立 $\begin{cases} y=kx+m \\ b^2x^2+a^2y^2-a^2b^2=0 \end{cases}$，消 y 整理得

$$(k^2+a^2k^2)x^2+2a^2kmx+a^2(m^2-b^2)=0$$

且 $\Delta>0$.

由根与系数的关系得

$$x_1+x_2=-\frac{2a^2km}{b^2+a^2k^2},\ x_1x_2=\frac{a^2(m^2-b^2)}{b^2+a^2k^2}$$

O 为 AB 中点，所以

$$S_{\triangle ABC}=2S_{\triangle AOC}$$

而 O 到 AC 的距离 $d=b$，且

$$|AC|=\sqrt{1+k^2}\,|x_1-x_2|$$

所以

$$S_{\triangle ABC}=2S_{\triangle AOC}=2\times\frac{1}{2}|AC|\cdot d$$

$$=|AC|\cdot b=\sqrt{1+k^2}\cdot\sqrt{(x_1+x_2)^2-4x_1x_2}\cdot b$$

$$=\sqrt{1+k^2}\cdot\sqrt{\left(-\frac{2a^2km}{b^2+a^2k^2}\right)^2-\frac{4a^2(m^2-b^2)}{b^2+a^2k^2}}\cdot b$$

再将⑤式代入化简整理得

$$S_{\triangle ABC}=\frac{2\sqrt{1+k^2}}{b^2+a^2k^2}\cdot ab^2c$$

评析 此法采用的是解法 1 的求解方法，得出了 $\triangle ABC$ 的面积与椭圆中的 a,b,c 以及直线 AC 的斜率 k 的关系. 据此，试题就有了研究与应用的价值，大家可以依托数据关系出相关的变式题了，感兴趣的同人们不妨一试！

5. 试题链接

（1）［2022 年普通高等学校招生全国统一考试（新高考 Ⅰ 卷）数学第 21 题］已知点

$A(2,1)$ 在双曲线 $C: \dfrac{x^2}{a^2} - \dfrac{y^2}{a^2-1} = 1(a>1)$ 上,直线 l 交 C 于 P,Q 两点,直线 AP,AQ 的斜率之和为 0.

①求 l 的斜率;

②若 $\tan\angle PAQ = 2\sqrt{2}$,求 $\triangle PAQ$ 的面积.

(2)已知椭圆 $C: \dfrac{x^2}{a^2} + \dfrac{y^2}{b^2} = 1(a>b>0)$ 的长轴长为 4,两准线间距离为 $4\sqrt{2}$. 设 A 为椭圆 C 的左顶点,直线 l 过点 $D(1,0)$,且与椭圆 C 相交于 E,F 两点.

①求椭圆 C 的方程;

②若 $\triangle AEF$ 的面积为 $\sqrt{10}$,求直线 l 的方程;

③已知直线 AE,AF 分别交直线 $x=3$ 于点 M,N,线段 MN 的中点为 Q,设直线 l 和 QD 的斜率分别为 $k(k\ne0)$,k',求证:kk' 为定值.

评析 在直线与圆锥曲线试题中涉及求直线斜率和方程的题在历年高考及模考题中均有体现,需要引起大家的重视.

6. 结束语

直线与圆锥曲线的综合题在高考和模考中均以压轴题出现,主要涉及位置关系的判定、弦长问题、面积问题、定点定值问题、最值问题、直线的斜率问题等. 解答这部分试题,需要较强的运算求解能力和识别图形的能力,常常需要快速准确地进行数与形的语言转换和运算,运算过程中注重思维的严密性,以保证结果的完整性;突出考查了数形结合、转化与化归的数学思想,对分析问题和解决问题的能力要求都很高[2].

参 考 文 献

[1] 刘雄杰. 圆锥曲线的切线斜率研究[J]. 中学数学(高中版),2021(21):46-47,53.

[2] 刘志浩. 圆锥曲线问题的几何思考[J]. 课程教学研究,2013(11):132.

8.4 2019 年全国高考Ⅰ卷理科数学 第 16 题解法探究

摘 要:解析几何是高中数学的重要内容,是高考的必考内容. 解析几何试题有一定难度,只有多角度思考,才能厘清关系,找到最优解法,从而避开烦琐的运算,提升解题速度,提高解题准确率. 本文从几何与代数相结合的角度,探究 2019 年普通高等学校招生全国统一考试(全国Ⅰ卷)理科数学第 16 题的解法.

关键词:高考题;双曲线;离心率;解法

2019 年高考已经尘埃落定,学生反映数学有些题不好做,题目难度有点"大".事实上可能是解题方法选择不恰当,或者没有把握问题的本质造成的,而不是题目太难.以 2019 年普通高等学校招生全国统一考试(全国 I 卷)理科数学第 16 题为例,仔细研究发现,本题非常精致.若不变通,运算烦琐;若理顺题设的几何关系,找出背后的数量关系,此题设计非常巧妙,入口宽阔,运算量小,具有很好的区分度.现将 9 种解法总结于此,以飨读者.

1. 试题呈现

题目 已知双曲线 $C: \dfrac{x^2}{a^2} - \dfrac{y^2}{b^2} = 1 (a>0, b>0)$ 的左、右焦点分别是 F_1,F_2,过 F_1 的直线与 C 的两条渐近线分别交于 A,B 两点.若 $\overrightarrow{F_1 A} = \overrightarrow{AB}$,$\overrightarrow{F_1 B} \cdot \overrightarrow{F_2 B} = 0$,则 C 的离心率为_____.

2. 总体分析

本题依托平面向量给出中点和直线与直线等位置关系,以离心率为出口,借助渐近线对双曲线的一些几何特征进行考查.其间把直线方程、直线的平行关系、垂直关系、直线的斜率、直角三角形面积、直角三角形的几何特征、等边三角形、轴对称问题、圆的方程进行了深刻全面的考查.在逻辑推理中运算,在计算中揭示本质,而非计算到底.该题实属一道难得的好题,可以作为教学的典型例题,全方位提升学生的核心素养,避开所谓的刷题"赢"高考.

3. 解法探究

分析 1 以面积为突破口.如图 8-2 所示,由已知容易得到直线 $F_2 B$ 和 OB 的方程,从而解出点 B 的坐标.在 $\triangle BF_1 F_2$ 中,利用等面积法可以建立 a,c 的关系式,求得离心率.

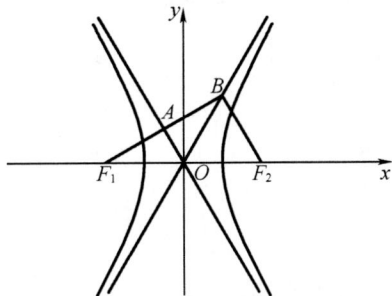

图 8-2

解法 1 因为 $\overrightarrow{F_1 B} \cdot \overrightarrow{F_2 B} = 0$,所以 $F_1 B \perp F_2 B$.因为 $\overrightarrow{F_1 A} = \overrightarrow{AB}$,所以 $|F_1 A| = |AB|$.又 $|OF_1| = |OF_2|$,所以 $OA // F_2 B$.因此,直线 $F_2 B$ 的方程为

$$y = -\frac{b}{a}(x-c)$$

直线 OB 的方程为

$$y = \frac{b}{a} x$$

联立两直线方程解得

$$\begin{cases} x = \dfrac{c}{2} \\ y = \dfrac{bc}{2a} \end{cases}$$

由双曲线的性质得 $|F_1A| = |AB| = b$，在 $\triangle OF_1A$ 中，$|OA| = \sqrt{|OF_1|^2 - |F_1A|^2} = a$，所以 $|F_2B| = 2a$，$|F_1B| = 2b$. 如图 8-2 所示，$y = \dfrac{bc}{2a}$ 可以看作 $\triangle BF_1F_2$ 的边 F_1F_2 上的高，由等面积法知：

$$S_{\triangle BF_1F_2} = \frac{1}{2} \cdot 2a \cdot 2b = \frac{1}{2} \cdot 2c \cdot \frac{bc}{2a}$$

整理得

$$c^2 = 4a^2$$

解得离心率 $e = 2$.

分析 2　以直角三角形性质为突破口. 由直线 OB，F_2B 的斜率可以发现相关倾斜角的关系，从而得到相关三角形边的关系，建立 a，c 的关系式，求得离心率.

解法 2　结合解法 1，因为 $k_{OB} = \dfrac{b}{a}$，$k_{F_2B} = k_{OA} = -\dfrac{b}{a}$，所以 $\angle BOF_2 + \angle BF_2x = \pi$.

又 $\angle BF_2O + \angle BF_2x = \pi$，所以 $\angle BOF_2 = \angle BF_2O$，于是 $|OB| = |F_2B| = 2a$.

结合解法 1 知，$\triangle BF_1F_2$ 为直角三角形，$|OF_1| = |OF_2|$，所以 $|OB| = c$.

因此 $c = 2a$，解得离心率 $e = 2$.

分析 3　以正三角形的性质为突破口. 进一步分析 $\triangle BOF_2$ 发现，$\triangle BOF_2$ 是等边三角形. 利用倾斜角和斜率的关系，建立 a，c 的关系式，求得离心率.

解法 3　结合解法 2，因为 $|OB| = |F_2B|$，又 $|OB| = |OF_2| = c$，所以 $\triangle BOF_2$ 是等边三角形. 所以 $\angle BOF_2 = 60°$，于是 $k_{OB} = \tan 60° = \dfrac{b}{a} = \sqrt{3}$. 所以

$$e = \frac{c}{a} = \sqrt{1 + \left(\frac{b}{a}\right)^2} = \sqrt{1 + (\sqrt{3})^2} = 2$$

分析 4　以圆为突破口. 点 B 既在直线 $y = \dfrac{b}{a}x$ 上，又在以坐标原点 O 为圆心、c 为半径的圆上，因此通过联立直线和圆方程可解出点 B 的坐标. 然后可以从坐标或长度的方向得到几种解法.

解法 4　以坐标原点 O 为圆心、c 为半径的圆方程为 $x^2 + y^2 = c^2$，将直线 $y = \dfrac{b}{a}x$ 代入该方程得

$$\left(\frac{b}{a}x\right)^2 + x^2 = c^2$$

解得 $x = a$，进而 $y = b$，所以 $B(a, b)$.

而 $|BF_1|=2b$，已知 $F_1(-c,0)$，所以

$$\sqrt{(a+c)^2+b^2}=2b$$

整理得

$$2a^2+ac-c^2=0,e^2-e-2=0$$

解得 $e=2$.

（同理，$|BF_2|=2a$，$F_2(c,0)$，所以 $\sqrt{(a-c)^2+b^2}=2a$，整理解得 $e=2$.）

分析 5 以坐标为突破口. 由解法 1 和解法 4 得到点 B 的坐标的两种形式，横纵坐标分别相等可以建立 a,c 的关系式，求得离心率.

解法 5 因为点 B 的坐标可以表示为 $B(a,b)$，又可以表示为 $B\left(\dfrac{c}{2},\dfrac{bc}{2a}\right)$，那么由横坐标相等得 $a=\dfrac{c}{2}$，即 $\dfrac{c}{a}=2$，所以 $e=2$.

（同理，由纵坐标相等得 $b=\dfrac{bc}{2a}$，化简得 $\dfrac{c}{a}=2$，所以 $e=2$.）

分析 6 以斜率为突破口. 直线 F_1B,F_2B 的斜率已经清楚，然后可以利用公式 $k=\dfrac{y_1-y_2}{x_1-x_2}$ 建立 a,c 的关系式，求得离心率.

解法 6 因为 $k_{F_2B}=k_{OA}=-\dfrac{b}{a}$，所以 $-\dfrac{b}{a}=\dfrac{b}{a-c}$，整理得 $a=c-a,c=2a$，所以 $e=2$.

（同理，因为 $F_1B\perp F_2B$，所以 $k_{F_1B}=-\dfrac{1}{k_{F_2B}}=\dfrac{a}{b}$，于是 $\dfrac{a}{b}=\dfrac{b}{a+c}$，整理得 $b^2=a^2+ac,c^2-a^2=a^2+ac,2a^2+ac-c^2=0,e^2-e-2=0$，解得 $e=2$.）

分析 7 以轴对称为突破口. 直线 OA 是线段 F_1B 的垂直平分线. 利用这个性质可以建立 a,c 的关系式，求得离心率.

解法 7 因为 $F_1(-c,0)$，$B(a,b)$，所以中点 $A\left(\dfrac{a-c}{2},\dfrac{b}{2}\right)$. 因为直线 OA 方程为

$$y=-\dfrac{b}{a}x$$

所以

$$\dfrac{b}{2}=-\dfrac{b}{a}\cdot\dfrac{a-c}{2}$$

整理得 $c=2a$，所以 $e=2$.

分析 8 以长度为突破口. 在知道 $A\left(\dfrac{a-c}{2},\dfrac{b}{2}\right)$ 的情况下，利用 $|OA|=a$ 可以建立 a,c 的关系式，求得离心率.

解法 8 因为 $A\left(\dfrac{a-c}{2},\dfrac{b}{2}\right)$，$|OA|=a$，所以

$$\sqrt{\left(\dfrac{a-c}{2}\right)^2+\left(\dfrac{b}{2}\right)^2}=a$$

整理得

$$2a^2+ac-c^2=0,\quad e^2-e-2=0$$

解得 $e=2$.

（同理，通过 $|BF_1|=2b$，$|BF_2|=2a$ 也可以解得 $e=2$.）

分析 9　以角度为突破口.分析 $\triangle BF_1F_2$ 的特征,能够发现 $\triangle BF_1F_2$ 是一个最常见的特殊直角三角形,可以建立 a,c 的关系,求得离心率.

解法 9　因为 $\triangle BF_1F_2$ 是直角三角形,$\triangle BOF_2$ 是正三角形,所以 $\angle BF_1F_2=30°$.

$$k_{F_1B}=\tan 30°=\frac{b}{a+c}$$

整理得

$$3b^2=(a+c)^2$$

解得 $e=2$.

4. 解后反思

本题表象上是一个双曲线问题,在解题过程中若始终围绕双曲线思考可能就会陷入困境.不得不感叹命题专家的高明,纵观 2019 年全国高考 I 卷理科数学全卷,似乎没有考查直线和圆的题目,难道这些知识不重要吗?经过对本题的研究才发现,关于直线和圆的知识进行了全面、隐蔽、深刻的考查,其能力要求达到了应用层次.换句话说,只有学通学活直线和圆的知识,才能运用到双曲线中去灵活解决实际问题.

求离心率是解析几何中一个常见的重要的问题.解析几何本质还是几何,在解题过程中要充分利用题目隐含的几何关系,这样可以大大减少运算量.解析几何又是依托代数开展研究的,因此解题中又必须全面关注题目中的相关代数知识.本题中直线方程、直线的斜率、圆的方程、等边三角形、直角三角形等起了重要作用,为建立 a,c 的关系式奠定了广泛的基础.视角很关键,也就是切入点,从长度、角度、面积、斜率、对称等方向分析问题,可让思路变得开阔,思路间还相互补充,让题面变得清澈见底,直至问题的源头,即 $\triangle BF_1F_2$ 是内角为 $30°,60°,90°$ 的最常见直角三角形.可见专家命题的出发点非常朴素,在简单中创造神奇,体现了创新无处不在的生活哲理.有意思的是,本题产生了解法族群,依托长度、角度、斜率均得到了几种解法,让解题变成一种享受.当然各种解法尚有运算量的区别,在考试时需要甄别选用,确保又快又对.前文有几种解法可以口算直接得到答案,在正确思维的引领下,这能算难题吗?几何位置关系对减少运算和建立等式至关重要,在学习和解题中务必用心体会这一点.

离心率的求解通常有两种:一种是求值,另一种是求范围.求值的方法如下.

(1)找到 a,c 的值,利用 $e=\dfrac{c}{a}$ 求解;

(2)构建 a,c 的齐次式,通常为一次齐次或二次齐次,再构造 $e=\dfrac{c}{a}$ 整体求解;

(3)利用离心率的定义和圆锥曲线的定义求解;

(4)利用几何关系求解;

（5）利用圆锥曲线的统一定义求解.

求范围通常是建立关于 e 的不等式，求 e 的范围，此类问题需建立不等式，往往更难[1].

求离心率的问题是一个综合问题，牵涉的面比较广，用到的知识比较多，可用的技巧也丰富. 教无定法，学无诀窍. 我们只有多思考、多总结、多实战，方可做到得心应手.

5. 教学启示

作为 2019 年全国高考 Ⅰ 卷理科数学的填空压轴小题，必然有把关作用，要将好学生选拔出来. 那么我们日常就要开展有深度的教学，全面提高学生的能力，尤其要注意数学思想方法的渗透.

本题的第一个支撑思想是"数形结合". 解析几何必须充分运用"数"的严谨和"形"的直观，将抽象的离心率 e 与直观的图形语言结合起来，使抽象思维和形象思维结合，通过图形的描述、代数的论证解决实际问题，"以形助数，以数辅形"，使复杂问题简单化.

本题的第二个支撑思想是"化归与转化". 我们都知道 $e=\dfrac{c}{a}$，本质是找 a,c 的关系. 如何建立它们的关系式就是落实化归与转化思想. 平时我们要加强训练，将问题进行有效转化，使抽象问题具体化，未知问题已知化，进而达到解决问题的目的.

本题的第三个支撑思想是"分类与整合". 本题中出现解法族群是这一思想的具体表现. 换言之，不具备这种能力的学生这一类解法就都失去了，这就是俗称的难以入门. 本题按斜率、长度、角度、对称分类寻找 a,c 的关系，最后出口都是离心率. 高考对分类和整合思想的考查放在了重要的位置，突出考查学生思维的严谨性与周密性.

因此，高中数学教学应主动探索知识内容背后的数学思想和方法，重视数学思想和方法的教学与实践. 数学解题教学要突出"想"的训练，"想"到位了，算就少了. 数学教学还要重视思维能力和创新意识的培养，否则具有高阶思维的题目学生还是一筹莫展[2].

参 考 文 献

［1］ 李昌成. 由一道教师业务考试题引发的思考［J］. 中学数学教学，2017(6)：32-33.

［2］ 李雪梅，赵思林. 2018 年高考数学全国卷 Ⅲ 文科 21 题解法研究［J］. 理科考试研究，2019，26(7)：4-7.

8.5 2020 年全国高考Ⅰ卷理科数学第 15 题解法探究

摘　要:高考题具有选拔功能,更具有教学指导功能.深入研究高考题,其不同的解题视角能发现风格迥异的解法,加以总结凝练,可以避开题海战术,提高教学的效率,提升学生的数学核心素养,形成能力.

关键词:高考题;解法探究;反思

有的高考题看上去很朴素,绝大多数考生能顺利解答,好像没有深意.事实上,如果能够深入仔细探究,我们可以发现它的丰富内涵,这对我们教育教学有很多启发,对提高学生的数学核心素养有重要的作用,从而真正意义上避开题海战术,让数学回归到育人的正确轨道上来.下面以 2020 年普通高等学校招生全国统一考试理科数学第 15 题为例,加以研究,以期达到抛砖引玉的效果[1].

1. 试题呈现

(2020 年普通高等学校招生全国统一考试理科数学第 15 题)已知 F 为双曲线 $C:\dfrac{x^2}{a^2}-\dfrac{y^2}{b^2}=1(a>0,b>0)$ 的右焦点,A 为 C 的右顶点,B 为 C 上的点,且 BF 垂直于 x 轴,若 AB 的斜率为 3,则 C 的离心率为 _____.

2. 解法探究

视角 1　从直线斜率公式入手,建立关于 a,c 的关系式.

解法 1　如图 8-3 所示,由已知易判断线段 BF 为双曲线的半通径,因此 $|BF|=\dfrac{b^2}{a}$,所以点 B 的坐标为 $\left(c,\dfrac{b^2}{a}\right)$.由已知得 $A(a,0)$.

由直线斜率公式得

$$k_{AB}=\frac{\dfrac{b^2}{a}-0}{c-a}=3$$

整理得

$$b^2=3ac-3a^2$$

即

$$c^2-a^2=3ac-3a^2$$

进一步整理得

$$e^2-3e+2=0$$

解得 $e=2$.

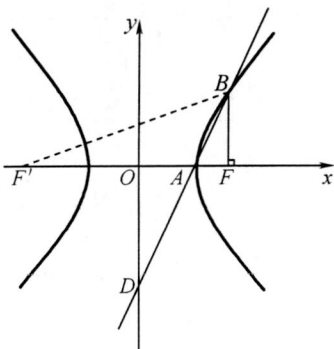

图 8-3

评析 借助直线的斜率公式,按照通解通法顺利地完成解答,就此罢休可能会错过很多典型教学素材. 我们拓宽思路,还会有一些新发现,找到建立关于 a,c 的关系式更多通解通法,有助于学生形成求解离心率的技能.

视角 2 从直角三角形中三角函数入手,建立关于 a,c 的关系式.

解法 2 结合解法 1,在直角 $\triangle ABF$ 中, $|BF|=\dfrac{b^2}{a}$, $|AF|=c-a$.

由直角三角形中正切函数定义得

$$\tan\angle BAF=\frac{|BF|}{|AF|}=\frac{\dfrac{b^2}{a}}{c-a}=3$$

以下同解法 1.

评析 充分利用解析几何的几何特性,发挥三角函数在代数与几何之间的纽带关系,找到 a,c 的关系式,这是求离心率问题的常见策略. 事实上,本解法与解法 1 具有异曲同工之妙,只是视角不同.

视角 3 利用弦长公式和勾股定理,建立关于 a,c 的关系式.

解法 3 因为 $A(a,0)$, $k_{AB}=3$,那么直线 AB 的方程为
$$y=3(x-a)$$

将此方程代入 $\dfrac{x^2}{a^2}-\dfrac{y^2}{b^2}=1$ 得
$$(b^2-9a^2)x^2+18a^3x-9a^4-a^2b^2=0$$

设此方程的两根为 x_1,x_2,由韦达定理得
$$x_1+x_2=-\frac{18a^3}{b^2-9a^2},\ x_1x_2=\frac{-9a^4-a^2b^2}{b^2-9a^2}$$

那么
$$|AB|^2=(1+3^2)\left[\frac{324a^6}{(b^2-9a^2)^2}+\frac{36a^4+4a^2b^2}{b^2-9a^2}\right]$$

在直角 $\triangle ABF$ 中, $|AB|^2=|AF|^2+|BF|^2$,即

$$10\left[\frac{324a^6}{(b^2-9a^2)^2}+\frac{36a^4+4a^2b^2}{b^2-9a^2}\right]=(c-a)^2+\left(\frac{b^2}{a}\right)^2$$

整理得

$$c^2+2ac-8a^2=0$$

进而得

$$e^2+2e-8=0$$

解得 $e=2$.

评析 直线和圆锥曲线的相交关系是高中阶段研究得最深刻的内容之一. 该方法容易上手, 也能训练学生的数学运算能力. 教师在平时教学中应加强学生这方面的能力培养, 同时为应对解答题做好知识技能储备.

视角 4 借助同角三角函数关系求弦长, 利用勾股定理, 建立关于 a,c 的关系式.

解法 4 因为

$$\tan\angle BAF=\frac{\sin\angle BAF}{\cos\angle BAF}=3$$

又

$$\sin^2\angle BAF+\cos^2\angle BAF=1$$

联立解得 $\cos\angle BAF=\dfrac{1}{\sqrt{10}}$.

而 $\cos\angle BAF=\dfrac{|AF|}{|AB|}$, 所以

$$|AB|=\sqrt{10}|AF|=\sqrt{10}(c-a)$$

在直角 $\triangle ABF$ 中, $|AB|^2=|AF|^2+|BF|^2$, 即

$$10(c-a)^2=(c-a)^2+\left(\frac{b^2}{a}\right)^2$$

以下同解法 3.

评析 三角函数将弦长形式简化了, 使得后续运算更加简洁明了. 这种多模块知识融合的解题方法值得关注. 将多模块的知识有机结合起来, 体现了知识间的关联性.

视角 5 借助相似性, 在新三角形中建立关于 a,c 的关系式.

解法 5 如图 8-3 所示, 延长线段 BA 交 y 轴于 D, 易得 $\triangle BAF\backsim\triangle DAO$, 那么

$$\frac{|AF|}{|AO|}=\frac{|BF|}{|OD|}$$

即

$$|OD|=\frac{b^2}{c-a}$$

又在直角 $\triangle AOD$ 中, $|AO|=a$. 由直角三角形中正切函数定义得

$$\tan\angle DAO=\frac{|OD|}{|OA|}=\frac{\dfrac{b^2}{c-a}}{a}=3$$

以下同解法 1.

评析 在不同的视角下直线的斜率有不同的比值表达式,但其本质不会改变,这为我们提供了相互印证的解法.学生在平时多留心,关键时候就不会慌乱,甚至可以快速上手.

视角 6 借助双曲线定义,从余弦定理入手,建立关于 a,c 的关系式.

解法 6 由解法 4 知 $|AB| = \sqrt{10}(c-a)$,由解法 1 知 $|BF| = \dfrac{b^2}{a}$.

如图 8-3 所示,设 C 的左焦点为 F',由双曲线的定义知

$$|BF'| - |BF| = 2a$$

那么

$$|BF'| = 2a + \frac{b^2}{a}$$

由解法 4 知 $\cos\angle BAF = \dfrac{1}{\sqrt{10}}$,那么 $\cos\angle BAF' = -\dfrac{1}{\sqrt{10}}$.

在 $\triangle BAF'$ 中:

$$\cos\angle BAF' = \frac{|AF'|^2 + |AB|^2 - |BF'|^2}{2|AF'||AB|} = \frac{(c+a)^2 + 10(c-a)^2 - \left(2a + \dfrac{b^2}{a}\right)^2}{2\sqrt{10}(c+a)(c-a)}$$

所以

$$\frac{(c+a)^2 + 10(c-a)^2 - \left(2a + \dfrac{b^2}{a}\right)^2}{2\sqrt{10}(c+a)(c-a)} = -\frac{1}{\sqrt{10}}$$

整理得

$$9c^2 - 18ac + 9a^2 = (c^2 - a^2)^2$$

进一步整理得

$$9(e-1)^2 = (e^2-1)^2$$

所以

$$(e+1)^2 = 9$$

解得 $e=2$.

评析 在三角形中建立关于 a,c 的关系式是求离心率的通解通法.利用双曲线的定义确定三角形一条边,利用双曲线的几何量确定一些边,再利用直线斜率确定三角形相关角的三角函数值,使得余弦定理派上用场.这种解法思维流畅,展现了余弦定理的工具性,值得关注.

视角 7 利用等面积法,建立关于 a,c 的关系式.

解法 7 如图 8-3 所示,设 C 的左焦点为 F'.由解法 1 知 $|BF| = \dfrac{b^2}{a}$.又 $|FF'| = 2c$,所以

$$S_{\triangle ABF'} = \frac{1}{2}|AF'||BF| = \frac{1}{2}(a+c)\frac{b^2}{a}$$

又

$$S_{\triangle ABF'} = \frac{1}{2}|AF'||AB|\sin\angle BAF' = \frac{1}{2}\sqrt{10}(a+c)(c-a)\sqrt{1-\left(-\frac{1}{\sqrt{10}}\right)^2}$$

所以

$$\frac{1}{2}\sqrt{10}(a+c)(c-a)\sqrt{1-\left(-\frac{1}{\sqrt{10}}\right)^2} = \frac{1}{2}(a+c)\frac{b^2}{a}$$

整理得

$$c^2 - 3ac + 2a^2 = 0$$

进而得

$$e^2 - 3e + 2 = 0$$

解得 $e = 2$.

评析 等面积法是中学数学中一个重要方法,我们应创造条件加以应用,让重要的方法经常地发挥作用,在潜移默化中使学生形成技能.本法在本题解答中显得新颖,基于约分,运算量也不大,不失为一种妙解.

3. 解后反思

求离心率通常可以从代数和几何的角度入手,但是方法不同,思维量不同,运算量也不同,可以说不同的方法带来的"麻烦"不同.解析几何是几何,用几何办法相对简洁.另外,求离心率本质就是找 a,c 的关系,这是这类题的难点所在.往往 a,c 关系不明确,需要我们去寻找,去建立,当然入口不唯一时,更不容易找到最简洁的一个[2].我们不仅要教会学生解题,更要教会学生在解决具体问题中,选择最简办法.这是教学质量提升工程,非一日之功.

4. 结束语

潜心研究这样一道题,复习了很多知识点,巩固了多种技能,让零散的书本知识有机结合起来,不知不觉中又提升了学生的思维水平,训练了学生的计算能力,真可谓一箭多雕.

高考题是我们教学的重要素材,可以从中发现教学的重点和难点.本例中考查的离心率就是高考中的一个重点,也是难点,几乎每年涉及,既有选择题,也有填空题,还有解答题.研究高考题不能仅仅追求答案,更重要的是要深刻理解其考查的知识点,能力要求,本类题的通解通法,从而通过教学真正培养学生的数学核心素养.研究的关键在于对学生思维的培养和训练,一题多解能避开题海战术,提高教学效率.

参 考 文 献

[1] 张俊,朱向东.一道期末试题的解答与思考[J].中学数学教学,2017(4):43-46.
[2] 李昌成.由一道教师业务考试题引发的思考[J].中学数学教学,2017(6):32-33.

8.6 2023年高考解析几何压轴题解法探究

——以新高考全国Ⅰ卷第22题为例

摘 要：圆锥曲线的综合题是历年高考的热点和难点题. 而直线和圆锥曲线的综合试题更是解析几何的典型题，也是高考中解答题的必考题，涉及相关图形的周长、面积的范围、最值问题等，2023年高考数学也不例外. 这类题充分考查学生的逻辑思维能力、转化与化归能力以及运算求解能力等.

关键词：抛物线；新高考卷；解法

直线与圆锥曲线的综合题一直是高考命题的热点，也是学生学习的难点. 这类试题题目复杂、信息量大、转化思路隐蔽、运算量大. 而学生由于掌握不到位，缺乏明确的解题意识，虽然能入手做，但最终不能完成解答，容易出现关键步骤转化"没有想到""不会消元""不会转化"等现象. 据此，以2023年高考数学试题中圆锥曲线的解答为契机，谈谈自己的看法，以期抛砖引玉.

1. 题目呈现

[2023年普通高等学校招生全国统一考试（新高考全国Ⅰ卷）第22题] 在直角坐标系 xOy 中（图8-4），点 P 到 x 轴的距离等于点 P 到点 $\left(0,\dfrac{1}{2}\right)$ 的距离，记动点 P 的轨迹为 W.

（1）求 W 的方程；

（2）已知矩形 $ABCD$ 有三个顶点在抛物线上，证明：矩形 $ABCD$ 的周长大于 $3\sqrt{3}$.

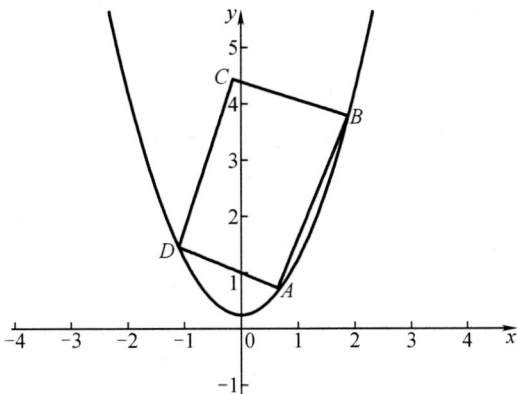

图8-4

2. 总体分析

此题是2023年普通高等学校招生全国统一考试（新高考全国Ⅰ卷）的第22题，解答题的最后一道压轴题.这道圆锥曲线题表象上看似简单,实则内涵丰富,第(2)问可以说很多考生都完全不会,应该算得上是高考全国卷近几年不常规及难度最高的圆锥曲线题之一.该问甚至考查了绝对值不等式的应用、不等式放缩以及利用导数求最值等.

当然,直线与圆锥曲线的综合问题,主要是以位置关系为载体.解决这道题的关键是要将矩形的周长转化为直线与抛物线相交形成弦的弦长问题,它涉及交点和弦长,进而涉及坐标等问题,因此覆盖知识点较多[1].笔者通过思考、解答与总结,尝试厘清问题的本质,以期达到举一反三、触类旁通的目的.

3. 试题解答

第(1)问,略解:设点 $P(x,y)$,依题意得

$$|y| = \sqrt{x^2 + \left(y - \frac{1}{2}\right)^2}$$

化简整理得 W 的方程为

$$y = x^2 + \frac{1}{4}$$

以下着重探讨第(2)问.

视角 1　常规转化求解

解法 1　目标分解法

为了成功突破此压轴题,我们可以分解成以下 4 步来解答此题.

步骤 1　设点设线

因为有 3 个点在抛物线 $y = x^2 + \frac{1}{4}$ 上,不妨设点 A,B,D 在 W 上,$AB \perp AD$,如图 8-4 所示.

设 $A\left(a, a^2 + \frac{1}{4}\right), B\left(x_B, x_B^2 + \frac{1}{4}\right), D\left(x_D, x_D^2 + \frac{1}{4}\right)$,显然,直线 AB, AD 的斜率均存在且不为 0.

设直线 AB 的方程为

$$y - \left(a^2 + \frac{1}{4}\right) = k(x - a)$$

即

$$y = kx + \left(a^2 - ka + \frac{1}{4}\right)$$

步骤 2　求弦长

联立 $\begin{cases} y = x^2 + \frac{1}{4} \\ y = kx + \left(a^2 - ka + \frac{1}{4}\right) \end{cases}$,整理得

$$x^2 - kx + ka - a^2 = 0, \Delta = k^2 - 4(ka - a^2) = (k - 2a)^2 > 0$$

所以 $k \neq 2a$,且

$$a + x_B = k, a \cdot x_B = ka - a^2$$

则

$$|AB| = \sqrt{1+k^2}\,|x_B - a| = \sqrt{1+k^2}\,|k - 2a|$$

用 $-\dfrac{1}{k}$ 替换 k, 易得

$$|AD| = \sqrt{1 + \left(\frac{1}{k}\right)^2}\,|x_D - a| = \sqrt{1 + \frac{1}{k^2}}\,\left|-\frac{1}{k} - 2a\right| = \sqrt{1 + \frac{1}{k^2}}\,\left|\frac{1}{k} + 2a\right|$$

步骤 3　表示矩形 $ABCD$ 的周长

设矩形 $ABCD$ 的周长为 L. 则

$$L = 2\left(|AB| + |AD|\right)$$
$$= 2\left(\sqrt{1+k^2}\,|k - 2a| + \sqrt{1 + \frac{1}{k^2}}\,\left|\frac{1}{k} + 2a\right|\right)$$

步骤 4　证明 $\sqrt{1+k^2}\,|k-2a| + \sqrt{1 + \dfrac{1}{k^2}}\,\left|\dfrac{1}{k} + 2a\right| > \dfrac{3\sqrt{3}}{2}$.

这是一个二元不等式, 考虑要作减元处理. 观察发现有两个绝对值, 优先想到了利用绝对值不等式 $|a| + |b| \geqslant |a \pm b|$ 来转化, 但是系数不一致, 故还需要通过不等式放缩来助力.

先来考虑系数如何处理, 令 $\sqrt{1+k^2} = \sqrt{1 + \dfrac{1}{k^2}}$, 解得 $|k| = 1$.

容易判断, 当 $0 < |k| < 1$ 时, $\sqrt{1+k^2} < \sqrt{1 + \dfrac{1}{k^2}}$. 此时

$$\sqrt{1+k^2}\,|k-2a| + \sqrt{1 + \frac{1}{k^2}}\,\left|\frac{1}{k} + 2a\right| > \sqrt{1+k^2}\,|k-2a| + \sqrt{1+k^2}\,\left|\frac{1}{k} + 2a\right|$$

当 $|k| > 1$ 时, $\sqrt{1+k^2} > \sqrt{1 + \dfrac{1}{k^2}}$, 此时

$$\sqrt{1+k^2}\,|k-2a| + \sqrt{1 + \frac{1}{k^2}}\,\left|\frac{1}{k} + 2a\right| > \sqrt{1 + \frac{1}{k^2}}\,|k-2a| + \sqrt{1 + \left(\frac{1}{k}\right)^2}\,\left|\frac{1}{k} + 2a\right|$$

通过比较与分析可知, 只需考虑 $0 < |k| \leqslant 1$ 的情况即可.

由上可知, 当 $0 < |k| \leqslant 1$ 时, 有

$$\sqrt{1+k^2}\,|k-2a| + \sqrt{1 + \frac{1}{k^2}}\,\left|\frac{1}{k} + 2a\right| \geqslant \sqrt{1+k^2}\,|k-2a| + \sqrt{1+k^2}\,\left|\frac{1}{k} + 2a\right|$$

由绝对值不等式 $|a| + |b| \geqslant |a+b|$ 得

$$|k - 2a| + \left|\frac{1}{k} + 2a\right| \geqslant \left|(k-2a) + \left(\frac{1}{k} + 2a\right)\right| = \left|k + \frac{1}{k}\right|$$

等式成立的条件为 $|k| = 1$, 且

$$(k - 2a)\left(\frac{1}{k} + 2a\right) \geqslant 0$$

故

$$\sqrt{1+k^2}\,|k-2a|+\sqrt{1+\frac{1}{k^2}}\,\left|\frac{1}{k}+2a\right|\geqslant\sqrt{1+k^2}\,\left|k+\frac{1}{k}\right|$$

接下来求解 $\sqrt{1+k^2}\,\left|k+\dfrac{1}{k}\right|$ 的范围.

记 $f(k)=\sqrt{1+k^2}\,\left|k+\dfrac{1}{k}\right|$,其为偶函数,只需考虑 $0<k\leqslant1$ 即可.

当 $0<k\leqslant1$ 时,有

$$f(k)=\sqrt{1+k^2}\left(k+\frac{1}{k}\right)=\sqrt{\frac{(1+k^2)^3}{k^2}}$$

进一步,令 $t=k^2\in(0,1)$,则

$$g(t)=t^2+3t+\frac{1}{t}+3,t\in(0,1)$$

求导得

$$g'(t)=2t+3-\frac{1}{t^2}=\frac{(2t-1)(t+1)^2}{t^2}$$

$g(t)$ 在 $t\in\left(0,\dfrac{1}{2}\right)$ 上单调递减,在 $t\in\left(\dfrac{1}{2},1\right)$ 上单调递增.

所以 $g(t)\geqslant g\left(\dfrac{1}{2}\right)=\dfrac{27}{4}$,从而 $f(k)\geqslant\dfrac{3\sqrt{3}}{2}$,此处等式成立的条件为 $|k|=\dfrac{\sqrt{2}}{2}$.

综上可知,两处不等号不能同时取得,故周长

$$L=2\left(\sqrt{1+k^2}\,|k-2a|+\sqrt{1+\frac{1}{k^2}}\,\left|\frac{1}{k}+2a\right|\right)>3\sqrt{3}$$

即矩形 $ABCD$ 的周长大于 $3\sqrt{3}$.

评析 本题采用分步解析的方式化解难点,完成了证明,试题分析及常规通解通法的具体求解已经融合在了解题过程中,不再赘述.期待通过以上的解答,能够让读者朋友们受到一些启发.

视角2 借助于抛物线设点转化求解

解法2 整体处理法

设点 A,B,D 在 W 上,$AB\perp AD$.

设 $A\left(a,a^2+\dfrac{1}{4}\right),B\left(b,b^2+\dfrac{1}{4}\right),D\left(d,d^2+\dfrac{1}{4}\right)$,显然,直线 AB,AD 的斜率均存在且不为0.

$$k_{AB}=\frac{\left(a^2+\frac{1}{4}\right)-\left(b^2+\frac{1}{4}\right)}{a-b}=a+b,\ k_{AD}=\frac{\left(a^2+\frac{1}{4}\right)-\left(d^2+\frac{1}{4}\right)}{a-d}=a+d$$

且

$$k_{AB}\cdot k_{AD}=-1$$

所以

$$(a+b)(a+d)=-1$$

即

$$a+d=-\frac{1}{a+b}$$

周长为

$$L=2(\,|AB|+|AD|\,)=2\left[\sqrt{1+(a+b)^2}\,|a-b|+\sqrt{1+\frac{1}{(a+b)^2}}\,|d-a|\right]$$

因为 $k_{AB}\cdot k_{AD}=-1$,所以 $k_{AB}^2\cdot k_{AD}^2=1$,不妨设 $k_{AB}^2\leqslant 1$,则周长为

$$L\geqslant 2\left[\sqrt{1+(a+b)^2}\,|a-b|+|d-a|\right]$$
$$\geqslant 2\left[\sqrt{1+(a+b)^2}\,|b-d|\right]$$
$$=2\left[\sqrt{1+(a+b)^2}\,|(a+b)-(a+d)|\right]$$
$$=2\left[\sqrt{1+(a+b)^2}\left|(a+b)+\frac{1}{a+b}\right|\right]$$
$$=2\cdot\frac{\left[1+(a+b)^2\right]^{\frac{3}{2}}}{|a+b|}$$

不等式成立的条件为 $(a+b)^2=1$.

令 $t=|a+b|$,则

$$\frac{\left[1+(a+b)^2\right]^{\frac{3}{2}}}{|a+b|}=\frac{\left[1+t^2\right]^{\frac{3}{2}}}{t}=\frac{\left(\frac{1}{2}+\frac{1}{2}+t^2\right)^{\frac{3}{2}}}{t}\geqslant\frac{\left[3\left(\frac{1}{4}t^2\right)^{\frac{1}{3}}\right]^{\frac{3}{2}}}{t}=\frac{3\sqrt{3}}{2}$$

等式成立的条件为 $t=|a+b|=\frac{\sqrt{2}}{2}$.

综上可得,周长为

$$L=2\left(\sqrt{1+k^2}\,|k-2a|+\sqrt{1+\frac{1}{k^2}}\left|\frac{1}{k}+2a\right|\right)>3\sqrt{3}$$

即矩形 $ABCD$ 的周长大于 $3\sqrt{3}$.

评析 此法借助 A,B,D 3 点均在抛物线上,利用抛物线设点表示直线的斜率,不设直线方程联立而表示出矩形的周长,对称设定限定范围,借助于不等式放缩、绝对值不等式,以及换元后通过配凑,利用推广后的三元不等式求解与证明,简化了运算,值得借鉴.

另外,针对知识面广的学生,还可以考虑将抛物线 $W:y=x^2+\frac{1}{4}$ 向下平移 $\frac{1}{4}$ 个单位得抛物线 $W':y=x^2$,矩形 $ABCD$ 变换为矩形 $A'B'C'D'$,则问题变为证明矩形 $A'B'C'D'$ 的周长大于 $3\sqrt{3}$.由于平移不改变形状,也不会改变周长,同时可以简化运算.

视角 3　借助于平移及极坐标转化求解

解法 3　极参法

仍设 A,B,D 3 点均在抛物线上,需证命题为 $|AB|+|AD|>\dfrac{3\sqrt{3}}{2}$.

由图像的平移可知,将抛物线 $W:y=x^2+\dfrac{1}{4}$ 向下平移 $\dfrac{1}{4}$ 个单位得抛物线 $W':y=x^2$.

设 $A(a,a^2)$,平移坐标系使 A 为坐标原点,则平移后新的抛物线方程为 $y'=x'^2+2ax'$,转化为极坐标方程为

$$\rho\sin\theta=\rho^2\cos^2\theta+2a\rho\cos\theta$$

即

$$\rho=\frac{\sin\theta-2a\cos\theta}{\cos^2\theta}$$

下面证明:

$$\left|\frac{\sin\theta-2a\cos\theta}{\cos^2\theta}\right|+\left|\frac{\sin\left(\theta+\dfrac{\pi}{2}\right)-2a\cos\left(\theta+\dfrac{\pi}{2}\right)}{\cos^2\left(\theta+\dfrac{\pi}{2}\right)}\right|>\frac{3\sqrt{3}}{2}$$

即证明

$$\left|\frac{2a}{\cos\theta}-\frac{\sin\theta}{\cos^2\theta}\right|+\left|\frac{2a}{\sin\theta}+\frac{\cos\theta}{\sin^2\theta}\right|>\frac{3\sqrt{3}}{2}$$

结合前文,不妨设 $\left|\dfrac{2}{\cos\theta}\right|\geqslant\left|\dfrac{2}{\sin\theta}\right|$.

将左端看成 a 的函数,根据绝对值的性质,当 $\dfrac{2}{\cos\theta}\cdot a-\dfrac{\sin\theta}{\cos^2\theta}=0$,即 $a=\dfrac{2\sin\theta}{\cos\theta}$ 时取最小值,因此,只需证 $\left|\dfrac{1}{\cos\theta}+\dfrac{\cos\theta}{\sin^2\theta}\right|>\dfrac{3\sqrt{3}}{2}$ 成立,即证 $\left|\dfrac{1}{\cos\theta\sin^2\theta}\right|>\dfrac{3\sqrt{3}}{2}$ 成立.

借助均值不等式,有

$$\left|\frac{1}{\cos\theta\sin^2\theta}\right|=\left|\frac{1}{\cos\theta(1-\cos^2\theta)}\right|=\left|\frac{\sqrt{2}}{\sqrt{2\cos^2\theta(1-\cos^2\theta)(1-\cos^2\theta)}}\right|\geqslant\frac{3\sqrt{3}}{2}$$

两处等号不能同时取得,故矩形 $ABCD$ 的周长大于 $3\sqrt{3}$.

评析　解法 3 对解题能力的要求更高,涉及平移抛物线.设点 $A(a,a^2)$ 后进一步平移,平移后利用极径表示长度,限定范围后通过放缩找到需证的式子,最后利用绝对值不等式的性质及均值不等式巧妙破解.

4. 尝试推广

如果将"点 P 到 x 轴的距离等于点 P 到点 $\left(0,\dfrac{1}{2}\right)$ 的距离"改为"点 P 到 x 轴的距离等于点 P 到点 $\left(0,\dfrac{1}{2m}\right)$ 的距离",那么矩形 $ABCD$ 的周长会大于多少呢? 是 $\dfrac{3\sqrt{3}}{m}$ 吗? 这个问题留

给大家思考与求证.

5.试题链接

[2021年普通高等学校招生全国统一考试理科数学(乙卷)第21题]已知抛物线C: $x^2=2py(p>0)$的焦点为F,且F与圆$M:x^2+(y+4)^2=1$上点的距离的最小值为4.

(1)求p;

(2)若点P在M上,PA,PB是C的两条切线,A,B是切点,求$\triangle PAB$面积的最大值.

[参考答案:(1)$p=2$;(2)$20\sqrt{5}$]

评析 同一法简化求解及弦长的使用是这道高考真题中所用到的方法.因此,在平时的学习及高考复习备考中,我们一定要关注和积累一些通性通法,所谓万变不离其宗,很多试题均可以追本溯源,不管在知识上还是方法上,都有异曲同工之妙.

6.结束语

命题专家指出,2023年高考数学全国卷全面考查了考生的数学核心素养,充分体现了基础性、应用性以及创新性的考查要求,突出了理性思维,发挥了数学学科在人才选拔中的重要作用;突出对基础知识和基本概念的深层次理解与灵活应用,落实中国高考评价体系中的"四核""四翼"的考核要求.

解析几何题总以运算量及思维量大而让学生在平时的学习训练和考试中望而生畏,试题练了不少,但收效甚微.笔者通过教课也了解了很多案例:不少学生有解题思路,而且思路比较自然、大众化,也就是现在普遍提到的通性通法,但因为畏惧计算而止步失分.当顺着他们的思路最终成功求解时,他们才恍然大悟:"原来我的思路是对的,就是没坚持算下去!"纵观近几年的高考真题,大量的试题还是比较接地气的.当然很重要的一点需要教师传达给学生,即这类试题必要的运算一定是不可避免的,关键在于要把握好解析几何运算的特点.

《普通高中数学课程标准(2017年版2020年修订)》提出的六大核心素养的"数学运算"中提到的"理解运算对象,掌握运算法则,探究运算思路,求得运算结果"[2]已经给一线数学教师在解析几何上如何教学提供了导向和指明了方向.

因此,在后期的复习备考中,我们一定要认真研读课程标准,明确高考对解析几何基础知识、基本技能、基本思想、基本方法的要求;重视解析几何问题的分析与转化,通法的训练与归纳,通过典型例题的分析与讲解,帮助学生总结解题思路,思考策略和通性通法.

参 考 文 献

[1] 杨子棉.例谈圆锥曲线中面积问题的解决策略[J].中学生数理化(高中版),2020(3):19.

[2] 中华人民共和国教育部制定.普通高中数学课程标准:2017年版2020年修订[M].2版.北京:人民教育出版社,2020.

8.7 2023年高考全国乙卷数学第20题的多种解法

摘　要:圆锥曲线问题是高中数学教学的重点和难点. 每年的高考题,都会涉及圆锥曲线问题,既有选择题、填空题,也有作为压轴题的解答题,其特点是综合性和系统性强. 这不仅需要学生掌握最基本的知识点、提高运算的速度和准确性,还需要学生能快速找到解题的突破口,成功解答. 2023年普通高等学校招生全国统一考试理科数学(全国乙卷)也不例外. 这类题充分考查学生的逻辑思维能力、转化与化归能力以及运算求解能力等.

关键词:椭圆;定点;推广

直线与圆锥曲线的综合题一直是高考命题的热点,也是学生学习的难点. 大部分学生对这部分知识的学习有畏惧心理,在学习过程中,他们仅停留在记忆相关观念、结论,或者模仿教材和教师的解题思路,并没有真正理解概念、结论的意义,也没有总结圆锥曲线中各种题型的内在关联,或仅仅流于形式,因此考试时往往只能得一部分基础分. 据此,以2023年高考试题中圆锥曲线的解答为契机,谈谈自己的看法,以期抛砖引玉.

1. 题目呈现

[2023年普通高等学校招生全国统一考试理科数学(全国乙卷)第20题]已知椭圆 C:$\dfrac{y^2}{a^2}+\dfrac{x^2}{b^2}=1(a>b>0)$ 的离心率为 $\dfrac{\sqrt{5}}{3}$,点 $A(-2,0)$ 在 C 上.

(1)求 C 的方程;

(2)过点 $(-2,3)$ 的直线交 C 于 P,Q 两点,直线 AP,AQ 与 y 轴的交点分别为 M,N,证明:线段 MN 的中点为定点.

2. 总体分析

此题是2023年普通高等学校招生全国统一考试理科数学(全国乙卷)的解答题第20题,属于压轴题. 这道圆锥曲线题的第(1)问实属常规的送分题,而第(2)问虽然是定点问题,但与平时训练时见到的题的问法还是有差异. 考后笔者了解了一下,不少考生只是设出了直线 PQ 方程的点斜式,与椭圆方程联立,但由于计算复杂,没有学会合理转化,仅止步于此了.

其实,直线与圆锥曲线的综合问题,主要是以位置关系为载体,所以根据题意设直线方程,与圆锥曲线进行联立,借助根与系数的关系进行转化求解;同时将问题进行分步拆解,需要设未知量时果断设未知量以及必要的方程,最终设而不求,成功突破. 笔者通过思考、解答与总结,尝试厘清问题的本质,现分享于此,以飨读者.

3. 试题解答

第(1)问,略解:椭圆 C 的方程为 $\dfrac{y^2}{9}+\dfrac{x^2}{4}=1$.

以下着重探讨第(2)问.

视角 1　常规转化

解法 1　直线的斜截式方程联合求解

如图 8-5 所示,易知直线 PQ 的斜率存在,设其方程为

$$y=kx+m$$

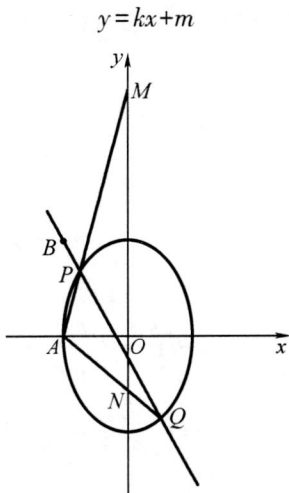

图 8-5

过点 $(-2,3)$,所以

$$m=2k+3 \qquad ①$$

设 $P(x_1,y_1)$,$Q(x_2,y_2)$,联立 $\begin{cases} y=kx+m \\ 9x^2+4y^2-36=0 \end{cases}$,消 y,整理得

$$(4k^2+9)x^2+8kmx+4m^2-36=0$$

$$\Delta=64k^2m^2-4(4k^2+9)(4m^2-36)>0$$

即

$$m^2<4k^2+9$$

由根与系数的位置关系得

$$x_1+x_2=-\frac{8km}{4k^2+9},\ x_1x_2=\frac{4m^2-36}{4k^2+9} \qquad ②$$

易知直线 AP 为 $y=\dfrac{y_1}{x_1+2}(x+2)$,令 $x=0$,则 $y=\dfrac{2y_1}{x_1+2}$,即 $M\left(0,\dfrac{2y_1}{x_1+2}\right)$.

同理 $N\left(0,\dfrac{2y_2}{x_2+2}\right)$.

故线段中点坐标为 $N\left(0,\dfrac{y_1}{x_1+2}+\dfrac{y_2}{x_2+2}\right)$,且

$$y_1 = kx_1 + m, \quad y_2 = kx_2 + m \qquad ③$$

联合③式整理得

$$y = \frac{y_1}{x_1+2} + \frac{y_2}{x_2+2}$$

$$= \frac{y_1(x_2+2) + y_2(x_1+2)}{(x_1+2)(x_2+2)}$$

$$= \frac{(kx_1+m)(x_2+2) + (kx_2+m)(x_1+2)}{(x_1+2)(x_2+2)}$$

$$= \frac{2kx_1x_2 + (2k+m)(x_1+x_2) + 4m}{x_1x_2 + 2(x_1+x_2) + 4}$$

将②式带入，继续化简整理得

$$\frac{2kx_1x_2 + (2k+m)(x_1+x_2) + 4m}{x_1x_2 + 2(x_1+x_2) + 4} = \frac{2k \cdot \frac{4m^2-36}{4k^2+9} + (2k+m)\left(-\frac{8km}{4k^2+9}\right) + 4m}{\frac{4m^2-36}{4k^2+9} + 2\left(-\frac{8km}{4k^2+9}\right) + 4}$$

$$= \frac{2k \cdot (4m^2-36) + (2k+m)(-8km) + 4m(4k^2+9)}{4m^2-36 + 2(-8km) + 4(4k^2+9)}$$

$$= \frac{-72k + 36m}{4m^2 - 16km + 4k^2}$$

$$= \frac{36(m-2k)}{4(m-2k)^2}$$

$$= \frac{9}{m-2k}$$

由①式可得

$$m - 2k = 3$$

所以

$$\frac{9}{m-2k} = 3$$

所以线段 MN 中点过定点 $(0,3)$.

解法 2　直线的点斜式方程联合求解

设直线 PQ 方程为

$$y - 3 = k(x+2)$$

即

$$y = kx + (2k+3)$$

联立 $\begin{cases} y = kx + (2k+3) \\ 9x^2 + 4y^2 - 36 = 0 \end{cases}$，整理得

$$(4k^2+9)x^2 + 8k(2k+3)x + 4(2k+3)^2 - 36 = 0$$

则

$$x_1+x_2=-\frac{8k(2k+3)}{4k^2+9}, x_1x_2=\frac{4(2k+3)^2-36}{4k^2+9} \qquad ④$$

设直线 AM 为

$$y=k_1(x+2)$$

令 $x=0$，则 $y=2k_1$，所以点 $M(0,2k_1)$.

同理 $N(0,2k_2)$.

故线段中点坐标为 $N(0,k_1+k_2)$.

而 $k_1=\dfrac{y_1}{x_1+2}, k_2=\dfrac{y_2}{x_2+2}$，所以

$$\begin{aligned}
k_1+k_2 &= \frac{y_1}{x_1+2}+\frac{y_2}{x_2+2}\\
&= \frac{k(x_1+2)+3}{x_1+2}+\frac{k(x_2+2)+3}{x_2+2}\\
&= 2k+\frac{3}{x_1+2}+\frac{3}{x_2+2}\\
&= 2k+\frac{3(x_1+x_2)+12}{x_1x_2+2(x_1+x_2)+4}
\end{aligned}$$

将④式代入整理得

$$k_1+k_2=2k+\frac{-72k+108}{36}=3$$

所以线段 MN 中点过定点 $(0,3)$.

评析 以上两种解法大同小异. 解法1设直线 PQ 的斜截式方程，将点 $(-2,3)$ 带入，明确数量关系 $m=2k+3$；同时与椭圆方程进行联立，设点的坐标，根据韦达定理得出两根之和与两根之积待用. 接着进行下一步转化，结合条件设法将点 M 的坐标表示出来，再利用同一法表示点 N 的坐标，进而表示出 MN 中点的坐标. 此时，随着问题的分步求解，发现本质上就是求两直线 AP 与 AQ 的斜率之和为定值. 分式进行通分，非对称性转化为对称性，带入韦达定理的式子化简等都属于常规操作. 因此，解决问题的关键还是在于我们拿到试题后进行思考、分析、整合，将未知转化为已知，将陌生转化为熟悉，这也是当前新课改后国家选拔人才的要求. 解法2只是设直线方式不同，求解路径稍有不同，进行部分分离变量后，式子更简单明了，这也需要通过一定的训练才能达到熟能生巧，灵活变通，不再赘述.

视角2 齐次化转化

解法3 平移齐次化求解

将图像整体向右平移两个单位，则点 $(-2,3)$ 平移至 $(0,3)$，点 $A(-2,0)$ 平移至 $(0,0)$，椭圆 $C:\dfrac{y^2}{9}+\dfrac{x^2}{4}=1$ 平移后方程为

$$\frac{y^2}{9}+\frac{(x-2)^2}{4}=1$$

相应直线 PQ 的方程可设为

$$y = kx + 3$$

即

$$\frac{y - kx}{3} = 1$$

将平移后的椭圆化简整理得

$$4y^2 + 9x^2 - 36x = 0$$

齐次化得

$$4y^2 + 9x^2 - 36 \cdot \frac{y - kx}{3} = 0$$

进一步整理得

$$4\left(\frac{y}{x}\right)^2 - 12 \cdot \frac{y}{x} + (9 + 12k) = 0$$

设 $P(x_1, y_1), Q(x_2, y_2)$,则

$$\frac{y_1}{x_1} + \frac{y_2}{x_2} = 3$$

直线 AM 为 $y = \frac{y_1}{x_1} x$,令 $x = 2$,则 $y = 2 \cdot \frac{y_1}{x_1}$,所以点 $M\left(2, 2 \cdot \frac{y_1}{x_1}\right)$.

同理点 $N\left(2, 2 \cdot \frac{y_2}{x_2}\right)$.

线段 MN 中点坐标为 $\left(2, \frac{y_1}{x_1} + \frac{y_2}{x_2}\right)$,从而平移后线段 MN 中点坐标为 $(2, 3)$.

故线段 MN 中点过定点 $(0, 3)$,得证.

解法 4 配凑齐次化求解

将 $4y^2 + 9x^2 - 36 = 0$ 进行配凑得

$$4y^2 + 9(x + 2)^2 - 36(x + 2) = 0$$

与直线 $y = k(x + 2) + 3$ 联立并整理得

$$4y^2 + (9k + 12)(x + 2)^2 - 12y(x + 2) = 0$$

即

$$4\left(\frac{y}{x + 2}\right)^2 - 12 \cdot \frac{y}{x + 2} + (9k + 12) = 0$$

结合前面的求解可知

$$\frac{y_1}{x_1 + 2} + \frac{y_2}{x_2 + 2} = 3$$

且线段 MN 中点坐标为 $\left(0, \frac{y_1}{x_1 + 2} + \frac{y_2}{x_2 + 2}\right)$.

故线段 MN 中点过定点 $(0, 3)$,得证.

评析 解法 3 是将点 A 平移至坐标原点,其余点与直线、椭圆均移至相应的位置,通过

齐次化转化,大大减少了运算量.不过此法建议给学习较好、学有余力的同学尝试.教师一定要讲清原理,平移前与平移后的关系,再辅以适当的练习加以巩固,这样才能收到成效.解法4则是通过构造法整体处理,同样需要教师给学生讲清原理,感兴趣的同人不妨一试!

视角3 向量法

解法5 设线求点及向量共线求解

设直线 $AM:y=m(x+2)$,直线 $AN:y=n(x+2)$,则 $M(0,2m),N(0,2n)$.

线段 MN 中点坐标为 $(0,m+n)$,即证 $m+n$ 为定值.

设 $P(x_1,y_1),Q(x_2,y_2)$,联立 $\begin{cases}y=m(x+2)\\4y^2+9x^2-36=0\end{cases}$,得

$$(4m^2+9)x^2+16m^2x+16m^2-36=0$$

所以

$$-2x_1=\frac{16m^2-36}{4m^2+9}$$

即

$$x_1=\frac{18-8m^2}{4m^2+9}$$

则

$$y_1=\frac{36}{4m^2+9}$$

故 $P\left(\dfrac{18-8m^2}{4m^2+9},\dfrac{36}{4m^2+9}\right)$.

同理 $Q\left(\dfrac{18-8n^2}{4n^2+9},\dfrac{36}{4n^2+9}\right)$.

记 $B(-2,3)$,则 $\overrightarrow{BP}=\left[\dfrac{36}{4m^2+9},\dfrac{3(12m-4m^2-9)}{4m^2+9}\right]$,同理 $\overrightarrow{BQ}=\left[\dfrac{36}{4n^2+9},\dfrac{3(12n-4n^2-9)}{4n^2+9}\right]$.

因为 B,P,Q 3 点共线,所以 $\overrightarrow{BP}\ /\!/\ \overrightarrow{BQ}$,易得

$$12m-4m^2-9=12n-4n^2-9$$

又 $m\neq n$,所以 $m+n=3$.

故线段 MN 中点过定点 $(0,3)$,得证.

评析 此法先明确待证式,再将 $AM:y=m(x+2)$ 与 C 的方程联立,求出点 P 的坐标,得出向量 $\overrightarrow{BP}$,同一法得出点 Q 的坐标,得出向量 $\overrightarrow{BQ}$,巧借向量共线得出 $m+n=3$,完成证明.这很好地体现了圆锥曲线与向量知识的交汇考查.这是对知识应用及思维能力的更高要求,非一朝一夕之功.

视角4 曲线系

解法6 借助曲线系巧妙消元代点求解

结合解法5,经过3点的二次曲线为

$$[y-m(x+2)][y-n(x+2)]=0$$

即

$$y^2-(m+n)(x+2)y+mn(x+2)^2=0$$

由 $C:\dfrac{y^2}{9}-\dfrac{x^2}{4}=1$,变形得

$$y^2=\dfrac{9}{4}(x+2)(2-x)$$

消去 y^2,得

$$\dfrac{9}{4}(x+2)(2-x)-(m+n)(x+2)y+mn(x+2)^2=0$$

显然 $x\neq-2$,所以

$$\dfrac{9}{4}(2-x)-(m+n)y+mn(x+2)=0$$

即为 PQ 的直线方程,过点 $(-2,3)$,代入整理并求解得 $m+n=3$.

故线段 MN 中点过定点 $(0,3)$,得证.

评析 曲线系在教材中有涉及,只是平时使用较少,所以大家并不熟悉,从以上解答来看,若能理解、掌握并应用到解题中去,确实有不一样的效果,大家可以根据需要选择!

4. 尝试推广

此题的出题背景本质上就是极点、极线,可以推广得到以下两个结论.

结论 1 已知椭圆 C 的方程为 $\dfrac{x^2}{a^2}+\dfrac{y^2}{b^2}=1(a>b>0)$,左顶点为 $A(-b,0)$,上顶点为 $B(0,a)$.过点 $B(-b,a)$ 的直线交椭圆 C 于 P,Q 两点,直线 AP,AQ 与 y 轴的交点分别为 M,N,证明:线段 MN 的中点为定点 $(0,a)$.

结论 2 已知椭圆 C 的方程为 $\dfrac{x^2}{a^2}+\dfrac{y^2}{b^2}=1(a>b>0)$,左顶点为 $A(-b,0)$,上顶点为 $B(0,a)$.过点 $B(-b,a)$ 的直线交椭圆 C 于 P,Q 两点,直线 BP,BQ 与 x 轴的交点分别为 M,N,证明:线段 MN 的中点为定点 $(-b,0)$.

以上是焦点在 y 轴上的椭圆的一般结论.对于焦点在 x 轴上的椭圆的一般结论,大家可以参照得出,不再赘述.

5. 试题链接

(1)[2022年普通高等学校招生全国统一考试数学(理科)(乙卷)第20题]已知椭圆 E 的中心为坐标原点,对称轴为 x 轴,y 轴,且过 $A(0,-2)$,$B\left(\dfrac{3}{2},-1\right)$ 两点.

①求 E 的方程;

②设过点 $P(1,-2)$ 的直线交 E 于 M,N 两点,过 M 且平行于 x 轴的直线与线段 AB 交于点 T,点 H 满足 $\overrightarrow{MT}=\overrightarrow{TH}$,证明:直线 HN 过定点.

评析 同一法求解是本次真题中所用到的方法,包括直线过定点问题,只是设置的问

题情境不尽相同.因此,在平时的学习及高考复习备考中,我们一定要关注和积累一些通性通法,所谓万变不离其宗,很多试题均可以追本溯源,不管在知识上还是方法上,都有异曲同工之妙!

(2)(2023年模拟试题)已知椭圆 $C: \dfrac{x^2}{4}+y^2=1, P(0,1)$,设直线 L 不经过点 P,且与 C 相交于 A,B 两点,若直线 PA 与 PB 的斜率之和为-1,求证:直线 L 过定点.

评析 该题是比较典型的已知斜率之和为定值,证明直线过定点问题,可以利用常规方法求解,也可以利用平移齐次化或构造齐次化求解.相信大家只要学会整合与反思,一定能有收获!

6. 结束语

高中圆锥曲线的试题对学生思维能力及计算能力的要求都很高,教师在教学时要把握好重、难点,循序渐进,保证学生在夯实基础的前提下,逐步提高难度.在教学过程中,建议教师结合学生的学情来规划教学的进度和难易程度,耐心细致地解答学生提出的问题及计算中的盲点及卡点;同时还需要有意识地培养学生的数形结合的能力,从而稳步提高圆锥曲线的教学效率.

在全面推行素质教育的今天,新一轮国家教育课程改革之际,对新教材、学生新的学习方式的研究与探讨显得尤为重要.只有充分发挥青年一代的数学素养,才能提高全民素质,造就新一代的高质量新型人才[1]!

参 考 文 献

[1] 曹才翰,章建跃.数学教育心理学[M].2版.北京:北京师范大学出版社,2006.

8.8 变式教学 践行深度学习

摘 要:数学教学的根本目的是培养学生的创新意识和创新能力.实行新课程改革以来,如何逐步实现减负增效,提高课堂教学效率,减轻学生的负担,增进学生的数学学习兴趣,这是亟待解决的问题.教师在教学中应该让学生体验思考的过程,重视学生思维能力的培养,而变式教学对提高学生思维能力、应变能力是大有裨益的.另外,在教学中,我们要鼓励学生大胆创新,不要过于禁锢学生的思维,让学生在比较中学会甄别合适的方法.

关键词:习题;变式;拓展

1. 习题呈现

[普通高中课程标准实验教科书数学选修2-1(A版)第37页习题2.1 A组第3题]两

个定点的距离为 6,点 M 到这两个定点的距离的平方和为 26,求点 M 的轨迹方程[1].

题目简析 本题是一道常规题,根据求轨迹的一般操作流程,将定直线放在坐标轴上,对称建系.设两定点为 A,B,则 $|AB|=6$,以 AB 所在的直线为 x 轴,线段 AB 的中点 O 为原点,建立平面直角坐标系,易得 $A(-3,0),B(3,0)$.设 $M(x,y)$,且

$$|AM|^2+|BM|^2=26$$

结合两点间的距离公式可得

$$[(x+3)^2+y^2]+[(x-3)^2+y^2]=26$$

化简得

$$x^2+y^2=4$$

从求解过程可知化简前后解集相同.

故所求轨迹方程为 $x^2+y^2=4$.

评析 此题需要建立适当的直角坐标系,设点,列方程,化简(注意查漏除杂)即可.为了强化学生对于此种题型的解题方法的熟练程度,笔者稍微改变了一下数据,没想到竟然有了意外的收获,同时也引出了另一道思维拓展题,还有其他问题的思考,现分享如下.也期待更多的教师和学生在教与学中碰撞出更多的思维火花.

2. 变式探究

两个定点的距离为 6,点 M 到这两个定点的距离的平方和为 36,求点 M 的轨迹方程.

解法 1(直接法) 设两定点为 A,B,则 $|AB|=6$,以 AB 所在的直线为 x 轴,线段 AB 的中点 O 为原点,建立平面直角坐标系,易得 $A(-3,0),B(3,0)$.设 $M(x,y)$,且

$$|AM|^2+|BM|^2=36$$

结合两点间的距离公式可得

$$[(x+3)^2+y^2]+[(x-3)^2+y^2]=36$$

化简得

$$x^2+y^2=9$$

从求解过程可知化简前后解集相同.

故所求轨迹方程为 $x^2+y^2=9$.

但有学生以数学的敏感性发现了该题中有特殊数量关系,即 $|AM|^2+|BM|^2=36=|AB|^2$,所以点 M 在以 AB 为直径的圆上.

解法 2(定义法) 建系方法同解法 1,因为 $|AM|^2+|BM|^2=36=|AB|^2$,所以点 M 在以线段 AB 为直径的圆上,线段 AB 中点为坐标原点 O,所以点 M 的轨迹是以 O 为圆心、$r=\frac{1}{2}|AB|=3$ 为半径的圆.

故所求轨迹方程为 $x^2+y^2=9$(两定点也符合题意).

(既然发现了 $|AM|^2+|BM|^2=36=|AB|^2$,笔者进一步启发学生,是否还有别的求解方法.通过思考与交流以及数形结合,共同得出如下的解法.)

解法 3(利用斜率关系求解) 结合解法 2,当点 M 异于 A,B 两点时,$AM \perp BM$,且斜率均存在,所以 $k_{AM} \cdot K_{BM}=-1$,建系同解法 1,可得

$$\frac{y}{x+3} \cdot \frac{y}{x-3} = -1, x \neq \pm 3$$

化简整理得

$$x^2 + y^2 = 9, x \neq \pm 3$$

验证可知,当点 M 与 A 或 B 重合时,也满足题意.

综上可得,所求轨迹方程为 $x^2 + y^2 = 9$.

解法 4(利用向量关系求解) 结合解法 2,当点 M 异于 A,B 两点时,$AM \perp BM$,所以 $\overrightarrow{AM} \cdot \overrightarrow{BM} = 0$. 建系同解法 1,则 $\overrightarrow{AM} = (x+3, y), \overrightarrow{BM} = (x-3, y)$,故可求得

$$x^2 + y^2 = 9, x \neq \pm 3$$

下同解法 3.

解法 5(利用直角三角形的性质求解) 结合解法 2,当点 M 异于 A,B 两点时,OM 为直角 $\triangle AMB$ 中斜边上的中线,$|OM| = \frac{1}{2}|AB| = 3$,满足圆的定义,下同解法 2.

评析 解法 1 是利用题设中的几何关系列方程,化简即得;而解法 2 关注到了数量关系中的特殊性,想到了直角三角形,当然需要在纯粹性与完备性上做一点说明;而解法 3 至解法 5 是受到解法 2 的启发,将其他的知识进行了很好的融合,这也正好体现了各模块知识的相互关联性.

接下来的拓展思维题恰好与刚才的求解思路不谋而合.

3. 乘胜追击

直角 $\triangle AMB$ 斜边 AB 长为 4,求直角顶点 C 的轨迹方程.

分析 由题设 $|AB| = 4$,以 AB 所在的直线为 x 轴,线段 AB 的中点 O 为原点,建立平面直角坐标系,易得 $A(-2,0),B(2,0)$.

设 $C(x,y)$,则有以下 4 种策略求解.

策略 1 满足勾股定理 $|AC|^2 + |BC|^2 = |AB|^2$,直接法求解;或转化为点 C 在以线段 AB 为直径的圆上,线段 AB 中点为 O,为圆心,也可完成求解.

策略 2 $k_{AC} \cdot k_{BC} = -1$.

策略 3 $\overrightarrow{AM} \cdot \overrightarrow{BM} = 0$.

策略 4 $|OC| = \frac{1}{2}|AB| = 2$.

以上策略均可得 $x^2 + y^2 = 4$,但当 C 与 A,B 重合时,不能构成三角形.

故可求得 $x^2 + y^2 = 4(x \neq \pm 2)$.

评析 此题的条件比上面的变式题更显性一些,另外轨迹所构成的是直角三角形,故需要除杂. 相比较而言,变式题在使用解法 2 至解法 5 解题时,需要查漏,通过深入探讨及数形结合,我们可以逐步完善解题过程的完备性,做到不重不漏.

4. 百花齐放,建系探寻

在利用以上解法解答完思维拓展训练题后,有学生提出,能否将定线段放在 y 轴上,笔

者没有制止,而是让学生尝试,比较差异,简解如下.

由题设 $|AB|=4$,以 AB 所在的直线为 y 轴,线段 AB 的中点 O 为原点,建立平面直角坐标系,易得 $A(0,-2)$,$B(0,2)$.

设 $C(x,y)$,则以上策略均可使用:求得 $x^2+y^2=4$,不同点在于 A,B 两点在 y 轴上,所以 $y\neq\pm2$. 即本质上一样,将圆 $x^2+y^2=4$ 上的两点 A,B 剔除即可.

另外,也有同学尝试将点 A 作为坐标原点建系,此时 $A(0,0)$,$A(4,0)$,尝试以上几种求解策略,可得方程为 $(x-2)^2+y^2=4$. 要构成三角形,同样需要剔除 A,B 两点即可,只是方程没有对称建系简洁.

尝试比较之后,教师需要给学生重新定位一下,大多数需要建系求解的轨迹方程,还是对称建系更简洁,习惯上把定直线放在 x 轴上. 这样做,一方面让学生的想法得到了印证,另一方面让学生在比较中学会鉴别.

5. 教学反思

在以往的学习过程中,做完演示实验,教师们都是很自然地引导学生对称建系,推导求出一种形式,然后类比得出抛物线的 4 种很简洁的形式,学生有时候可能不知所以然. 也见到有些公开课授课教师在不限定的情况下,有的学生得出了不够简洁的形式,进行对照后,学生也就明白了为何要按教材上的方法建系了,记忆自然也就深刻了. 其实就是在得出结论之前,关注一下概念及公式的生成和构建过程,学生参与了,有比较,哪怕走一些弯路,也比教师们苦口婆心地告诉学生这样做有多好要好得多,毕竟事实胜于雄辩!

6. 结束语

数学家波利亚说过这样一句话:"掌握数学意味着什么呢? 意味着善于解题." 从某种意义上说,数学修养等同于解题能力. 解题教学是数学教学活动的一个重要内容,但就题论题、题海战术显然早已不能适应新课程所倡导的素质教育理念,改革教学方法已成为当前数学教师的当务之急. 如果能在解题教学中进行恰当的变式训练,就能使学生触类旁通,锻炼学生发现问题、分析问题和解决问题的能力,进而有效地减轻学生的学业负担,提高数学的教学质量[2]. 同时,我们在教学中也要适当拓展学生的思维,适当留白,让学生多思考、多探索,培养学生的创新思维,在合适的试题中进行变式训练,逐步提高学生的解题能力.

参 考 文 献

[1]   人民教育出版社,课程教材研究所中学数学课程教材研究开发中心. 普通高中课程标准实验教科书数学选修 2-1(A 版)[M]. 2 版. 北京:人民教育出版社,2007.

[2]   卓英. 重视高中数学解题教学中的变式训练[J]. 福建基础教育研究,2011(11):91-92.

8.9 变式教学有效性实践研究

1. 问题的提出

笔者曾在高三复习课中遇到这样一道题：已知 MN,PQ 是过抛物线 $y^2=4x$ 的焦点 F 的两条互相垂直的弦，则 $|MN|+|PQ|$ 的最小值为_____. 本以为学生会完成得很不错的，因为这就是弦长之和求最值的问题，结果却出乎意料，学生做得不是方法不好就是运算不对，正确率仅 0.1. 于是笔者和学生开展了深入探究，对问题本身及邻近区域进行了挖掘. 首先寻找题目的生长点，利用恰当的办法解决它，其次依据问题实质推而广之，变式训练，最后总结提升.

2. 问题的解决

课堂上，笔者并没有把完成情况告诉学生，而是让学生自愿展示自己的解答. 大家都积极踊跃地交流.

学生甲：显然两条线所在直线均存在斜率且不为 0，设直线 MN 的斜率为 k，则其方程为
$$y=k(x-1)$$
将其代入 $y^2=4x$ 得
$$k^2x^2-(2k^2+4)x+k^2=0$$
设 $M(x_1,y_1),N(x_2,y_2)$，则
$$x_1+x_2=\frac{2k^2+4}{k^2},x_1x_2=1$$
则
$$|MN|=\sqrt{\frac{(2k^2+4)^2}{k^4}-4}=\frac{4\sqrt{1+k^2}}{k^2}$$
同理，$|PQ|=4|k|\sqrt{1+k^2}$. 于是
$$|MN|+|PQ|=\frac{4\sqrt{1+k^2}}{k^2}+4|k|\sqrt{1+k^2}=?$$
学生甲被困在这里了.

评析 这是最容易想到的办法，但是到最后却遇到复杂的函数问题，说明我们的直线形式选择可能有问题. 由于知道直线 MN 的横截距为 1，不妨用 $x=ty+1$ 试试.

学生乙：和甲同学一样，把直线代入曲线，结合韦达定理由弦长公式得
$$|MN|=2\sqrt{4t^2+1},|PQ|=\frac{2\sqrt{4+t^2}}{|t|}$$

于是

$$|MN| + |PQ| = 2\sqrt{4t^2+1} + 2\frac{\sqrt{4+t^2}}{|t|} = ?$$

学生乙也没做完.

评析 这也是一种常见办法,但是到最后还是遭遇了函数阻拦,说明我们的直线形式选择依然需要调整. 直线参数方程对于求弦长是较为简洁的,不妨再试试.

学生丙:设直线 MN 的参数方程为

$$\begin{cases} x = 1 + t\cos\theta \\ y = t\sin\theta \end{cases} (t \text{ 为参数})$$

将其代入 $y^2 = 4x$ 得

$$t^2\sin\theta - 4\cos\theta t - 4 = 0$$

由弦长公式得 $|MN| = \dfrac{4}{\sin^2\theta}$.

同理,$|PQ| = \dfrac{4}{\cos^2\theta}$,所以

$$|MN| + |PQ| = \frac{4}{\sin^2\theta} + \frac{4}{\cos^2\theta} = \frac{16}{\sin^2 2\theta} \geq 16$$

评析 这是一种不错的办法,运算量不算太大,还顺利走到了尽头(此处可以有掌声).这说明直线方程的选择很重要. 其实参数方程的孪生"兄弟"极坐标也是求弦长的得力干将.

学生丁:由极坐标中抛物线焦半径公式得

$$|MN| = |MF| + |NF| = \frac{2}{1-\cos\theta} + \frac{2}{1+\cos\theta} = \frac{4}{\sin^2\theta}$$

同理,$|PQ| = \dfrac{4}{\cos^2\theta}$,所以

$$|MN| + |PQ| = \frac{4}{\sin^2\theta} + \frac{4}{\cos^2\theta} = \frac{16}{\sin^2 2\theta} \geq 16$$

评析 以上解法告诉我们,入口影响过程,入口决定出口. 在学习中,我们要有意识进行归类总结,没有一种办法是万能的,只有因题而异,因地制宜,选择恰当的方法才能立于不败之地.

波利亚说过:"中学数学教学的首要任务是加强解题训练."但是数学教师如何才能让教学不掉入"题海"之中,关键在于对问题的全面深入研究. 我们不能解完题就结束了,还要在条件、结论、提问方面展开变式研究,以充分利用现在已有的知识平台、思维平台,让学习充满激情、充满挑战,使每一道题发挥它的训练价值,使学生能举一反三,触类旁通. 下面我们就本题做一些变式探究.

3. 问题的变式

(1)曲线变化型变式

变式 1 证明:已知 MN,PQ 是过抛物线 $y^2 = 2px$ 的焦点 F 的两条互相垂直的弦,则 $|MN|+|PQ|$ 的最小值为 $8p$.

略解 结合直线参数方程有

$$|MN| = \frac{2p}{\sin^2\theta}, |PQ| = \frac{2p}{\cos^2\theta}, |MN|+|PQ| = \frac{2p}{\sin^2\theta}+\frac{2p}{\cos^2\theta} = \frac{8p}{\sin^2 2\theta} \geqslant 8p$$

椭圆中也存在同样的问题.

变式 2 已知 MN,PQ 是过椭圆 $\dfrac{x^2}{a^2}+\dfrac{y^2}{b^2}=1$ 的右焦点 F 的两条互相垂直的弦,证明:

$|MN|+|PQ|$ 的最小值为 $\dfrac{8ab^2(2b^2+c^2)}{4b^4+4b^2c^2+c^4}$. (请读者完成)

评析 这一类问题的本质都是焦点弦引发的函数问题,但是函数类型相去甚远,求最值的办法也大相径庭,需要学生有扎实的功底,强大的运算能力.

(2)问题迁移型变式

垂直相交弦长的临近问题就是由弦端点确定的四边形面积问题,有案可查,2006 年、2007 年、2008 年、2009 年、2010 年、2013 年、2016 年全国卷,都以大题或小题的形式出现过.因此我们有必要研究一下这方面的问题.

变式 1 已知 MN,PQ 是过抛物线 $y^2 = 2px$ 的焦点 F 的两条互相垂直的弦,则 S_{MPNQ} 的最小值为_____.

略解 因为 $|MN| = \dfrac{2p}{\sin^2\theta}$, $|PQ| = \dfrac{2p}{\cos^2\theta}$,所以

$$S_{MPNQ} = \frac{2p^2}{\sin^2\theta\cos^2\theta} \geqslant 8p^2$$

变式 2 已知 MN,PQ 是过椭圆 $\dfrac{x^2}{a^2}+\dfrac{y^2}{b^2}=1$ 的右焦点 F 的两条互相垂直的弦,试求 S_{MPNQ} 的最值. (请读者完成)

变式 3 已知 MN,PQ 是过圆 $x^2+y^2=r^2$ 内一点 $A(a,b)$ 的两条互相垂直的弦,试求 S_{MPNQ} 的最值. (请读者完成)

评析 这一类问题,往往可以借助弦长求"类筝形"面积,构造函数是最常见的办法,也有其他辅助办法,如均值不等式解答变式 3 就比较便捷.

(3)定点型变式

在抛物线中,当两弦所过的定点变为原点后,往往派生出定点问题. 这也是高考命题专家青睐的点位,借助数量积可以很好地处理这类问题. 下面做一个梳理.

变式 1 已知 P,Q 是抛物线 $y^2 = 2px$ 的两个动点,OP,OQ(O 为坐标原点)是两条互相垂直的弦,则 PQ 过定点_____.

解 设 $P(2pt_1^2,2pt_1)$, $Q(2pt_1^2,2pt_2)$,则

$$k_{PQ} = \frac{1}{t_1 + t_2}$$

所以

$$\overrightarrow{OP} \cdot \overrightarrow{OQ} = 4p^2(t_1 t_2)^2 + 4p^2 t_1 t_2 = 0, t_1 t_2 = -1$$

直线 PQ：

$$y - 2pt_1 = \frac{1}{t_1 + t_2}(x - 2pt_1^2)$$

即

$$(t_1 + t_2)y - x + 2p = 0 (2,0)$$

所以直线 PQ 过定点 $(2p,0)$.

反之，也成立吗？

变式 2 已知 P,Q 是抛物线 $y^2 = 2px$ 的两个动点，直线 PQ 恒过定点 $(2p,0)$，试证明：$OP \perp OQ$（O 为坐标原点）.

此命题也可表示为：如果 P,Q 是抛物线 $y^2 = 2px$ 的两个动点，直线 PQ 恒过定点 $(2p,0)$，那么以线段 PQ 为直径的圆经过原点.

事实上，这个逆命题也成立，请读者证明. 值得关注的是此命题在 2005 年北京春季高考和 2017 年普通高等学校招生全国统一考试（新课标 Ⅲ）理科数学中有考查. 后者题为："已知抛物线 $C: y^2 = 2x$，过点 $(2,0)$ 的直线 l 交 C 于 A,B 两点，圆 M 是以线段 AB 为直径的圆.（1）证明：坐标原点 O 在圆 M 上；（2）设圆 M 过点 $P(4,-2)$，求直线 l 与圆 M 的方程."

由互相垂直的弦得到了 $\overrightarrow{OP} \cdot \overrightarrow{OQ} = 0$，进而得到定点. 若 $\overrightarrow{OP} \cdot \overrightarrow{OQ}$ 为其他值呢，是否有类似结论呢？换言之，是否也有定点出现呢？

变式 3 已知 P,Q 是抛物线 $y^2 = 2px$ 的两个动点，满足 $\overrightarrow{OP} \cdot \overrightarrow{OQ} = -p^2$，证明直线 PQ 过定点 $(p,0)$. 反之也成立.（请读者完成）

变式 4 已知 P,Q 是抛物线 $y^2 = 2px$ 的两个动点，满足 $\overrightarrow{OP} \cdot \overrightarrow{OQ} = -\frac{3}{4}p^2$，证明直线 PQ 过定点 $\left(\frac{p}{2},0\right)$ 或 $\left(\frac{3p}{2},0\right)$. 反之也成立.（请读者完成）

类似问题在 2006 年上海高考数学试卷［第 20 题第（1）问］中考查过：在平面直角坐标系 xOy 中，直线 l 与抛物线 $y^2 = 2x$ 相交于 A,B 两点. 求证："如果直线 l 过点 $T(3,0)$，那么 $\overrightarrow{OA} \cdot \overrightarrow{OB} = 3$" 是真命题.

评析 这类问题若与数量积紧密结合，恰好是平面向量强大功能的体现. 高考题中经常出现圆锥曲线与平面向量交汇题. 例如，2017 年普通高等学校招生全国统一考试（新课标 Ⅱ）理科数学第 20 题：设 O 为坐标原点，动点 M 在椭圆 $C: \frac{x^2}{2} + y^2 = 1$ 上，过 M 作 x 轴的垂线，垂足为 N，点 P 满足 $\overrightarrow{NP} = \sqrt{2}\overrightarrow{NM}$.

（1）略；

（2）设点 Q 在直线 $x = -3$ 上，且 $\overrightarrow{OP} \cdot \overrightarrow{PQ} = 1$. 证明：过点 P 且垂直于 OQ 的直线 l 过 C 的

左焦点 F.

（4）变角型说明

以上问题会不会出现两弦夹角非直角的情况呢？我们认为，一般情况下不会出现，原因是两弦所在直线斜率非特殊关系，后续工作难以推进.

苏联教育家斯托利尔说过："数学教学是数学思维活动的教学."我们在教学中要激活学生的思维，一题多解能提高思维的广阔性，变式教学能提高思维的灵活性，集体研修能提高思维的创造性. 只有提高学生的数学思维品质，才能培养学生分析问题和解决问题的能力，达到为学生减负的目的，获得"做一题，会一片，懂一类"的效果. 只有这样，我们才能保证教学的有效性.

8.10　从几何角度研究离心率

——以一道双曲线习题为例

摘　要：解析几何中，从不同角度审视几何关系可以发现不同的数量关系，这既有利于开拓思维，还有利于优化解题策略，以便找到方便快捷的解题方法，对于提高学生的解题能力大有裨益.

关键词：几何关系；离心率；策略

1. 题目呈现

已知双曲线 $\frac{x^2}{a^2}-\frac{y^2}{b^2}=1(a>0,b>0)$ 的一条渐近线与圆 $x^2+(y-2\sqrt{3})^2=4$ 交于 A,B 两点，若 $|AB|=2$，则该双曲线的离心率为　　　　　　（　　　）

A. $\frac{2\sqrt{3}}{3}$ 　　　　　　B. $\sqrt{3}$ 　　　　　　C. 2 　　　　　　D. 4

2. 总体分析

此题是 2022 年高考备考习题，通过初步分析题目，很容易理解为直线（渐近线）与圆的位置关系的常规题，从而选择解题模型中的直角三角形来求解. 事实上，本题可以选择直接利用弦长公式求解，因为直线（渐近线）过坐标原点，消 x 或消 y 原则上均可；直线过定点——原点，可设直线的参数方程，利用参数的几何意义完成解答；也可利用极径的几何意义来解答；基于图像的对称性，还可以数形结合来快速完成解答.

3. 试题解答

视角 1　利用直线与圆的位置关系，借助直角三角形求解

解法 1　取双曲线的一条渐近线：$bx+ay=0$，记圆为 M.

由圆 $M:x^2+(y-2\sqrt{3})^2=4$ 的方程可知,圆心为 $M(0,2\sqrt{3})$,半径 $r=2$.

而弦长 $|AB|=2$,所以圆心 $M(0,2\sqrt{3})$ 到弦 AB 的距离为

$$d=\sqrt{r^2-\left(\frac{|AB|}{2}\right)^2}=\sqrt{3}$$

由点到直线的距离公式得

$$d=\frac{2\sqrt{3}\,a}{\sqrt{b^2+a^2}}=2$$

结合 $c^2=a^2+b^2$ 及 $e=\dfrac{c}{a}$,解得 $e=2$.

评析 解法 1 是常规解法,只要熟悉直线与圆的位置关系,涉及弦长问题,教师都会引导学生优先向这个方向思考和解答,解题稍微熟练一点的学生基本上也会不假思索地选择此法.

如果此题分析到此结束,其实只是就题解题,缺乏了必要的思考,也扼杀了部分好学生的思考和思维的历练,下面笔者和大家进一步分析与解答.

视角 2　直接利用弦长公式求解

解法 2 不妨取渐近线方程为

$$y=\frac{b}{a}x$$

联立 $\begin{cases} y=\dfrac{b}{a}x \\ x^2+(y-2\sqrt{3})^2=4 \end{cases}$,消去 y,结合 $c^2=a^2+b^2$,得

$$\frac{c^2}{a^2}x^2-\frac{4\sqrt{3}}{a}bx+8=0$$

由根与系数的关系得

$$x_1+x_2=\frac{4\sqrt{3}\,ab}{c^2},x_1x_2=\frac{8a^2}{c^2}$$

由弦长公式

$$|AB|=\sqrt{1+\left(\frac{b}{a}\right)^2}\cdot\sqrt{(x_1+x_2)^2-4x_1x_2}$$

代入整理得 $3c^2=4b^2$,解得 $e=2$.

解法 3 将其中一条渐近线化为

$$x=\frac{a}{b}y$$

联立 $\begin{cases} x=\dfrac{a}{b}y \\ x^2+(y-2\sqrt{3})^2=4 \end{cases}$,消去 x,结合 $c^2=a^2+b^2$,得

$$\frac{c^2}{b^2}x^2-4\sqrt{3}y+8=0$$

由根与系数的关系得

$$y_1+y_2=\frac{4\sqrt{3}b^2}{c^2},y_1y_2=\frac{8b^2}{c^2}$$

由弦长公式

$$|AB|=\sqrt{1+\left(\frac{a}{b}\right)^2}\cdot\sqrt{(y_1+y_2)^2-4y_1y_2}$$

代入整理得 $3c^2=4b^2$,解得 $e=2$.

评析 弦长公式是直线与圆锥曲线的位置关系中涉及求弦长问题时的通用方法,自然牵涉到直线与圆的弦长问题时也是可用的,只不过计算过程较为烦琐一些.其实在平时的教学过程中,进行相关试题解答时,笔者发现还是会有少部分同学选择利用弦长公式求解,原因是他们对几何关系的熟练程度不够,认为联立方程思维量更小一些,接下来就是代入计算的问题,这就对我们数学核心素养中的运算求解能力提出了更高的要求.另外,联立后消 x 还是消 y,取决试题中消哪一个变量求解更方便和更简洁一些,尤其是椭圆、双曲线与直线的相交弦问题.

视角3 借助参数的几何意义求解

解法4 不妨取渐近线方程为

$$y=\frac{b}{a}x$$

设直线的参数方程为

$$\begin{cases}x=t\cos\alpha\\y=t\sin\alpha\end{cases}(\alpha\text{ 为参数})$$

且

$$\tan\alpha=\frac{b}{a}$$

代入圆 M:

$$x^2+(y-2\sqrt{3})^2=4$$

整理得

$$t^2-4\sqrt{3}t\sin\alpha+8=0$$

设 A,B 的参数分别为 t_1,t_2,则

$$t_1+t_2=4\sqrt{3}\sin\alpha,t_1t_2=8$$

由参数的几何意义可得

$$|t_1-t_2|=\sqrt{(t_1+t_2)^2-4t_1t_2}=\sqrt{(4\sqrt{3}\sin\alpha)^2-32}=2$$

解得 $\sin^2\alpha=\frac{3}{4},\cos^2\alpha=\frac{1}{4}$.

所以 $\tan^2\alpha=\left(\frac{b}{a}\right)^2=3$,求得 $e=2$.

评析 由于直线过坐标原点,所以可设直线的参数方程,代入圆 M 的方程中,化简整理,利用参数的几何意义将弦长表示出来,通过相关联系,能达到求解的目的.不过相对于

利用参数方程来求解的诸多题目来讲,此题直线的倾斜角并不明确,而仅仅知道直线的斜率为 $\frac{b}{a}$,所以要想让学生理解和应用,还需要教师讲清楚直线参数方程的几何意义以及相应的参变量,这样才能让学生弄通悟透,不至于望而却步.

视角4 利用极坐标中极径的几何意义求解

解法5 在直角坐标系中,以原点为极点,以 x 轴的正半轴为极轴,建立极坐标系.

设渐近线 $y=\frac{b}{a}x$ 的极坐标为 (ρ,θ),且 $\tan\theta=\frac{b}{a}$.

圆 $M:x^2+(y-2\sqrt{3})^2=4$ 可化为

$$x^2+y^2-4\sqrt{3}y+8=0$$

由 $x=\rho\cos\theta,y=\rho\sin\theta$ 易得

$$\rho^2-4\sqrt{3}\rho\sin\theta+8=0$$

设点 A,B 的极坐标分别为 $A(\rho_1,\theta),B(\rho_2,\theta)$,则

$$\rho_1+\rho_2=4\sqrt{3}\sin\theta,\rho_1\rho_2=8$$

由极径的几何意义可得

$$|\rho_1-\rho_2|=\sqrt{(\rho_1+\rho_2)^2-4\rho_1\rho_2}=\sqrt{(4\sqrt{3}\sin\theta)^2-32}=2$$

解得 $\sin^2\theta=\frac{3}{4},\cos^2\theta=\frac{1}{4}$.

所以 $\tan^2\theta=\left(\frac{b}{a}\right)^2=3$,求得 $e=2$.

评析 此解法充分利用极径的几何意义求解,过程简洁,且与参数方程有相通之处.虽然在一些新高考地区,这部分内容已经不作要求,但作为教师来说,还是有必要将各种方法融会贯通,以提升教师的专业素养.

4. 关于深度教学与深度学习的再认识

深度学习的内涵:在教师的引领下,学生围绕着具有挑战性的学习主题,全身心参与、体验成功,获得发展的有意义的主动学习的过程.

高中数学作为一门基础和复杂学科,需要学生进行高效率的学习,才能熟练掌握数学知识.为了更好地优化教学质量,提升教学效率,高中数学教师需要在教学中引导学生掌握深度学习模式,从而引发学生学习的积极性,培养学生良好的理性思维.教师在讲题过程中,一定要善于引导与启发学生,不要急于给出解答方法,让学生去试错、去比较,让学生在解题中不断思考、拓展自己的思维,提高解题能力,同时在各种不同方法的比较中寻找解某一道题的最佳解法,达到深度学习的效果.

高中生核心素养的培养离不开深度学习模式,而核心素养的培养又能进一步推动学生的深度学习能力,二者相辅相成;同时,高中生深度学习能力的培养与教师的深度教学水平息息相关,我们要革新陈旧的教学思想,采用多元化的教学模式,从服务学生、培养核心素养等途径强化高中生的深度学习意识[2].

参考文献

[1] 易文辉. 基于"深度学习"的高中数学教学思考[J]. 数学教学通讯,2019(21):3–5,20.

[2] 王琪. 学习困惑,打开深度学习大门的钥匙:基于对高中数学教学的思考[J]. 数学教学通讯,2019(21):58–59.

8.11 对一道高考解析几何试题的探究与拓展

摘 要:有些题目表面上看起来平淡无奇,实际上却有丰富的内涵. 我们可以研究其最优解法,讨论其纯粹性、完备性,拓展得到更一般的结论或相关结论,寻找其与从前高考题目的关联性,探索其源题目.

关键词:高考题;一题多解;合理猜想;发散思维

每一道高考题都深入考查了某一知识领域或某几个知识领域,凝聚着命题专家的智慧. 有些题目表面上看起来平淡无奇,实际上却有丰富的内涵. 之所以如此,是因为我们没有领悟到专家的良苦用心. 比如,是否找到了最优解法?是否弄明白了问题的纯粹性、完备性?是否可以拓展得到更一般的结论或相关结论?是否发现本题与从前高考题目的关联性?是否发现本题与教材题目的关联性?下面我们来全面地研究一道看似简单的高考题,体会高考题的博大精深.

1. 原题呈现 一题多解

题目 [2017年普通高等学校招生全国统一考试(新课标Ⅲ)理科数学第20题]已知抛物线 $C:y^2=2x$,过点$(2,0)$的直线l交C于A,B两点,圆M是以线段AB为直径的圆.

(1)证明:坐标原点O在圆M上;

(2)略.

分析 本题以直线与抛物线相交为背景,考查学生关于解析几何的基本技能和技巧. 只要学生有一定基础都能较好地完成,难度较小. 此题蕴含着丰富的教学素材,可以作为一个典型例题讲解,以全面提升学生的能力.

解法1 由于直线l的斜率可能存在,也可能不存在,因此我们必须分类讨论,分别完成证明. 不失一般性,设点A在第一象限,点B在第四象限. 当直线l的斜率不存在时,其方程为$x=2,A(2,2),B(2,-2),\overrightarrow{OA}=(2,2),\overrightarrow{OB}=(2,-2),\overrightarrow{OA}\cdot\overrightarrow{OB}=4-4=0$. 当直线$l$的斜率存在时,设其斜率为$k$,设其方程为$y=k(x-2)$,代入$y^2=2x$得

$$k^2x^2-(4k^2+2)x+4k^2=0$$

设 $A(x_1,y_1)$，$B(x_2,y_2)$，则

$$x_1+x_2=\frac{4k^2+2}{k^2},x_1x_2=4$$

易得 $\overrightarrow{OA}=(x_1,y_1)$，$\overrightarrow{OB}=(x_2,y_2)$，则

$$\begin{aligned}
\overrightarrow{OA}\cdot\overrightarrow{OB}&=x_1x_2+y_1y_2\\
&=(1+k^2)x_1x_2-2k^2(x_1+x_2)+4k^2\\
&=4(1+k^2)-2k^2\frac{4k^2+2}{k^2}+4k^2\\
&=4+4k^2-8k^2-4+4k^2\\
&=0
\end{aligned}$$

综上，$\overrightarrow{OA}\perp\overrightarrow{OB}$. 所以坐标原点 O 在圆 M 上.

以上解答以 $\overrightarrow{OA}\cdot\overrightarrow{OB}=0$ 为突破口，当然也可以以 $k_{OA}k_{OB}=-1$ 为突破口，可操作性也强.

解法 2 当直线 l 的斜率不存在时，$k_{OA}k_{OB}=\frac{2}{2}\cdot\frac{2}{-2}=-1$. 当直线 l 的斜率存在时，结合解法 1 有

$$k_{OA}k_{OB}=\frac{y_1}{x_1}\cdot\frac{y_2}{x_2}=\frac{k^2x_1x_2-2k^2x_1x_2+4k^2}{x_1x_2}=\frac{4k^2-8k^2-4+4k^2}{4}=1$$

所以 $OA\perp OB$，坐标原点 O 在圆 M 上.

解法 3 勾股定理也是本题的一个突破口.

$$|OA|^2+|OB|^2-|AB|^2=x_1x_2+y_1y_2$$

通过上述计算，无论直线 l 斜率存在与否，此式均等于 0，所以

$$|OA|^2+|OB|^2=|AB|^2$$

所以坐标原点 O 在圆 M 上.

以上解法都是圆锥曲线的基本处理办法，也是教学大纲、考试大纲的基本要求，作为基本功，我们不可忽视. 有没有更好的处理方式呢？答案是肯定的！

当直线的斜率和截距存在时，直线方程一般设为 $y=kx+b$. 当直线的斜率不确定，但横截距已知时，怎么设直线方程呢？我们用类比的思想，可以设直线方程为 $x=ty+a$，这样往往可避开讨论和减少运算. 因为 $t=0$ 时它表示的直线无斜率，$t\neq0$ 时它可以化成斜截式. 至于这种设法能否减少计算量，只有对比才知道. 下面实践一下.

解法 4 设直线方程为 $x=ty+2$，将其代入 $y^2=2x$ 得

$$y^2-2ty-4=0$$

所以

$$y_1+y_2=2t,y_1y_2=-4$$

而

$$x_1 x_2 = \frac{y_1}{2} \cdot \frac{y_2}{2} = \frac{(y_1 y_2)^2}{4} = 4$$

因此

$$\overrightarrow{OA} \cdot \overrightarrow{OB} = x_1 x_2 + y_1 y_2 = 0$$

所以 $\overrightarrow{OA} \perp \overrightarrow{OB}$，坐标原点 O 在圆 M 上.

2. 合理猜想 演绎证明

直线所经过的定点 $(2,0)$ 的横坐标是否就是抛物线 $y^2=2x$ 中通径长度呢？若是，就应该有下面的一般结论.

猜想1 如果 P,Q 是抛物线 $y^2=2px$ 的两个动点，且直线 PQ 过定点 $(2p,0)$，那么以线段 PQ 为直径的圆是否经过原点呢？

证明 设直线方程为 $x=ty+2p$，将其代入 $y^2=2px$ 得

$$y^2 - 2pty - 4p^2 = 0$$

所以

$$y_1 + y_2 = 2pt, y_1 y_2 = -4p^2$$

而

$$x_1 x_2 = \frac{y_1^2}{2p} \cdot \frac{y_2^2}{2p} = \frac{(y_1 y_2)^2}{4p^2} = 4p^2$$

因此

$$\overrightarrow{OA} \cdot \overrightarrow{OB} = x_1 x_2 + y_1 y_2 = 0$$

所以以线段 PQ 为直径的圆经过原点.

结论1 如果 P,Q 是抛物线 $y^2=2px$ 的两个动点，且直线 PQ 过定点 $(2p,0)$，那么以线段 PQ 为直径的圆经过原点.

此命题的逆命题是真命题吗？

猜想2 如果 P,Q 是抛物线 $y^2=2px$ 的两个动点，OP,OQ（O 为坐标原点）是两条互相垂直的弦，那么直线 PQ 是否过定点 $(2p,0)$ 呢？

证明 设 $P(2pt_1^2, 2pt_1), Q(2pt_2^2, 2pt_2), t_1 \neq t_2$，则

$$k_{PQ} = \frac{2pt_1 - 2pt_2}{2pt_1^2 - 2pt_2^2} = \frac{1}{t_1 + t_2}$$

因为

$$\overrightarrow{OP} \cdot \overrightarrow{OQ} = 4p^2(t_1 t_2)^2 + 4p^2 t_1 t_2 = 0$$

所以

$$t_1 t_2 = -1$$

直线 PQ：

$$y - 2pt_1 = \frac{1}{t_1 + t_2}(x - 2pt_1^2)$$

即

$$(t_1 + t_2)y - x + 2p = 0$$

所以直线 PQ 过定点 $(2p, 0)$.

当 $t_1 = t_2$ 时，$\triangle OPQ$ 是等腰直角三角形，设 $P(x_0, y_0)$，代入 $y^2 = 2px$ 得 $x_0 = 2p$，直线 PQ 依然过定点 $(2p, 0)$.

结论 2 如果 P, Q 是抛物线 $y^2 = 2px$ 的两个动点，OP, OQ（O 为坐标原点）是两条互相垂直的弦，那么直线 PQ 过定点 $(2p, 0)$.

3. 发散思维 硕果累累

在以上结论的基础上，我们还可以乘胜追击. 不难发现，以上两结论与抛物线的通径长 $2p$ 密切相关，而焦点也是抛物线的重要组成部分，过焦点的弦也应该有一些重要性质.

思考 1 已知抛物线 $y^2 = 2px$ 的焦点为 F，直线 PQ 过点 F，过坐标原点 O 作直线 PQ 的垂线，垂足为 M，M 的轨迹是什么？

事实上，$\triangle OMF$ 是斜边为 $\dfrac{p}{2}$ 的直角三角形. 于是 M 的轨迹是以 OF 为直径的圆（除去坐标原点）.

思考 2 已知抛物线 $y^2 = 2px$ 的焦点为 F，直线 PQ 过点 F，那么弦 PQ 的最小值是多少呢？

设直线 PQ 的参数方程为

$$\begin{cases} x = \dfrac{p}{2} + t\cos\alpha \\ y = t\sin\alpha \end{cases} \quad (t \text{ 为参数})$$

将其代入 $y^2 = 2px$ 得

$$t^2\sin^2\alpha - 2p\cos\alpha \, t - p^2 = 0$$

于是

$$t_1 + t_2 = \frac{2p\cos\alpha}{\sin^2\alpha}, \quad t_1 t_2 = -\frac{p^2}{\sin^2\alpha}$$

那么

$$|PQ| = \sqrt{(t_1 + t_2)^2 - 4t_1 t_2} = \sqrt{\left(\frac{2p\cos\alpha}{\sin^2\alpha}\right)^2 + \frac{4p^2}{\sin^2\alpha}} = \frac{2p}{\sin^2\alpha}$$

因此，$|PQ|_{\min} = 2p$.

思考 3 已知抛物线 $y^2 = 2px$ 的焦点为 F，直线 PQ 过点 F，点 Q 是坐标原点，那么 $\triangle OPQ$ 的面积最小值是多少呢？

结合思考 2，$|PQ| = \dfrac{2p}{\sin^2\alpha}$，点 O 到直线 PQ 的距离是 $\dfrac{p}{2}\sin\alpha$，因此

$$S_{\triangle OPQ}=\frac{1}{2}\cdot\frac{2p}{\sin^2\alpha}\cdot\frac{p}{2}\sin\alpha=\frac{p^2}{2\sin\alpha}$$

因此 $\triangle OPQ$ 的最小值是 $\dfrac{p^2}{2}$.

思考 4 已知抛物线 $y^2=2px$ 的焦点为 F,直线 PQ 过点 F,点 O 是坐标原点,那么 $\triangle OPQ$ 的周长最小值是多少?(有兴趣的同人可以详细探究一下)

4. 结束语

本题其实是由教材上的一道习题改装而得,仿佛有点简单,但是包含了很多知识,考查了好多技能. 就单说直线方程的形式,我们就有好几种,显然直线形式不同导致后续的运算也有繁有简. 定值、定点问题也得到了深入研究. 猜想是推动数学发展的重要途径,猜想也使问题更加深入而丰富. 正如波利亚所言:"解数学题就像采蘑菇一样,当我们发现一个蘑菇时,在它周围可能有一个蘑菇圈."因此,在我们教学的路途上风景无限好,请教师和同学们大胆猜想,精心雕琢,严谨证明,一定能品出数学的迷人芳香.

参 考 文 献

[1] 圣转红. 2018 年全国高考数学卷 I 理科数学 19 题的多种解法与推广[J]. 中学数学教学,2018(4):37-41.

8.12 对一道高考压轴选择题的解法探析

摘 要:解析几何作为压轴小题一般具有入口宽、上手易、突破难的特征. 只有选择恰当的视角,采用灵活的方法,通过超常规的手段,才能又快又对地作答. 平时多研究可以提高这方面的应试能力.

关键词:压轴;椭圆;解法

1. 题目呈现

[2019 年普通高等学校招生全国统一考试(全国 I 卷)文科数学第 12 题]已知椭圆 C 的焦点为 $F_1(-1,0)$,$F_2(1,0)$,过 F_2 的直线与 C 交于 A,B 两点. 若 $|AF_2|=2|F_2B|$,$|AB|=|BF_1|$,则 C 的方程为 （ ）

A. $\dfrac{x^2}{2}+y^2=1$　　B. $\dfrac{x^2}{3}+\dfrac{y^2}{2}=1$　　C. $\dfrac{x^2}{4}+\dfrac{y^2}{3}=1$　　D. $\dfrac{x^2}{5}+\dfrac{y^2}{4}=1$

2. 总体分析

本题要求椭圆的方程,由选项知所求方程为标准方程(不失一般性,设其长半轴长、短半轴长、半焦距分别为 a,b,c），由已知得 $c=1$，那么就是要确定参数 a,b. 而它们满足关系 $a^2=b^2+1$. 因此仅需要建立一个方程，求解参数. 达成这一目标的途径有两个：一个是通过椭圆定义找到 a，另一个是通过点 B 的坐标代入椭圆方程建立参数的方程解得 a 或 b，进而求得 b 或 a.

3. 解题起步

本题中 A,B 两点在椭圆上，已有 BF_1,BF_2,AF_2 3 个焦半径，还可连接 AF_1 得到第 4 个焦半径. 所以椭圆的定义是本题的解题入口. 不妨设 $|F_2B|=t$，那么 $|AF_2|=2t$，$|AB|=3t$，所以 $|BF_1|=|AB|=3t$.

而 $|AF_1|+|AF_2|=|BF_1|+|BF_2|=2a$，所以 $|AF_1|=4t-|AF_2|=2t$，于是 $|AF_1|=|AF_2|$. 因此点 A 在椭圆下顶点处，如图 8-6 所示. 其坐标为 $A(0,-b)$. 这是本题的一个难点，如果不能挖掘出这个信息，一切推理和运算均不能正常进行，解答就此搁浅.

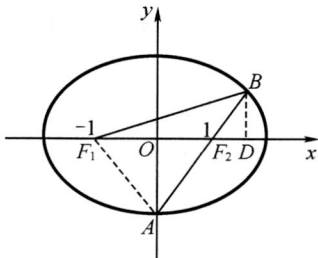

图 8-6

4. 深入解答

接下来是建立一个方程，求出参数. 这是关键的一步，因视角不同，则变量不同，也导致运算量大相径庭. 本题作为压轴题，必须有区分度，也就在这一步体现出来，综合考查不同层次的学生能力水平差异. 即便都得到正确答案也存在耗时长短的不同，导致隐性失分. 这是思维品质的反映. 下面从 6 个视角探究本题.

视角 1　联立直线和曲线方程求解

连接 AF_1. 因为 $A(0,-b)$，$F_2(1,0)$，所以直线 AB 的截距式方程为

$$\frac{x}{1}+\frac{y}{-b}=1$$

整理得

$$y=bx-b \qquad\qquad ①$$

椭圆方程可设为

$$\frac{x^2}{b^2+1}+\frac{y^2}{b^2}=1 \qquad\qquad ②$$

由①式、②式联立解得

$$\begin{cases} x = \dfrac{2(b^2+1)}{b^2+2} \\ y = \dfrac{b^3}{b^2+2} \end{cases}$$

所以 $B\left(\dfrac{2b^2+2}{b^2+2}, \dfrac{b^3}{b^2+2}\right)$.

因为 $|AB|=|BF_1|$, 所以点 B 在线段 AF_1 的中垂线 $y=\dfrac{1}{b}x+\dfrac{1}{2b}-\dfrac{b}{2}$ 上.

所以

$$\frac{b^3}{b^2+2} = \frac{2(b^2+1)}{b(b^2+2)} + \frac{1}{2b} - \frac{b}{2}$$

解得 $b^2=2$.

所以 $a^2=2+1=3$.

综上, 椭圆 C 的方程为

$$\frac{x^2}{3} + \frac{y^2}{2} = 1$$

故选 B.

评析 这是容易想到的一种常规解法, 运算量较大. 若将中垂线 $y=\dfrac{1}{b}x+\dfrac{1}{2b}-\dfrac{b}{2}$ 与直线 $y=bx-b$ 联立解得点 B 的坐标, 再代入椭圆方程求参数 b, 理论上是没问题的, 但是运算量会更大. 功底扎实的学生可以完成. 自然有相当一部分的学生会半途而废. 显然, 这不是理想的解法.

视角2 借助余弦定理求解

在 $\triangle BF_1F_2$ 中, $\cos\angle F_1BF_2 = \dfrac{3t^2+t^2-4}{2\cdot 3t\cdot t}$. 在 $\triangle BF_1A$ 中, $\cos\angle F_1BA = \dfrac{3t^2+9t^2-4t^2}{2\cdot 3t\cdot 3t}$.

所以

$$\frac{3t^2+t^2-4}{2\cdot 3t\cdot t} = \frac{3t^2+9t^2-4t^2}{2\cdot 3t\cdot 3t}$$

解得 $t=\dfrac{\sqrt{3}}{2}$.

所以

$$2a = |AF_1|+|AF_2| = 4t = 2\sqrt{3}$$

解得 $a=\sqrt{3}$.

所以 $b^2=a^2-1=2$.

综上, 椭圆 C 的方程为

$$\frac{x^2}{3} + \frac{y^2}{2} = 1$$

故选 B.

评析 本视角跨模块思考问题,跳出解析几何的束缚,与解三角形结合起来,借助余弦定理,使问题的难度有所下降,运算量锐减.这种视角关键在于两次三角形的选择,只有准确选择,才有利于问题的解答.这需要知识间的融会贯通,是一种灵活应变能力的体现.

视角3 利用相似形求解

过点 B 作 $BD \perp OF_2$ 于点 D. 易知 $\triangle BDF_2 \backsim \triangle AOF_2$.

因为 $|AF_2| = 2|F_2B|$,所以由 $|DF_2| = \frac{1}{2}|OF_2|$ 得 $x_B = 1 + \frac{1}{2} = \frac{3}{2}$.

由 $|DB| = \frac{1}{2}|OA|$ 得 $y_B = \frac{1}{2}b$.

结合视角1,将 $\left(\frac{3}{2}, \frac{b}{2}\right)$ 代入线段 AF_1 的中垂线:

$$y = \frac{1}{b}x + \frac{1}{2b} - \frac{b}{2}$$

得

$$\frac{b}{2} = \frac{3}{2b} + \frac{1}{2b} - \frac{b}{2}$$

解得 $b^2 = 2$.

以下同视角1.

评析 解析几何的本质是几何,从几何的角度思考问题是一个减小运算的有效办法.本视角借助平面几何中的相似,直观形象,问题变得十分简洁.还可以将 $\left(\frac{3}{2}, \frac{b}{2}\right)$ 代入椭圆方程求解,运算量大一些,甚至计算受阻.因此,代点之前,务必预测计算量,以免陷入困境.

视角4 利用平面向量求解

因为 $|AF_2| = 2|F_2B|$,所以 $\overrightarrow{AF_2} = 2\overrightarrow{F_2B}$.

设 $B(m, n)$,又 $A(0, -b)$,$F_2(1, 0)$,所以 $(1, b) = 2(m-1, n)$.

于是 $\begin{cases} 1 = 2(m-1) \\ b = 2n \end{cases}$,解得 $\begin{cases} m = \frac{3}{2} \\ n = \frac{b}{2} \end{cases}$.

所以 $B\left(\frac{3}{2}, \frac{b}{2}\right)$.

以下同视角3.

评析 平面向量在解析几何中有广泛的用途,它能将几何关系与代数关系融为一体.题目已知了点 F_2 的坐标,我们又发现了点 A 的坐标,应用 $\overrightarrow{AF_2} = 2\overrightarrow{F_2B}$,使点 B 坐标得以确定,难点得到突破.该方法简洁明了.

视角5 利用焦点弦性质求解

引理(椭圆焦点弦性质) 椭圆的焦点弦被相应的焦点分成两条线段的长的倒数和是通径长倒数的四倍.(限于篇幅,证明从略)

具体到本题，$\dfrac{1}{|AF_2|}+\dfrac{1}{|BF_2|}=\dfrac{2a}{b^2}$.

结合视角 2 知 $|AF_1|=2t=\sqrt{3}$，$|AF_2|=t=\dfrac{\sqrt{3}}{2}$.

于是

$$\dfrac{1}{\sqrt{3}}+\dfrac{2}{\sqrt{3}}=\dfrac{2a}{b^2}$$

即

$$\sqrt{3}\,b^2=2a \qquad\qquad\qquad ③$$

又

$$a^2=b^2+1 \qquad\qquad\qquad ④$$

联立③式、④式解得 $a^2=3$，$b^2=2$.
所以椭圆 C 的方程为

$$\dfrac{x^2}{3}+\dfrac{y^2}{2}=1$$

故选 B.

视角 6　利用焦点弦性质求解

引理（椭圆焦点弦性质）　若 MN 是椭圆一条焦点弦，F 是椭圆的一个焦点，$|MF|=\lambda|FN|$，椭圆离心率为 e，直线 MN 的倾斜角为 α，则 $|e\cos\alpha(\lambda+1)|=|\lambda-1|$.（限于篇幅，证明从略）

如图 8-6 所示，在 $\triangle AOF_2$ 中，$\cos\angle AF_2O=\dfrac{|OF_2|}{|AF_2|}=\dfrac{1}{a}$，直线 AB 的倾斜角 $\angle BF_2D$ 与 $\angle AF_2O$ 是对顶角，于是引理中的 $\cos\alpha=\dfrac{1}{a}$.

又 $e=\dfrac{c}{a}=\dfrac{1}{a}$，$\lambda=2$，所以 $3\dfrac{1}{a}\cdot\dfrac{1}{a}=1$，解得 $a^2=3$.

以下同视角 5.

评析　视角 5,6 需要平时学习有一定的拓展. 在学习过程中遇到一些重要的结论要有意识的理解记忆，在适当的情况下可以出奇制胜. 可能部分学生不知晓引理，这很遗憾. 熟悉引理，可以开阔我们的解题思路，避免反复在椭圆定义中周旋.

5. 解后反思

在本题探究的过程中，我们不难发现作为压轴题的解析几何试题的思路很宽广. 对于应试者可以有不同的视角，不同的切入点. 方法不同导致运算量差异很大，甚至可导致半途而废. 因此，在平时的教学中要积极思考，在比较中鉴别，在练习中提高能力，积累简便解法，在考试中才能信手拈来. 解析几何是考查学生综合能力的重要知识点，很多模块都可能被隐形考查，或者被巧妙考查. 我们务必高度重视.

研究高考真题是高三复习的重要工作. 从本题所展示的各种解答思维过程来看,在高三复习中,我们要注意落实基础知识,没有基础谈不上能力,复习要真正回到重视基础的轨道上来,搞清基本原理、基本方法,体验知识形成过程以及对知识本质意义的理解与感悟,这样才能形成自己的能力. 此外,在高三复习中,我们还要注意一题多解,比较各种解法的优劣,总结出哪种特点的题用什么样的解法更合理,在复习时既要做到"小题大做",以便于理解知识,又要学会"小题快做",以便于掌握方法,这样才能在考试中迅速做出最佳选择,从而提高解题能力[2].

参 考 文 献

[1] 任志鸿. 十年高考分类解析与应试策略. 数学[M]. 北京:知识出版社,2020.
[2] 蔡勇全. 简单? 不简单! [J]. 中学生理科应试,2019(2):15-16.

8.13 多视角赏析一道高考题

摘 要:近年来,高考数学试题稳中求新,充分体现了重创新、重能力的时代特点,不少试题根植于教材,通过变式、类比的方式,将试题进行改编,灵活考查学生的能力. 因此,我们要以教材为依据、教学大纲为准绳,把握好教材的"根"开展教学,方可真正提高学生的能力.

关键词:压轴题;圆锥曲线;溯源

为了选拔优秀人才,近年来高考试题的命制特别注重创新,不仅体现在题型上,而且在解法上也倡导简捷新颖. 很多题目有常规解法,但耗时耗力,如果能够开拓思路,创新解法将会把考生从困惑中解脱出来. 下面以一道2021新高考卷的解析几何压轴题为例说明高考题的这个特点,以飨读者.

1. 题目呈现

(2021年普通高等学校招生全国统一考试新高考数学 I 卷第21题)在平面直角坐标系 xOy 中,已知点 $F_1(-\sqrt{17},0)$, $F_2(\sqrt{17},0)$,点 M 满足 $|MF_1|-|MF_2|=2$,记 M 的轨迹为 C.
(1)求 C 的方程;

(2)设点 T 在直线 $x=\dfrac{1}{2}$ 上,过 T 的两条直线分别交 C 于 A,B 两点和 P,Q 两点,且 $|TA|\cdot|TB|=|TP|\cdot|TQ|$,求直线 AB 的斜率与直线 PQ 的斜率之和.

2. 总体分析

本题是新高考全国 I 卷的圆锥曲线压轴题. 第(2)问主要考查直线与双曲线相交,求分点弦的相关问题. 题型很常规. 教材上也有类似问题的介绍, 只是背景发生了改变. 这类题求解方法有多种, 但是不同的方法的运算量有明显的差别. 在考场上, 时间就是分数, 因此我们在日常教学中就应该通过对比教学, 甄别出最优解法. 事实上, 甄别的过程就是巩固知识、积累经验、提高素养的过程, 正所谓"磨刀不误砍柴工". 下面我们从三个不同视角进行研究.

3. 试题解答

略解第(1)问, C 的方程为: $x^2 - \dfrac{y^2}{16} = 1 (x \geqslant 1)$.

以下重点探讨第(2)问.

分析 1 按照解析几何常规, 不失一般性, 采用通解通法. 利用直线的点斜式方程将两条直线分别表示出来, 再将两条直线分别与双曲线方程联立, 结合韦达定理表示 $|TA| \cdot |TB|$ 和 $|TP| \cdot |TQ|$, 通过系列运算, 消元得解.

解法 1 设点 $T\left(\dfrac{1}{2}, n\right)$, $A(x_1, y_1)$, $B(x_2, y_2)$, 直线 AB 的方程为

$$y - n = k_1\left(x - \dfrac{1}{2}\right)$$

联立 $\begin{cases} y - n = k\left(x - \dfrac{1}{2}\right) \\ x^2 - \dfrac{y^2}{16} = 1 \end{cases}$, 消去 y, 整理得

$$(16 - k_1^2)x^2 + (k_1^2 - 2k_1 n)x - \dfrac{1}{4}k_1^2 - n^2 + k_1 n - 16 = 0$$

且 $\Delta > 0$.

由根与系数的关系得

$$x_1 + x_2 = \dfrac{k_1^2 - 2k_1 n}{k_1^2 - 16}, \quad x_1 x_2 = \dfrac{\dfrac{1}{4}k_1^2 + n^2 - k_1 n + 16}{k_1^2 - 16}$$

则 $|TA| = \sqrt{1 + k_1^2}\left(x_1 - \dfrac{1}{2}\right)$, $|TB| = \sqrt{1 + k_1^2}\left(x_2 - \dfrac{1}{2}\right)$ (由位置关系可知 $x_1 > \dfrac{1}{2}$, $x_2 > \dfrac{1}{2}$), 所以

$$|TA| \cdot |TB| = (1 + k_1^2)\left(x_1 - \dfrac{1}{2}\right)\left(x_2 - \dfrac{1}{2}\right) = \dfrac{(n^2 + 12)(1 + k_1^2)}{k_1^2 - 16}$$

易知 $k_1^2 > 16$.

设直线 PQ 的方程为

$$y - n = k_2\left(x - \dfrac{1}{2}\right)$$

设 $P(x_3, y_3)$, $Q(x_4, y_4)$.

同理可求得

$$|TP| \cdot |TQ| = (1+k_2^2)\left(x_3-\frac{1}{2}\right)\left(x_4-\frac{1}{2}\right) = \frac{(n^2+12)(1+k_2^2)}{k_2^2-16}$$

易知 $k_2^2 > 16$.

因为 $|TA| \cdot |TB| = |TP| \cdot |TQ|$，所以

$$\frac{(n^2+12)(1+k_1^2)}{k_1^2-16} = \frac{(n^2+12)(1+k_2^2)}{k_2^2-16}$$

整理得

$$1+\frac{17}{k_1^2-16} = 1+\frac{17}{k_2^2-16}$$

所以 $k_1^2 = k_2^2$.

显然 $k_1 \neq k_2$，所以 $k_1 = -k_2$.

即 $k_1+k_2=0$.

评析 解法1利用直线的点斜式方程求解，利用弦长公式分别表达对应线段长度，结合位置关系判断相关量的正负，避免讨论. 同时还运用了替换法则、设而不求等数学技巧. 这种通解通法从思维角度看无可厚非，但是真正能在考试中运算到底的学生不是太多，毕竟考试时间紧张，运算量过大容易造成失误. 事实上，很多学生会被正负问题绕进去，这也是命题者精心设计的. 我们在平时备考中应该进一步探寻其他便捷解法.

分析2 直线的参数方程中参数 t 能表达长度，本问题中牵涉到4个有关联的长度. 因此我们可以引入直线参数方程，理顺相关长度与 t 的关系，再利用整体处理的技巧消元得到两直线斜率关系.

解法2 设 $T\left(\frac{1}{2}, m\right)$，直线 AB, PQ 的倾斜角分别为 α, β，则直线 AB 的参数方程为

$$\begin{cases} x=\frac{1}{2}+t\cos\alpha \\ y=m+t\sin\alpha \end{cases}(t \text{ 为参数})$$

代入

$$x^2-\frac{y^2}{16}=1(x \geq 1)$$

整理得

$$(16\cos^2\alpha-\sin^2\alpha)t^2+2(8\cos\alpha-m\sin\alpha)t-(m^2+12)=0$$

易知 $16\cos^2\alpha-\sin^2\alpha<0$，且 $\Delta>0$，则

$$t_1t_2 = -\frac{m^2+12}{16\cos^2\alpha-\sin^2\alpha}>0$$

由参数 t 的几何意义得

$$|TA| \cdot |TB| = -\frac{m^2+12}{16\cos^2\alpha-\sin^2\alpha}$$

用 β 替换 α，可得

$$|TP| \cdot |TQ| = -\frac{m^2+12}{16\cos^2\beta-\sin^2\beta}$$

因为$|TA| \cdot |TB| = |TP| \cdot |TQ|$,所以

$$-\frac{m^2+12}{16\cos^2\alpha - \sin^2\alpha} = -\frac{m^2+12}{16\cos^2\beta - \sin^2\beta}.$$

整理得

$$\cos^2\alpha = \cos^2\beta.$$

又 $\alpha \neq \beta$,所以

$$\cos\alpha = -\cos\beta.$$

即

$$\alpha + \beta = \pi.$$

所以

$$\tan\alpha = -\tan\beta, \tan\alpha + \tan\beta = 0.$$

所以 $k_1 + k_2 = 0$.

评析 解法2是利用直线参数方程中参数 t 的几何意义求解,此解法非常简捷. 在现行教材中,参数方程属于选学内容,可以深入学习. 只要正确掌握了 t 的几何意义,恰当应用于 $|TA|$、$|TB|$,就能快速准确地用 α 将 $|TA| \cdot |TB|$ 表示出来,再利用替换法则,同理可求出 $|TP| \cdot |TQ|$. 由于引入了三角,明显比解法1运算量小,但需要把直线参数方程学通悟透.

分析3 由题设 $|TA| \cdot |TB| = |TP| \cdot |TQ|$ 联想到4点 A,B,P,Q 共圆,进一步利用二次曲线系方程表达圆的条件建立两直线斜率关系式,整体运算,快速得解.

解法3 设直线 AB 方程:

$$y - n = k_1\left(x - \frac{1}{2}\right).$$

直线 PQ 方程:

$$y - n = k_2\left(x - \frac{1}{2}\right).$$

过 A,B,P,Q 4点的二次曲线系可表示为

$$\lambda\left(x^2 - \frac{y^2}{16} - 1\right) + \left(k_1 x - y + n - \frac{1}{2}k_1\right)\left(k_2 x - y + n - \frac{1}{2}k_2\right) = 0 \qquad (*)$$

因为 $|TA| \cdot |TB| = |TP| \cdot |TQ|$,所以 A,B,P,Q 4点共圆,于是($*$)式表示一个圆,因此 x,y 项的系数为0.

将($*$)式化简整理可得 xy 的系数为 $-k_1 - k_2$,于是 $-k_1 - k_2 = 0$.

所以 $k_1 + k_2 = 0$.

评析 解法3利用二次曲线系求解,此解法非常简单. 教材中虽没有明确提出,但在直线与直线、直线与曲线、曲线与曲线的位置关系的习题中都蕴含着这种思想. 好学生可以拓展自己的知识体系,增加所学知识的广度和深度,在高考中可以赢得宝贵时间,提高准确率. 不难发现3种解法中,解法1最麻烦,解法3最便捷. 因此拓展学习很必要,思维训练很关键,思维简化了运算,这正是数学的重要功能:培养人的理性思维.

4. 追根溯源

(《普通高中课程标准实验教科书数学选修4-4 坐标系与参数方程》第38页例4)已知

AB,CD 是中心为点 O 的椭圆的两条相交弦,交点为 P. 两弦 AB,CD 与椭圆长轴的夹角分别为 $\angle 1,\angle 2$,且 $\angle 1 = \angle 2$.

求证:$|PA| \cdot |PB| = |PC| \cdot |PD|$.

分析 本高考题与上述的例题 4 进行对比,实质上就是互换条件和结论,而且教材上的例题更具有一般性,现利用直线的参数方程简证如下.

证明 不妨设椭圆的标准方程为 $\dfrac{x^2}{a^2}+\dfrac{y^2}{b^2}=1(a>b>0)$,点 $P(x_0,y_0)$.

直线 AB,CD 的倾斜角分别为弦 α,β,依题意可得 $\alpha+\beta=\pi$.

设直线 AB 的参数方程为

$$\begin{cases} x=x_0+t\cos \alpha \\ y=y_0+t\sin \alpha \end{cases} (t \text{ 为参数})$$

代入 $\dfrac{x^2}{a^2}+\dfrac{y^2}{b^2}=1$ 中,化简整理得

$$(b^2\cos^2\alpha+a^2\sin^2\alpha)t^2+2(b^2x_0\cos \alpha+a^2y_0\sin \alpha)t+(b^2x_0^2+a^2y_0^2-a^2b^2)=0$$

设 A,B 的对应参数分别为 t_1,t_2,则

$$t_1t_2=\frac{b^2x_0^2+a^2y_0^2-a^2b^2}{b^2\cos^2\alpha+a^2\sin^2\alpha}$$

由参数的几何意义,有

$$|PA| \cdot |PB| = |t_1t_2| = \left| \frac{b^2x_0^2+a^2y_0^2-a^2b^2}{b^2\cos^2\alpha+a^2\sin^2\alpha} \right|$$

用 β 替换 α,设 C,D 的对应参数分别为 t_3,t_4,由参数的几何意义,有

$$|PC| \cdot |PD| = |t_3t_4| = \left| \frac{b^2x_0^2+a^2y_0^2-a^2b^2}{b^2\cos^2\beta+a^2\sin^2\beta} \right|$$

而 $\alpha+\beta=\pi$,所以

$$\cos^2\alpha=\cos^2\beta, \sin^2\alpha=\sin^2\beta$$

即 $|PA| \cdot |PB| = |PC| \cdot |PD|$ 得证.

评析 这是一道具有一般意义的直线与椭圆的分点弦问题,利用直线参数方程容易证明,若用直线的其他方程证明就会产生较大运算.如果把椭圆换成双曲线,就是本次新高考问题条件和结论互换后的一般问题,结论也是正确的!有兴趣的读者可以尝试推导与证明,不再赘述.

5. 解后反思

高考命题专家命制高考试题时都是以教材知识、题目为蓝本,并适度创新,以考查学生的能力和素养.教材是数学知识和数学思想方法的载体,又是教学的依据,理应成为高考数学试题的源头[2].通过对近几年高考数学试题的研究发现,每年均有一定数量的试题是以教材例题或练习题为素材的变式题.因此我们要高度重视对教材的学习和研究,只有深刻领悟教材中的内容和方法,理解教材编写意图,才能顺利应对高考.

关于解题教学有不同的层次,一般认为:第一层次,将题目的某个常规解法和答案告知学生,算是最浅层次,学生知其然,不知其所以然;第二层次,教师对题目的多种解法进行深研,逐一教授给学生,有表演的成分,名师出不了高徒;第三层次,以问题为导向,和学生一道,把题目的本质弄清楚,问题和困惑让学生主动探寻更好的思路、最优的解法. 为了让学生在比较中牢固掌握知识和方法,我们还需寻根溯源,举一反三,把解题做成一个项目,开展项目式教学,教会学生思考,引导学生深度研究,真正提升学生的能力和素养.

参 考 文 献

[1] 邓诚. 数学教材是高考复习的最好范本:试谈"回归教材"复习法[J]. 数学学习与研究,2019(7):30.
[2] 陈绍银. 例谈数学复习回归教材的重要性[J]. 中学数学教学,2010(2):54-56.

8.14 多视角探究一道高考试题的解法

摘 要:对一道2019年高考题压轴题进行解法探究,巩固了椭圆的相关知识与技能,以及直线和曲线的位置关系,应用了正余弦定理处理椭圆问题. 基于纯几何理论,结合图形也能快捷作答. 研究经典高考题,对于新课学习和高考复习都大有裨益,能准确把握考点和题型,更重要的是能形成学科素养.

关键词:椭圆;解法;反思

一个学生曾问了笔者一道"难题",笔者仔细研究发现,此题题设简洁,结论常规,入口宽敞,解法多样,非常典型,考查内容均为高中数学核心知识. 笔者和该生探讨完毕后,不经意间发现它居然是一道2019年高考原题. 现将我们的研究过程、解题方法、解题感悟分享于此,以飨读者.

1. 题目呈现

[2019年普通高等学校招生全国统一考试(全国Ⅰ卷)理科数学第10题]已知椭圆 C 的焦点为 $F_1(-1,0)$,$F_2(1,0)$,过 F_2 的直线与 C 交于 A,B 两点. 若 $|AF_2|=2|F_2B|$,$|AB|=|BF_1|$,则 C 的方程为 （   ）

A. $\dfrac{x^2}{2}+y^2=1$ B. $\dfrac{x^2}{3}+\dfrac{y^2}{2}=1$ C. $\dfrac{x^2}{4}+\dfrac{y^2}{3}=1$ D. $\dfrac{x^2}{5}+\dfrac{y^2}{4}=1$

2. 题目分析[1]

本题中,椭圆类型已确定,焦点也已知,另有两个相关条件,要求椭圆的方程. 从方程组的角度入手,仅需建立一个关于 a,b 的方程,结合椭圆中 $a^2=b^2+c^2$,形成方程组,即可解答

此题. 这个方程的建立过程, 是本题的精华, 能很好地反映一个学生的数学素养和知识运用能力. 这是解析几何问题, 可以从椭圆定义、直线方程、直线与曲线相交等方面考虑, 结合图 8-7, 有三角形内嵌其中, 可以从解斜三角形入手, 应用正余弦定理解答; 因为 $|AB| = |BF_1|$, 又可以利用等腰三角形的几何特性作答.

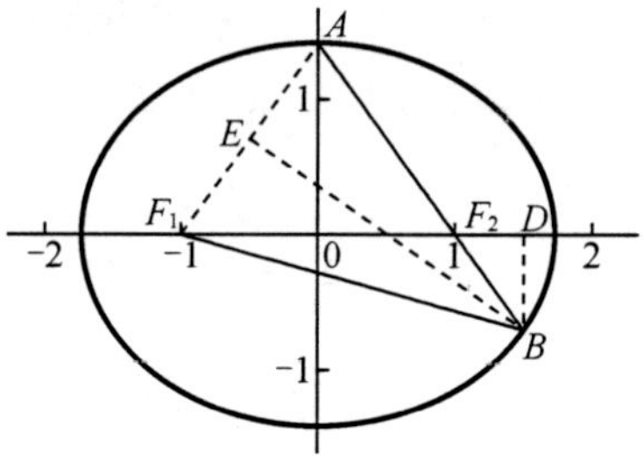

图 8-7

3. 解法赏析[2]

结合 $|AF_2| = 2|F_2B|$, 设 $|AF_2| = 2t$, $|F_2B| = t$. 那么 $|AB| = |BF_1| = 3t$.

依据椭圆的定义 $|BF_1| + |BF_2| = |AF_1| + |AF_2|$, 得 $|AF_1| = 2t$. 基于这个隐含条件, 可以确定点 A 为椭圆短轴上端点, 不妨设为上端点, 坐标为 $(0, b)$, 如图 8-7 所示.

解法 1 从直线方程入手

因为 $A(0, b)$, $F_2(1, 0)$, 所以直线 AF_2 为

$$\frac{x}{1} + \frac{y}{b} = 1 \qquad\qquad ①$$

依据题设, 椭圆方程可设为

$$\frac{x^2}{1 + b^2} + \frac{y^2}{b^2} = 1 \qquad\qquad ②$$

联立①式、②式解得点 B 的坐标为 $B\left(\dfrac{3}{2}, -\dfrac{b}{2}\right)$, 代入②式得 $b = \sqrt{2}$ (限于篇幅, 计算省略), 所以该椭圆的方程为

$$\frac{x^2}{3} + \frac{y^2}{2} = 1$$

故选 B.

评析 此解法容易上手, 但是运算量极大, 中途易搁浅. 其作为曲线与方程的关系, 掌握思想就可以了, 我们应该找到其他便捷解法.

解法 2 从余弦定理入手(一)

在 $\triangle ABF_1$ 中, $\cos \angle BAF_1 = \dfrac{|AB|^2 + |AF_1|^2 - |BF_1|^2}{2|AB||AF_1|} = \dfrac{9t^2 + 4t^2 - 9t^2}{2 \cdot 2t \cdot 3t} = \dfrac{1}{3}$.

在 $\triangle AF_1F_2$ 中, $\cos \angle BAF_1 = \dfrac{|AF_2|^2 + |AF_1|^2 - |F_1F_2|^2}{2|AF_2||AF_1|} = \dfrac{4t^2 + 4t^2 - 4}{2 \cdot 2t \cdot 2t}$.

所以

$$\frac{4t^2+4t^2-4}{2\cdot 2t\cdot 2t}=\frac{1}{3}$$

解得 $t=\frac{\sqrt{3}}{2}$. 所以 $2a=4t=2\sqrt{3}$. 于是 $a=\sqrt{3}$.

所以该椭圆的方程为

$$\frac{x^2}{3}+\frac{y^2}{2}=1$$

故选 B.

解法3　从余弦定理入手（二）

在 $\triangle AF_1F_2$ 中，$\cos\angle AF_2F_1=\dfrac{|AF_2|^2+|F_1F_2|^2-|AF_1^2|}{2|AF_2||F_1F_2|}=\dfrac{4t^2+4-4t^2}{2\cdot 2t\cdot 2}$.

在 $\triangle BF_1F_2$ 中，$\cos\angle BF_2F_1=\dfrac{|BF_2|^2+|F_1F_2|^2-|BF_1^2|}{2|BF_2||F_1F_2|}=\dfrac{4+t^2-9t^2}{2\cdot t\cdot 2}$.

因为 A,F_2,B 共线，所以

$$\cos\angle AF_2F_1+\cos\angle BF_2F_1=0$$

即

$$\frac{4t^2+4-4t^2}{2\cdot 2t\cdot 2}+\frac{4+t^2-9t^2}{2\cdot t\cdot 2}=0$$

以下同解法2.

评析　解法2,3利用不同三角形中同角余弦值建立方程,思路简洁,运算量小,充分借助了三角函数对问题的支撑作用,值得关注.

解法4　从相似性入手

过 B 作 $BD\perp F_1F_2$ 于 D，易得 $\triangle AOF_2\backsim\triangle BDF_2$，所以 $\dfrac{|AO|}{|BD|}=\dfrac{|AF_2|}{|F_2B|}$. 所以 $|BD|=\dfrac{b}{2}$.

同理 $|F_2D|=\dfrac{c}{2}$.

所以 $B\left(\dfrac{3}{2},-\dfrac{b}{2}\right)$.

以下同解法1.

评析　本解法充分利用了问题的几何特性,使得解法简洁明了,前提是必须挖掘出点 A 位置的特殊性. 该解法彰显了解析几何的几何本质属性.

解法5　利用向量作答

因为 $|AF_2|=2|F_2B|$,结合图8-7得 $\overrightarrow{AF_2}=2\overrightarrow{F_2B}$.

设 $B(s,t)$，因为 $A(0,b)$，$F_2(1,0)$，所以 $(1,-b)=2(s-1,t)$，解得 $\begin{cases}s=\dfrac{3}{2}\\t=-\dfrac{t}{2}\end{cases}$.

所以 $B\left(\dfrac{3}{2},-\dfrac{b}{2}\right)$.

以下同解法 1.

评析 平面向量具有代数和几何两面的运算功能,本解法利用平面向量的代数功能得到点 B 的坐标,运算简洁,充分展示了向量的工具性,值得学习.

解法 6 从焦点线长公式入手

因为

$$|AB| = \frac{2ab^2}{a^2 - c^2 \cos^2 \theta}(\theta \text{ 为直线 } AB \text{ 的倾斜角})$$

所以结合前文得

$$\frac{2ab^2}{a^2 - c^2 \left(-\frac{c}{a}\right)^2} = \frac{3}{2}\sqrt{3}$$

又因为 $c = 1, a^2 = b^2 + c^2$,解得 $a^2 = 3, b^2 = 2$.

所以该椭圆的方程为

$$\frac{x^2}{3} + \frac{y^2}{2} = 1$$

故选 B.

评析 解析几何中有一些固化的结论,对于解答小题十分有利.本解法借助椭圆的焦点弦长公式,直接建立方程,思维量、运算量都很小,很有必要总结一下圆锥曲线中的固化结论,以便快速解题.

解法 7 从等腰三角形"三线合一"的性质入手

连接 AF_1,取其中点为 E,连接 BE.

由中点坐标公式得 $E\left(-\frac{1}{2}, \frac{b}{2}\right)$.结合解法 5 知 $B\left(\frac{3}{2}, -\frac{b}{2}\right)$.

因为 $|AB| = |BF_1|$,所以 $BE \perp AF_1$,于是

$$k_{BE} \cdot k_{AF_1} = -1$$

即

$$\frac{b}{1} \cdot \frac{-b}{2} = -1$$

解得 $b = 2$,进而 $a^2 = 3$.

以下同解法 6.

评析 本解法利用了等腰三角形"三线合一"的性质,解题过程目标明确,运算量小,当然需要 $B\left(\frac{3}{2}, -\frac{b}{2}\right)$ 作为解题的基础.

解法 8 从焦点三角形面积入手

由解法 2 知 $\cos \angle BAF_1 = \frac{1}{3}$,那么 $\sin \angle BAF_1 = \frac{2\sqrt{2}}{3}$,$\tan \angle BAF_1 = 2\sqrt{2}$.

由二倍角公式得 $\tan \frac{1}{2} \angle BAF_1 = \frac{\sqrt{2}}{2}$,由焦点三角形面积公式得

$$S_{\triangle ABF_1} = b^2 \tan \frac{1}{2} \angle BAF_1 = \frac{1}{2} \cdot 2 \cdot b$$

解得 $b = \dfrac{1}{\tan \frac{1}{2} \angle BAF_1} = \sqrt{2}$.

以下同解法 6.

评析 焦点三角形是椭圆中一个重要概念,其面积也可称之为重要结论,证明它需要用到椭圆定义、余弦定理、含正弦的三角形面积公式、半角公式以及整体代换的技巧,是椭圆的一个重要考点.

解法 9 从含正弦的三角形面积公式入手

因为

$$S_{\triangle ABF_1} = \frac{1}{2}|AB||AF_1|\sin\angle F_1AB = \frac{1}{2} \cdot |F_1F_2| \cdot |OA|$$

所以

$$\frac{1}{2} \cdot 2t \cdot 2t \cdot \frac{2\sqrt{2}}{2} = \frac{1}{2} \cdot 2 \cdot b$$

进而

$$\frac{1}{2} \cdot a \cdot a \cdot \frac{2\sqrt{2}}{2} = \frac{1}{2} \cdot 2 \cdot b$$

即

$$\sqrt{2}\,a^2 = 3b$$

结合 $c=1, a^2 = b^2 + c^2$,解得 $a^2 = 3, b^2 = 2$.

故选 B.

评析 含正弦的三角形面积公式在解斜三角形问题中十分重要,本题中条件已经成熟,利用该公式,借助等面积法,很容易建立方程,求得参数.

4. 解法反思

通过对本题的研究,深刻感悟到高考压轴题的精妙. 对思维培养不到位、数学素养欠佳、平时靠刷题度日的学生来讲,这就是一个灾难;对于善于思考,注重创新,关注本质的学生来讲,解题是一种享受,是富有成就感的高手对决. 一题多解,不是重复,而是开拓思维,训练创新意识,寻找知识间的内在联系,形成自身的知识体系,进而提升数学素养.

参 考 文 献

[1] 李昌成,杨军. 深入才能浅出:一类求参数取值范围试题的解析[J]. 数学通报,2018,57(7):52-54.

[2] 李昌成. 一题多变是提高复习效率的一种有效途径[J]. 数理化学习(高中版),2020(6):40-42.

8.15 多视角探究一道高考压轴解答题

摘 要：近年来，高考数学试题中屡屡出现圆锥曲线与切线方程的综合试题．解这类题时需要利用导数作为工具．学生解题时往往顾此失彼，考虑了圆锥曲线却忽略了导数，使得准确率较低．以 2021 年普通高等学校招生全国统一考试理科数学（全国乙卷）的圆锥曲线压轴题为例，谈谈这类题型的解题方法．

关键词：圆锥曲线；切线；导数

1. 题目呈现

［2021 年普通高等学校招生全国统一考试理科数学（全国乙卷）第 21 题］已知抛物线 $C: x^2 = 2py\ (p>0)$ 的焦点为 F，且 F 与圆 $M: x^2 + (y+4)^2 = 1$ 上点的距离的最小值为 4．

（1）求 p；

（2）若点 P 在 M 上，PA，PB 是 C 的两条切线，A，B 是切点，求 $\triangle PAB$ 面积的最大值．

2. 总体分析

本题属于压轴题，以面积最值为出口，综合考查圆锥曲线和导数．圆锥曲线中的最值问题解决方法一般分两种：第一种是几何法，特别是利用圆锥曲线的定义和平面解析几何的有关结论来求最值；第二种是代数法，常将圆锥曲线的最值问题转化为二次函数或三角函数的最值问题，然后利用基本不等式、函数的单调性或三角函数的有界性等来求解最值．另外，导数的几何意义的引入也大大丰富了高中数学的知识体系，给我们用常规方法无法解决的问题提供了新的视角，同时也拓宽了解决圆锥曲线问题的思路[1]．下面从不同的视角来探讨这个高考压轴题，并进行追根溯源，深刻理解此问题的本质，期望弄通悟透．

3. 试题解答

第（1）问，略解如下．

抛物线 $C: x^2 = 2py\ (p>0)$ 的焦点为 $F\left(0, \dfrac{p}{2}\right)$，圆 M 的圆心坐标为 $(0,-4)$，半径 $r=1$，最小距离为 $\left(\dfrac{p}{2}+4\right)-r=4$，解得 $p=2$．

以下重点探讨第（2）问．

视角 1 借助导数的几何意义，同一法求直线方程，进而求面积的最值

解法 1 设点 $P(x_0, y_0)$，$A(x_1, y_1)$，$B(x_2, y_2)$．由（1）知抛物线 C 的方程为 $x^2 = 4y$，即 $y = \dfrac{x^2}{4}$，求导得 $y' = \dfrac{x}{2}$．

由导数的几何意义得 $k_{PA} = \dfrac{x_1}{2}$，$k_{PB} = \dfrac{x_2}{2}$，所以直线 PA：

$$y - y_1 = \frac{x_1}{2}(x - x_1)$$

直线 PB：

$$y - y_2 = \frac{x_2}{2}(x - x_2)$$

P 为两切线 PA, PB 的交点，所以

$$y_0 - y_1 = \frac{x_1}{2}(x_0 - x_1) \qquad ①$$

$$y_0 - y_2 = \frac{x_2}{2}(x_0 - x_2) \qquad ②$$

又 $x_1^2 = 4y_1$，$x_2^2 = 4y_2$，分别代入①式、②式，整理得

$$y_0 = \frac{x_0}{2}x_1 - y_1, \quad y_0 = \frac{x_0}{2}x_2 - y_2$$

由同一法可得直线 AB 的方程为

$$y = \frac{x_0}{2}x - y_0$$

联立 $\begin{cases} y = \dfrac{x_0}{2}x - y_0 \\ x^2 = 4y \end{cases}$，消去 x，化简整理得

$$x^2 - 2x_0 x + 4y_0 = 0$$

其中

$$\Delta = 4x_0^2 - 16y_0$$

由韦达定理有

$$x_1 + x_2 = 2x_0, \quad x_1 x_2 = 4y_0$$

所以弦长：

$$|AB| = \sqrt{1 + \frac{x_0^2}{4}} \cdot \sqrt{4x_0^2 - 16y_0}$$

又点 P 到直线 AB 的距离为

$$d = \frac{|x_0^2 - 4y_0|}{\sqrt{x_0^2 + 4}}$$

所以

$$S_{\triangle PAB} = \frac{1}{2}|AB| \cdot d$$

且点 P 在圆 M 上，即满足

$$x_0^2 = -y_0^2 - 8y_0 - 15$$

联合整理化简得

$$S_{\triangle PAB} = \frac{1}{2}(-y_0^2 - 12y_0 - 15)^{\frac{3}{2}}$$

由条件易知 $y_0 \in [-5,-3]$.

故 $y_0 = -5$ 时, $\triangle PAB$ 面积的最大值为 $20\sqrt{5}$.

评析 此解法利用导数的几何意义求出切线的斜率,进而得出切线 PA,PB 的方程,借助同一法求出直线 AB 的方程,再联立直线 AB 与抛物线的方程,求出 $|AB|$ 与点 P 到直线 AB 的距离,最后利用三角形的面积公式并结合二次函数的性质即可求得 $\triangle PAB$ 面积的最大值.

视角 2 借助导数的几何意义,斜截式求直线方程,进而求面积的最值

解法 2 对 $y = \dfrac{x^2}{4}$ 求导得 $y' = \dfrac{x}{2}$.

设 $A(x_1,y_1),B(x_2,y_2)$,则 $y_1 = \dfrac{x_1^2}{4}, y_2 = \dfrac{x_2^2}{4}$.

结合解法 1,可得直线 PA 的方程:

$$y = \frac{x_1}{2}x - \frac{x_1^2}{4}$$

直线 PB 的方程:

$$y = \frac{x_2}{2}x - \frac{x_2^2}{4}$$

易求得 $P\left(\dfrac{x_1+x_2}{2}, \dfrac{x_1 x_2}{4}\right)$.

设 AB 所在直线方程为

$$y = kx + b$$

代入 $x^2 = 4y$ 中,整理得

$$x^2 - 4kx - 4b = 0$$

且

$$\Delta = 16k^2 + 16b > 0$$

由根与系数的关系,得

$$x_1 + x_2 = 4k, \quad x_1 x_2 = -4b$$

所以点 $P(2k,-b)$,弦长为

$$|AB| = \sqrt{1+k^2} \cdot \sqrt{16k^2 + 16b}$$

点 P 到直线 AB 的距离为

$$d = \frac{2k^2 + 2b}{\sqrt{k^2+1}}$$

显然点 P 在直线 AB 的右侧,所以

$$S_{\triangle PAB} = \frac{1}{2}|AB| \cdot d = 4(k^2 + b)^{\frac{3}{2}} \qquad ③$$

因为点 P 在圆 M 上,所以

$$k^2 = \frac{1}{4}\left[1 - (b-4)^2\right]$$

代入③式,整理得

$$S_{\triangle PAB} = \frac{1}{2}(-b^2 + 12b - 15)^{\frac{3}{2}}$$

又 $y_P = -b \in [-5, -3]$.

以下同解法 1.

求得 $\triangle PAB$ 面积的最大值为 $20\sqrt{5}$.

　　评析　此解法同解法 1,先得出切线 PA, PB 的方程,联立两直线方程得出交点 P 的坐标(用点 A, B 的横坐标表示);再设直线 AB 的斜截式方程,与抛物线方程联立,借助韦达定理得出两根之和与两根之积.接下来进行对照,将点 P 的坐标用直线 AB 方程斜截式中的 k 和 b 来表示,最后利用面积公式并结合解法 1 可得解.

　　视角 3　借助导数的几何意义及数形结合思想,求出面积表达式,进而求面积的最值

　　解法 3　设 $A(x_1, y_1), B(x_2, y_2), P(x_0, y_0)$.

由解法 2 可得,直线 PA:

$$y = \frac{x_1}{2}x - y_1$$

直线 PB:

$$y = \frac{x_2}{2}x - y_2$$

联立可得点 P 坐标为 $\left(\dfrac{x_1+x_2}{2}, \dfrac{x_1 x_2}{4}\right)$,所以 $x_0 = \dfrac{x_1+x_2}{2}, y_0 = \dfrac{x_1 x_2}{4}$.

设 AB 中点为 Q,则由中点坐标公式可得点 $Q\left(\dfrac{x_1+x_2}{2}, \dfrac{y_1+y_2}{2}\right)$,因此 $x_P = x_Q = \dfrac{x_1+x_2}{2}$,所以 $PQ \perp x$ 轴,所以 $|PQ| = |y_Q - y_P|$,故

$$
\begin{aligned}
S_{\triangle PAB} &= \frac{1}{2}|PQ| \cdot |x_1 - x_2| \\
&= \frac{1}{2}\left|\frac{y_1+y_2}{2} - y_0\right| \cdot |x_1 - x_2| \\
&= \frac{1}{4}\left|\frac{x_1^2 + x_2^2}{4} - 2x_0\right| \cdot |x_1 - x_2|
\end{aligned}
$$

进一步整理可得

$$S_{\triangle PAB} = \frac{1}{16}|x_1 - x_2|^3$$

进而求得 $\triangle PAB$ 面积的最大值为 $20\sqrt{5}$.

　　评析　此解法关注到点 P 的横坐标与弦 AB 中点 Q 的横坐标相同,因此 $PQ \perp x$ 轴,从而简化了面积的转化与求解,这也体现了数形结合思想的重要性.由此解法我们得到的启示是:在做直线与圆锥曲线的综合题时,先做草图,数形结合,也许可以找到解题的突破口.

4. 追根溯源

[2013 年普通高等学校招生全国统一考试(辽宁卷)数学(理科)第 20 题] 抛物线 C_1:

$x^2=4y$，$C_2:x^2=-2py(p>0)$，点 $M(x_0,y_0)$ 在抛物线 C_2 上，过点 M 作 C_1 的切线，切点为 A,B（M 为原点 O 时，A,B 重合于原点 O）．当 $x_0=1-\sqrt{2}$ 时，切线 MA 的斜率为 $-\dfrac{1}{2}$．

（1）求 p 的值；

（2）当 M 在 C_2 上运动时，求线段 AB 的中点 N 的轨迹方程（A,B 重合于 O 时，中点为 O）．

评析　此题有多种解法，可以直接设切点的坐标，利用导数的几何意义得出切线方程，再利用求轨迹的方法求解．此法的关键点是设而不求，思路直接，难点是参数多，需要注意消参的技巧．也可以借助抛物线的参数式，利用导数求出切线的方程，进而求出两切线的方程，转化为以 t_1,t_2 为两根的方程，最后利用韦达定理求解，关键点是方程的转化和消元的技巧．此题解法从略，有兴趣的读者可以自己尝试．

5.结束语

从近几年全国各地高考的圆锥曲线的压轴题来看，圆锥曲线的定义、几何性质及直线与圆锥位置关系仍是高考的热点和难点．本节中两题以圆锥曲线中的抛物线为背景，过曲线外一点引曲线两条切线问题为载体展开．一道题是利用导数求切线斜率，并求所得到的三角形面积的最大值；另一道题是利用导数求切线斜率，寻求动点轨迹方程．两题均考查了圆锥曲线的一些基本知识及消参等基本运算；从思想方法上来看，考查了数形结合思想、函数思想等[2]．

要学好高中数学，就应该对所学知识有整体的认识和把握，即理解这些知识在解决数学问题乃至实际问题中所起的作用．我们也要明确，数学是思维的科学，逻辑思维、数形结合、概括与综合等都是数学的重要思想方法．

参 考 文 献

［1］　王敏.导数在圆锥曲线中的应用［J］.高中生学习（中旬）,2014(4):33-35.

［2］　谢幸达.与圆锥曲线的切线方程有关的高考题引起的思考［J］.英才教育案例剖析,2014(8):303.

8.16　多视角探究一道解析几何压轴小题

摘　要：以平面向量为背景的解析几何试题往往本质隐蔽,解题难度不小.我们可以从平面向量的线性运算、数量积、几何意义,以及坐标化、代数化等角度思考,采取数形结合的策略,减少运算,厘清本质.求离心率是常见的出口之一,试题入口宽,出口窄,值得研究.

关键词：平面向量；椭圆；离心率

在一次期中大联考中，一道压轴小题难住了学生，阅卷平台显示得分率仅为 0.11. 考试结束后，学生们仍然"心有余悸"．为此我们开展了专项研究，并取得了一定成果，现分享于此,以飨读者.

1. 题目呈现

已知椭圆 $C:\dfrac{x^2}{a^2}+\dfrac{y^2}{b^2}=1(a>b>0)$ 的两个焦点为 $F_1(-c,0)$ 和 $F_2(c,0)$. 直线 l 过点 F_1,点 F_2 关于直线 l 对称点 A 在 C 上,且 $(\overrightarrow{F_1A}+2\overrightarrow{F_1F_2})\cdot\overrightarrow{AF_2}=2c^2$. 则 C 的离心率为_____.

2. 试题分析

本题考查椭圆的离心率,以压轴小题的形式安排在试卷的第 16 题. 题设简明扼要,问题也司空见惯,但是题设的本质是什么对考生而言是个难点,正如古诗"横看成岭侧成峰,远近高低各不同"所说,不同的认识和理解对解题有不同的影响,甚至是制约. 与其说是考离心率,不如说是考平面向量. 因为已知"$(\overrightarrow{F_1A}+2\overrightarrow{F_1F_2})\cdot\overrightarrow{AF_2}=2c^2$"有太深刻的内涵,从数量积的角度研究有出口;从平面向量投影的角度解答也有出口;从纯解析几何的角度求解也有出口;从平面几何的角度也能找到出口. 但是都显得高深莫测,一眼望不到边. 因此,它成了本试卷的头号"杀手". 但万变不离其宗,求椭圆离心率务必探究其参数 a,c 的关系.

3. 解法探究[1]

(1)从数量积运算着手

解法 1 连结 AF_1,设 AF_2 的中点为 p,如图 8-8 所示,则 $\overrightarrow{AF_2}\perp\overrightarrow{F_1P}$,那么

$$\overrightarrow{AF_2}\cdot\overrightarrow{F_1P}=0$$

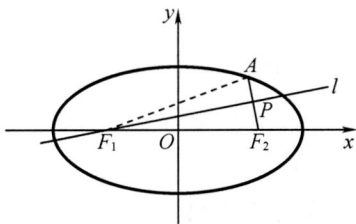

图 8-8

因为

$$(\overrightarrow{F_1A}+2\overrightarrow{F_1F_2})\cdot\overrightarrow{AF_2}=[\overrightarrow{F_1A}+2(\overrightarrow{F_1A}+\overrightarrow{AF_2})]\cdot\overrightarrow{AF_2}$$

$$=3\overrightarrow{F_1A}\cdot\overrightarrow{AF_2}+2\overrightarrow{AF_2}^2$$

$$=3(\overrightarrow{F_1P}+\overrightarrow{PA})\cdot\overrightarrow{AF_2}+2\overrightarrow{AF_2}^2$$

$$=3\overrightarrow{F_1P}\cdot\overrightarrow{AF_2}+3\overrightarrow{PA}\cdot\overrightarrow{AF_2}+2\overrightarrow{AF_2}^2$$

$$=0-\frac{3}{2}\overrightarrow{AF_2}^2+2\overrightarrow{AF_2}^2$$

$$=\frac{1}{2}\overrightarrow{AF_2}^2$$

于是

$$\frac{1}{2}|\overrightarrow{AF_2}|^2 = 2c^2$$

所以 $|\overrightarrow{AF_2}| = 2c.$

由线段的垂直平分线性质得

$$|\overrightarrow{AF_1}| = |\overrightarrow{F_1F_2}| = 2c$$

由椭圆的定义得

$$|\overrightarrow{AF_1}| + |\overrightarrow{AF_2}| = 2a$$

所以

$$2c + 2c = 2a$$

解得 $e = \frac{1}{2}.$

评析 根据题设,间接地已知了椭圆的一条焦半径 $|AF_1|$,欲利用椭圆定义建立 a,c 的关系式,就需要用 a,c 表达为一条焦半径 $|AF_2|$.循着这个目标,将部分向量拆分,利用平面向量基本运算,尤其是多次数量积运算,终达成目标.

(2)从平面向量投影入手

解法2 依据平面向量投影的定义并结合数量积定义得

$$\overrightarrow{F_1A} \cdot \overrightarrow{AF_2} = (|\overrightarrow{F_1A}|\cos\langle\overrightarrow{F_1A},\overrightarrow{AF_2}\rangle) \times |\overrightarrow{AF_2}|$$
$$= -|\overrightarrow{AP}| \times |\overrightarrow{AF_2}| \ (*)$$
$$= -\frac{1}{2}|\overrightarrow{AF_2}|^2$$

$$2\overrightarrow{F_1F_2} \cdot \overrightarrow{AF_2} = (2|\overrightarrow{F_1F_2}|\cos\langle\overrightarrow{F_1F_2},\overrightarrow{AF_2}\rangle) \times |\overrightarrow{AF_2}|$$
$$= 2|\overrightarrow{PF_2}| \times |\overrightarrow{AF_2}|$$
$$= |\overrightarrow{AF_2}|^2$$

所以

$$(\overrightarrow{F_1A} + 2\overrightarrow{F_1F_2}) \cdot \overrightarrow{AF_2} = -\frac{1}{2}|\overrightarrow{AF_2}|^2 + |\overrightarrow{AF_2}|^2 = \frac{1}{2}|\overrightarrow{AF_2}|^2$$

因此 $\frac{1}{2}|\overrightarrow{AF_2}|^2 = 2c^2.$

解得 $|\overrightarrow{AF_2}| = 2c.$

以下同解法1.

评析 此解法较为简洁,运算量小,但是考生难以想到,原因在于平时对平面向量投影的概念理解不够深刻,也缺少应用投影的意识,未能做到数形结合.解题过程中务必注意 $(*)$ 处的正负,否则劳而无功.

(3)依托解析几何运算定位点 A

解法3 设点 $A(x,y)$.又已知 $F_1(-c,0),F_2(c,0)$.

由 $(\overrightarrow{F_1A} + 2\overrightarrow{F_1F_2}) \cdot \overrightarrow{AF_2} = 2c^2$ 得

$$\overrightarrow{F_1A} \cdot \overrightarrow{AF_2} + 2\overrightarrow{F_1F_2} \cdot \overrightarrow{AF_2} = 2c^2$$

即

$$(x+c,y)\cdot(c-x,-y)+2(2c,0)\cdot(c-x,-y)=2c^2$$

整理得

$$3c^2-x^2-y^2-4cx=0 \qquad\qquad ①$$

又由前文知 $|\overrightarrow{F_1A}|=2c$,所以

$$\sqrt{(x+c)^2+y^2}=2c$$

整理得

$$x^2+y^2+2cx-3c^2=0 \qquad\qquad ②$$

由①式、②式解得 $2cx=0$,所以 $x=0$.

因此点 A 是椭圆的短轴顶点. 所以 $|\overrightarrow{F_1A}|=a$.

又 $|\overrightarrow{F_1A}|=2c$,所以 $a=2c$,解得 $e=\dfrac{1}{2}$.

评析 通过计算解决几何问题是解析几何的主要手段. 因此,依托计算准确定位点 A,发现其特殊的位置(前文的图 8-8 与此呼应),从而利用位置关系确定数量关系,找到椭圆的参数 a 的另一种表达,从而建立 a,c 的关系. 其间利用了整体代换的技巧.

(4)以几何特征为突破口

解法 4 设 $\angle AF_1F_2=\theta$. 由前文知

$$|\overrightarrow{AF_1}|=|\overrightarrow{F_1F_2}|=2c$$

$$\begin{aligned}
(\overrightarrow{F_1A}+2\overrightarrow{F_1F_2})\cdot\overrightarrow{AF_2}&=(\overrightarrow{F_1A}+2\overrightarrow{F_1F_2})\cdot(\overrightarrow{F_1F_2}-\overrightarrow{F_1A})\\
&=\overrightarrow{F_1A}\cdot\overrightarrow{F_1F_2}-2\overrightarrow{F_1F_2}\cdot\overrightarrow{F_1A}+2\overrightarrow{F_1F_2}^2-\overrightarrow{F_1A}^2\\
&=4c^2-\overrightarrow{F_1A}\cdot\overrightarrow{F_1F_2}\\
&=4c^2-4c^2\cos\theta
\end{aligned}$$

所以

$$4c^2-4c^2\cos\theta=2c^2$$

解得 $\cos\theta=\dfrac{1}{2}$.

所以 $\theta=\dfrac{\pi}{3}$.

于是 $\triangle AF_1F_2$ 是正三角形.

由椭圆的对称性知,A 是椭圆的短轴顶点. 所以 $|\overrightarrow{F_1A}|=a$.

以下同解法 3.

评析 本解法在等腰的条件下,通过计算出顶角,确定焦点三角形为正三角形,揭示其几何属性,从而得到 a,c 的关系. 解题时目标意识一定要强烈.

(5)依托余弦定理建立关系式

解法 5 结合解法 4,$\cos\theta=\dfrac{1}{2}$. 那么

$$|AF_2|=\sqrt{F_1A^2+F_1F_2^2-2F_1A\cdot F_1F_2\cos\theta}=\sqrt{4c^2+4c^2-8c^2\cos\theta}$$

以下同解法1.

评析 正余弦定理是求离心率的重要工具,因此要对图 8-8 中相关三角形予以足够的关注,恰当选择三角形,依据条件解三角形,厘清 a,c 的关系,这是一个求离心率的常用方法.

（6）依托平行四边形法简化运算

解法6 因为

$$(\overrightarrow{F_1A}+2\overrightarrow{F_1F_2})\cdot\overrightarrow{AF_2}=2c^2$$

所以

$$\left[(\overrightarrow{F_1A}+\overrightarrow{F_1F_2})+\overrightarrow{F_1F_2}\right]\cdot\overrightarrow{AF_2}=2c^2 \qquad (*)$$

即

$$(2\overrightarrow{F_1P}+\overrightarrow{F_1F_2})\cdot\overrightarrow{AF_2}=2c^2,\ 2\overrightarrow{F_1P}\cdot\overrightarrow{AF_2}+\overrightarrow{F_1F_2}\cdot\overrightarrow{AF_2}=2c^2$$

在图 8-8 中,显然 $\overrightarrow{F_1P}\perp\overrightarrow{AF_2}$,于是

$$\overrightarrow{F_1F_2}\cdot\overrightarrow{AF_2}=2c^2$$

所以

$$|\overrightarrow{F_1F_2}||\overrightarrow{AF_2}|\cos\theta=2c^2$$

进而

$$2c(2a-2c)\frac{4c^2+(2a-2c)^2-4c^2}{2c(2a-2c)}=2c^2$$

整理得

$$2a-2c=2c$$

解得 $e=\dfrac{1}{2}$.

评析 在 $(*)$ 处的拆分是很有前瞻性的,就是为了利用垂直向量的数量积为 0 实现消元的目的,同时实现构造 a,c 的关系.这非常巧妙,有助于开发学生的思维,也体现了整体运算的巧妙.

4. 考题重现

题1 [2019 年普通高等学校招生全国统一考试(全国 I 卷)理科数学第 16 题]已知双曲线 $C:\dfrac{x^2}{a^2}-\dfrac{y^2}{b^2}=1(a>0,b>0)$ 的左、右焦点分别为 F_1,F_2,过 F_1 的直线与 C 的两条渐近线分别交于 A,B 两点. 若 $\overrightarrow{F_1A}=\overrightarrow{AB}$,$\overrightarrow{F_1B}\cdot\overrightarrow{F_2B}=0$,则 C 的离心率为_____.[2]

参考答案:2.

题2 [2020 年普通高等学校招生全国统一考试(全国 I 卷)理科数学第 15 题]已知 F 为双曲线 $C:\dfrac{x^2}{a^2}-\dfrac{y^2}{b^2}=1(a>0,b>0)$ 的右焦点,A 为 C 的右顶点,B 为 C 上的点,且 BF 垂直于 x 轴,若 AB 的斜率为 3,则 C 的离心率为_____.[3]

参考答案:2.

题3 〔2009年普通高等学校招生全国统一考试(浙江卷)数学(文科)第6题〕已知椭圆 $\frac{x^2}{a^2}+\frac{y^2}{b^2}=1(a>b>0)$ 的左焦点为 F,右顶点为 A,点 B 在椭圆上,且 $BF\perp x$ 轴,直线 AB 交 y 轴于点 P,若 $\overrightarrow{AP}=2\overrightarrow{PB}$,则椭圆的离心率是[4]   (   )

A. $\frac{\sqrt{3}}{2}$ B. $\frac{\sqrt{2}}{2}$ C. $\frac{1}{2}$ D. $\frac{1}{3}$

参考答案:C.

5. 反思总结

(1)离心率的求解方法

离心率是由 a,c 的比值定义的,因此求法分为两大类:一类是直接找到 a 和 c 的具体值得解,这种题较少;二类是建立关于 a,c 的关系式,通常有一次齐次式和二次齐次式,少有四次齐次式出现. 在建立关系式的过程中,要充分利用已知条件,通过等价转化将几何关系转化为代数方程,这个转化的过程较为复杂,需要学生训练有素,形成自己的数学核心素养,达到举一反三的水平. 转化时经常要考虑到平面向量的一些技巧、正余弦定理的合理运用、等面积法的使用、互补角的余弦和为0以及解析几何的基本操作,辅以一定的代数处理技巧,如整体代换等. 总而言之,求离心率的问题可大可小,题目位于12、16等位置时均需慎重对待.

(2)平面向量的工具性

平面向量具有代数和几何双重属性,它是研究数学的重要工具. 同时需要注意其隐蔽性和灵活性. 平面向量已知的位置关系和数量关系均不太直接,需要数形结合,通过系列运算和转化才能凸显问题的本质,这给学生带来不小的困难. 因此,我们要加强平面向量的学习和研究,熟练掌握其基本知识和技能,例如,向量减法的三角形法则:$\overrightarrow{AB}=\overrightarrow{OB}-\overrightarrow{OA}=\overrightarrow{NB}-\overrightarrow{NA}\cdots$,这里起点的选择灵活,因需要而定是比较麻烦的,还有数量积的几何意义的应用也是妙不可言的. 向量关系背后一定有某种特殊的几何关系或重要的代数关系,这一点不容置疑,在解题中务必挖掘到位,把握其本质,才能为解题铺平道路.

参 考 文 献

[1] 李尚志. 核心素养怎样考(二)[J]. 数学通报,2018,57(4):1-8.

[2] 李昌成. 由一道高考压轴小题引发的思考[J]. 中学生理科应试,2020(4):7-8.

[3] 古君文. 探究解析几何求解离心率的问题:以2020年全国卷Ⅰ理科第15题为例[J]. 教学考试,2021(2):55-56.

[4] 谢慧芬. 圆锥曲线离心率全"求"通[J]. 数理化解题研究,2019(31):12-13.

8.17 回归本质 不忘初心

——探究离心率问题的几何解法

摘　要：离心率是椭圆、双曲线、抛物线的重要几何性质. 离心率在高考中占有重要地位. 学生习惯于纯代数求离心率. 实际上, 几何法可以避开繁杂的运算, 快速得解. 本节研究几道经典题(含高考题)的几何解法, 以期化繁为简.

关键词：离心率；椭圆；双曲线；几何关系

《普通高中数学课程标准(2017 年版 2020 年修订)》明确指出了圆锥曲线的教学要求：

(1)了解圆锥曲线的实际背景, 感受圆锥曲线在刻画现实世界和解决实际问题中的作用.

(2)经历从具体情境中抽象出椭圆的过程, 掌握椭圆的定义、标准方程及简单几何性质.

(3)了解抛物线与双曲线的定义、几何图形和标准方程, 以及它们的简单几何性质.

(4)通过圆锥曲线与方程的学习, 进一步体会数形结合的思想.

(5)了解椭圆、抛物线的简单应用.

由此, 我们可以看出课程标准对圆锥曲线的几何性质有较高要求, 突出数形结合. 离心率是椭圆和双曲线的重要几何性质, 定义为 $e=\dfrac{c}{a}$, 它反映了椭圆的圆扁程度、双曲线的开口大小等几何性质. 离心率在高考中占有重要地位. 由于解析几何依靠代数运算打天下, 已经深入人心, 凡是解析几何问题, 学生不假思索, 直接运算. 实际上, 离心率问题往往可以利用几何知识, 避开繁杂的运算, 快速得解. 下面研究几道经典题(含高考题), 以期化繁为简, 展示几何法的魅力.

1. 向量蕴含着几何关系

例1 已知双曲线 $C:\dfrac{x^2}{a^2}-\dfrac{y^2}{b^2}=1(a>0,b>0)$ 的右焦点为 F, 过点 F 向双曲线的一条渐近线引垂线, 垂足为 M, 交另一条渐近线于 N, 若 $2\overrightarrow{MF}=\overrightarrow{FN}$, 则双曲线 C 的离心率为_____.

分析 本题中有直线垂直关系, 还有一个向量关系 $2\overrightarrow{MF}=\overrightarrow{FN}$, 一般都会从代数的角度入手, 通过建立 a,c 的关系式, 通过大量繁杂运算得解. 实际上, 本向量关系间接蕴含着三角形的重心, 我们可以构造一个以点 F 为重心的三角形, 使得解题简洁明快.

解 如图 8-9 所示, 在渐近线 $y=\dfrac{b}{a}x$ 上取点 P, 使得 $|OM|=|MP|$, 连接 NP, 交 x 轴于 Q, 由垂直平分线性质得 $|ON|=|NP|$.

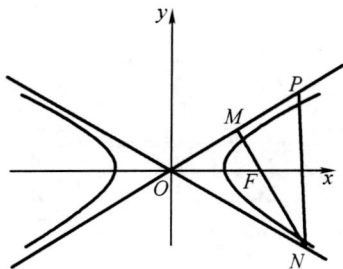

图 8-9

由 $2\overrightarrow{MF}=\overrightarrow{FN}$ 知点 F 是 $\triangle ONP$ 的重心,所以点 Q 是 NP 的中点,结合渐近线的对称性得 x 轴平分 $\angle NOP$,所以 $|ON|=|OP|$. 所以 $\triangle NOP$ 是正三角形.

因此

$$\frac{b}{a}=\tan\angle POQ=\tan 30°=\frac{1}{\sqrt{3}}$$

所以 $a=\sqrt{3}\,b$.

平方得 $a^2=3b^2$,所以

$$a^2=3(a^2-c^2)$$

解得 $e=\frac{2}{3}\sqrt{3}$.

评析 一般见到向量我们都会考虑其大小方向,而忽略其几何功能. 只有足够重视向量的几何功能,才能形成自觉思维,进而形成解题技巧,学生的发散思维才能得到培养.

既然这个几何关系是由向量给出的,那么稍微改变一下向量关系,几何关系又是什么呢?

变式 已知双曲线 $C:\dfrac{x^2}{a^2}-\dfrac{y^2}{b^2}=1$ 的右焦点为 F,过点 F 向双曲线的一条渐近线引垂线,垂足为 M,交另一条渐近线于 N,若 $2\overrightarrow{FM}=\overrightarrow{FN}$,则双曲线 C 的离心率为_____.

(有兴趣的读者可以尝试一下.)

2. 相似形隐含的几何关系

例 2 已知双曲线 $C:\dfrac{x^2}{a^2}-\dfrac{y^2}{b^2}=1$ 的左顶点和右焦点分别为 A,F,过点 F 向双曲线的一条渐近线引垂线 l,与 y 轴交于点 B,以线段 AF 为直径的圆过点 B,则双曲线 C 的离心率为_____.

分析 已知"以线段 AF 为直径的圆过点 B"意味着 $\angle ABF=90°$,我们容易判断 $\triangle OAB \backsim \triangle OBF$. 利用此几何关系,可以得到关于 a,b,c 的代数关系式,进而求出离心率 e.

解 如图 8-10 所示,设直线 l 与渐近线交于点 E.

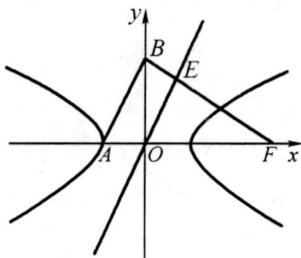

图 8-10

因为以线段 AF 为直径的圆过点 B，所以 $AB \perp BF$，所以 $AB /\!/ OE$. 所以 $\tan \angle BAO = \tan \angle EOF$，所以 $\dfrac{|OB|}{|OA|} = \dfrac{|EF|}{|OE|}$.

其中 $|EF| = b$，$|OE| = \sqrt{|OF|^2 - |EF|^2} = \sqrt{c^2 - b^2} = a$. 所以 $|OB| = b$.

由 $\triangle OAB \backsim \triangle OBF$ 得 $OB^2 = OA \cdot OF$，即 $b^2 = ac$. 所以

$$c^2 - a^2 = ac$$

所以

$$e^2 - e - 1 = 0.$$

解得 $e = \dfrac{1 + \sqrt{5}}{2}$.

例 3 已知双曲线 $C: \dfrac{x^2}{a^2} - \dfrac{y^2}{b^2} = 1$ 的左右焦点分别为 F_1，F_2，在双曲线上存在一点 P，使得 PF_1 与渐近线平行，$\angle F_1PF_2 = \dfrac{\pi}{2}$，则双曲线 C 的离心率为 _____.

分析 已知中"PF_1 与渐近线平行，$\angle F_1PF_2 = \dfrac{\pi}{2}$"说明了直线斜率的相等关系，也间接告诉我们本题中有一组相似三角形，利用其中与 a，b，c 有关的比值关系式可以快速准确求解.

解 设渐近线 $y = \dfrac{b}{a}x$ 与 PF_2 相交于 N，如图 8-11 所示.

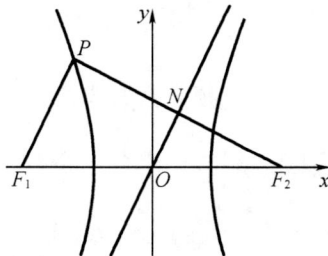

图 8-11

因为 $\triangle ONF_2 \backsim \triangle F_1PF_2$，所以 $\angle ONF_2 = \angle F_1PF_2 = 90°$.

因为 $|OF_2| = c$，$|NF_2| = b$，所以 $|ON| = a$.

由三角形相似知 $|PF_1|=2a$，$|PF_2|=2b$，由双曲线的定义知 $|PF_2|-|PF_1|=2a$，所以 $|PF_2|=4a$，因此 $2b=4a$，所以 $e=\sqrt{1+\left(\dfrac{b}{a}\right)^2}$，解得 $e=\sqrt{5}$.

例4 如图 8-12 所示，已知 O 为坐标原点，F 是椭圆 $C:\dfrac{x^2}{a^2}+\dfrac{y^2}{b^2}=1(a>b>0)$ 的左焦点，A,B 分别为 C 的左、右顶点. P 为 C 上一点，且 $PF\perp x$ 轴. 过点 A 的直线 l 与线段 PF 交于点 M，与 y 轴交于点 E. 若直线 BM 经过 OE 的中点，则椭圆的离心率为_____.

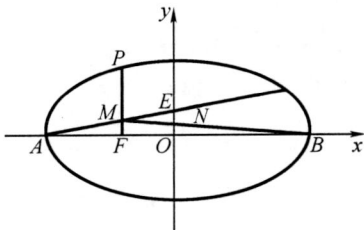

图 8-12

分析 本题中线条较多，让人眼花缭乱. 但是也有了较多的三角形，我们可以去寻找与 a,c 相关的相似三角形，以便找到离心率的桥梁. 不难发现 $|AF|=a-c$，$|BF|=a+c$，于是瞅准 $\triangle AFM$ 和 $\triangle AON$、$\triangle BFM$ 和 $\triangle BON$，利用相似性三角形，可以顺利推进解答.

解 由已知得 $\triangle AFM\backsim\triangle AON$，所以

$$\frac{|FM|}{|ON|}=\frac{|AF|}{|AO|}$$

即

$$\frac{|FM|}{|ON|}=\frac{a-c}{a}$$

同理，$\triangle BFM\backsim\triangle BON$，所以

$$\frac{|FM|}{\frac{1}{2}|ON|}=\frac{|BF|}{|BO|}$$

即

$$\frac{|FM|}{|ON|}=\frac{a+c}{2a}$$

所以

$$\frac{a-c}{a}=\frac{a+c}{2a}$$

所以 $a=3c$.

解得 $e=\dfrac{1}{3}$.

评析 圆锥曲线中的相似往往比较隐蔽，需要我们去发现，去挖掘，去利用. 直线间的

垂直、平行关系表现出来的直线斜率关系(代数式)已经被学生熟知,甚至先入为主,遮蔽了强悍的几何功能.以上几例如果用纯代数的办法计算,都比较繁杂,甚至可能找不到出口.因此,我们主动往几何方向去努力,发挥解析几何的几何本质属性,大大简化了运算.

3. 角互补引出的几何关系

分析 例2中$\angle BFO$,$\angle BFx$的正切值均与a,b,c有直接或间接关系.由于$\angle BFO+\angle BFx=\pi$,利用其互补关系,借助诱导公式,可以建立代数等式,我们也可以快速求解,此所谓"条条道路通罗马"(图8-10).

另解例2 由上面解法知$|OB|=b$,所以$\tan\angle BFO=\dfrac{b}{c}$.

因为

$$\angle BFO+\angle BFx=\pi$$

所以

$$\tan\angle BFO=-\tan\angle BFx$$

因此

$$\tan\angle BFO=-k_{BF}$$

而

$$k_{BF}=-\frac{1}{k_{OE}},\frac{1}{k_{OE}}=\frac{a}{b}$$

所以$\dfrac{b}{c}=\dfrac{a}{b}$.

以下同例2.

评析 "横看成岭侧成峰,远近高低各不同."一些题目中的几何关系往往不止一种,我们只有在比较中才能发现最简洁的办法.思维不仅需从代数中跳出来,还要在几何领域中多角度、多方位去思考,方可让解析几何的几何属性充分暴露,为我所用.

4. 切线背景下的几何关系

例5 在平面直角坐标系xOy中,设椭圆$\dfrac{x^2}{a^2}+\dfrac{y^2}{b^2}=1(a>b>0)$的焦距为$2c$,以点$O$为圆心,$a$为半径作圆$M$,若过点$P\left(\dfrac{a^2}{c},0\right)$所做圆$M$的两条切线互相垂直,则椭圆的离心率为_____.

分析 本题的已知元素比较丰富,直线、圆、椭圆都有了.位置关系比较复杂,直线和圆相切,圆和椭圆相切.椭圆、圆、圆的切线等知识融合在一个比较复杂的图形中,单纯从代数角度运算,问题不易解决.恰当利用切线性质构造一个正方形,再利用正方形中的数量关系以及椭圆和圆位置关系带来的数量关系,使得问题暴露无遗,解法也简洁易行.

解 如图8-13所示,设切点为E,F,连接OE,OF.

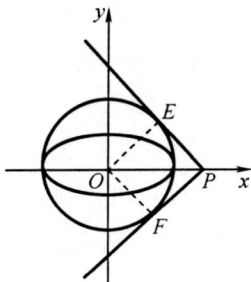

图 8-13

由平面几何知识可知 $|PE|=|PF|$，$OE\perp PE$，$OF\perp PF$，所以四边形 $OEPF$ 是边长为 a 的正方形，所以

$$|OP|=\sqrt{2}a=\frac{a^2}{c}$$

所以 $e=\dfrac{c}{a}=\dfrac{\sqrt{2}}{2}$.

评析 本例充分显示了几何法求离心率的优越性. 只要能发现几何关系，恰当应用几何关系，问题就会迎刃而解.

通过以上几例，我们可以发现几何法求解离心率要比代数法简捷. 我们应扭转思维，避免凡是解析几何问题都要硬算到底. 几何法不仅可以简化运算，还可以提高准确率，同时可以开发学生的思维，锻炼学生一题多解的能力，增强学生学习数学的兴趣，自觉探寻问题的本质，达到提升学生的数学核心素养的最终目的.

参 考 文 献

［1］ 李昌成. 由一道教师业务考试题引发的思考［J］. 中学数学教学，2017(6)：32-33.
［2］ 余本顺. 浅谈新课标下椭圆离心率的教学与反思［J］. 数学教学研究，2011，30(2)：12-14.

8.18 减小高考解析几何运算量、提高正确率的策略

——恰当选择直线方程形式

摘 要：高考中解析几何题目容易失分，一个主要原因是解题时选择了直线方程形式，这不一定恰当. 本节通过高考题目对比解答，总结最优解法，理论联系实际，再应用于实际解题，形成技能.

关键词：直线方程；选择；解析几何；解题方法

高考试题中很多解析几何综合题目都是在直线与圆锥曲线相交的条件下命制出来的，这些题目经常作为小题的把关题、大题的压轴题，考查学生的综合能力. 学生普遍对此有几分畏惧. 究其原因，在解题入口处就埋下了隐患——直线方程形式选择不一定恰当，导致后续解答形式复杂，过程冗长，函数关系不明晰，最终问题搁浅. 高中阶段，教材共介绍了 6 种形式的直线方程，在解答圆锥曲线问题时，学生习惯使用斜截式 $y=kx+b$ 和点斜式 $y-y_1=k(x-x_1)$. 实际上，这是不合适的，应该根据已知条件和所求问题选用不同的形式，达到优化过程、减少运算、提高准确率的目的. 下面以高考题为例，说明如何选择直线方程，形成最佳解法，以飨读者.

1. 典型案例

例 1 ［2017 年普通高等学校招生统一考试（全国Ⅰ卷）理科数学第 10 题］已知 F 为抛物线 $C:y^2=4x$ 的焦点，过 F 作两条互相垂直的直线 l_1,l_2，直线 l_1 与 C 交于 A,B 两点，直线 l_2 与 C 交于 D、E 两点，则 $|AB|+|DE|$ 的最小值为 （　　）

A. 16　　　　　B. 14　　　　　C. 12　　　　　D. 10

分析 1 由已知分析得直线 l_1,l_2 存在斜率且均不为 0，不妨设 l_1 的斜率为 k，那么 l_2 的斜率为 $-\dfrac{1}{k}$. F 的坐标已知，我们可以用点斜式写出 l_1 的方程，代入抛物线 C，利用韦达定理和弦长公式，构造关于 k 的函数，求得最小值.

解法 1 由已知得直线 l_1,l_2 存在斜率且均不为 0，不妨设 l_1 的斜率为 k，那么 l_2 的斜率为 $-\dfrac{1}{k}$. 焦点 F 的坐标为 $(1,0)$，于是 l_1 的方程可以表示为 $y=k(x-1)$，将其代入 $y^2=4x$ 得

$$k^2x^2-(4+2k^2)x+k^2=0$$

设 $A(x_1,y_1),B(x_2,y_2)$，则

$$x_1+x_2=\frac{4+2k^2}{k^2},\quad x_1x_2=1$$

那么

$$|AB|=\sqrt{(1+k^2)\left[(x_1+x_2)^2-4x_1x_2\right]}$$

$$=\sqrt{(1+k^2)\left[\left(\frac{4+2k^2}{k^2}\right)^2-4\right]}$$

$$=\frac{4(1+k^2)}{k^2}$$

同理得 $|DE|=4(1+k^2)$. 于是

$$|AB|+|DE|=\frac{4(1+k^2)}{k^2}+4(1+k^2)$$

$$=4\,\frac{(1+k^2)^2}{k^2}$$

$$= 4\left(k^2 + \frac{1}{k^2} + 2\right)$$

$$\geq 4\left(2\sqrt{k^2 \cdot \frac{1}{k^2}} + 2\right)$$

$$= 16$$

当且仅当 $k = \pm 1$ 时,取得最小值 16.

故选 A.

评析 本解法是学生最容易想到的,但实际上是最麻烦的.首先,要考虑直线斜率的存在性,若遗忘可能造成最值不存在(很多题的最值就出现在斜率不存在的特殊情形处).其次,这种直线方程对应的弦长公式最复杂,给后续运算带来隐患,增加了答案的不确定性.最后,函数模型比较繁杂,往往需要多次构造,等价转化为利用均值不等式或对勾函数求最值问题,学生一般掌握得不太好,堵住了出口,致使整个解答搁浅,前功尽弃!

分析2 相对于斜截式方程,当已知直线的横截距(通常记为 a)时,可以设直线方程为 $x = ty + a$. 当 $t = 0$ 时,方程 $x = a$ 表示过定点 $(a, 0)$ 且与 x 轴垂直的直线;当 $t \neq 0$ 时,方程 $x = ty + a$ 表示过定点 $(a, 0)$ 且斜率为 $\frac{1}{t}$ 的直线.实践发现,这种直线方程会给后续解题带来两个好处,一是运算量相对小;二是最后的函数简单.

解法2 由已知得 $F(1, 0)$,设直线 l_1 的方程为 $x = ty + 1$. 将其代入 $y^2 = 4x$ 得

$$y^2 - 4ty - 4 = 0$$

设 $A(x_1, y_1)$,$B(x_2, y_2)$,则

$$y_1 + y_2 = 4t, y_1 y_2 = -4$$

那么

$$|AB| = \sqrt{(1 + t^2)\left[(y_1 + y_2)^2 - 4y_1 y_2\right]}$$

$$= \sqrt{(1 + t^2)\left[(4t)^2 + 16\right]}$$

$$= 4(1 + t^2)$$

同理得 $|DE| = 4\left(1 + \frac{1}{t^2}\right)$. 于是

$$|AB| + |DE| = 4(1 + t^2) + 4\left(1 + \frac{1}{t^2}\right)$$

$$= 4\left(t^2 + \frac{1}{t^2} + 2\right)$$

$$\geq 4\left(2\sqrt{t^2 \cdot \frac{1}{t^2}} + 2\right)$$

$$= 16$$

当且仅当 $t = \pm 1$ 时,取得最小值 16.

故选 A.

评析 直线的这种表示方式教材上并没有给出,而是一线教师在教学实践中总结出来

的. 通过本例我们可以感受到相对于解法 1 用它解题要简单一些, 无论是求弦长, 还是构造函数, 还是求函数的最值, 它都显得简洁明了.

分析3 若 $P(x_0,y_0)$ 是直线 l 上一个定点, 直线 l 的倾斜角为 θ, 则直线 l 的标准式参数方程为 $\begin{cases} x=x_0+t\cos\theta \\ y=y_0+t\sin\theta \end{cases}$ (t 为参数), 其中 t 的几何意义是: $|t|$ 表示直线上任意动点到定点 P 的距离. 直线上两点间距离 (弦长公式) 表示为 $|t_1-t_2|=\sqrt{(t_1+t_2)^2-4t_1t_2}$. 相对于其他形式的弦长公式, 这个公式最简捷.

解法3 由已知得 $F(1,0)$, 设直线 AB 的倾斜角为 θ, 则直线 AB 的标准式参数方程为

$$\begin{cases} x=1+t\cos\theta \\ y=t\sin\theta \end{cases}, t\text{ 为参数}$$

将其代入 $y^2=4x$, 整理得

$$\sin^2\theta t^2-4\cos\theta t-4=0$$

由韦达定理得

$$t_1+t_2=\frac{4\cos\theta}{\sin^2\theta}, t_1t_2=-\frac{4}{\sin^2\theta}$$

则

$$|AB|=\sqrt{\left(\frac{4\cos\theta}{\sin^2\theta}\right)^2-\frac{16}{\sin^2\theta}}=\frac{4}{\sin^2\theta}$$

由已知得, 直线 AB 与直线 DE 垂直, 则直线 DE 的倾斜角为 $90°+\theta$, 则

$$|DE|=\frac{4}{\sin^2(90°+\theta)}=\frac{4}{\cos^2\theta}$$

所以

$$|AB|+|DE|=\frac{4}{\sin^2\theta}+\frac{4}{\cos^2\theta}=\frac{16}{\sin^2 2\theta}\geq 16$$

当且仅当 $\theta=\frac{\pi}{4}$ 时, 取得最小值.

故选 A.

评析 直线参数方程可以避开斜率存在性的讨论, 对应的弦长公式简单, 构造的函数是常规的三角函数, 所以本解法应该是最优解法. 针对已知直线过定点, 问题与弦长相关的题目, 我们应首选直线参数方程. 由于直线参数方程是高中选学内容, 可能有的学生未学习, 非常有必要补上这一课. 事实上, 抛物线的焦点弦长, 可以通过直线参数方程得到一般公式: $\frac{2p}{\sin^2\theta}$ (θ 为直线的倾斜角). 因此, 掌握此结论的学生在高考时可以秒杀此类题.

例2 [2005 年普通高等学校招生全国统一考试 (福建卷) 数学 (理工农医类) 第21题] 已知方向向量为 $v=(1,\sqrt{3})$ 的直线 l 过点 $(0,-2\sqrt{3})$ 和椭圆 $C: \frac{x^2}{a^2}+\frac{y^2}{b^2}=1$ ($a>b>0$) 的焦点, 且椭圆 C 的中心关于直线 l 的对称点在椭圆 C 的右准线上.

(Ⅰ) 求椭圆 C 的方程;

（Ⅱ）是否存在过点 $E(-2,0)$ 的直线 m 交椭圆 C 于点 M,N，满足 $\overrightarrow{OM}\cdot\overrightarrow{ON}=\dfrac{4}{3}\sqrt{6}\cot\angle MON$ $\neq0$（O 为原点）？若存在，求直线 m 的方程；若不存在，说明理由.

分析1 由 $\overrightarrow{OM}\cdot\overrightarrow{ON}=\dfrac{4}{3}\sqrt{6}\cot\angle MON$ 变形可知 $\triangle MON$ 的面积，无法确定直线 m 是否存在斜率. 因此，可以按直线 m 斜率存在与否分类讨论解答本题.

解法1 （Ⅰ）略解：C 的方程为 $\dfrac{x^2}{6}+\dfrac{y^2}{2}=1$；

（Ⅱ）由 $\overrightarrow{OM}\cdot\overrightarrow{ON}=\dfrac{4}{3}\sqrt{6}\cot\angle MON$ 得

$$\frac{1}{2}|OM||ON|\sin\angle MON=\frac{2}{3}\sqrt{6}$$

所以 $S_{\triangle MON}=\dfrac{2}{3}\sqrt{6}$.

当直线 m 垂直于 x 轴时，$|MN|=\dfrac{2b^2}{a}=\dfrac{4}{\sqrt{6}}$，$|OE|=2$，$S_{\triangle MON}=\dfrac{1}{2}\cdot|MN|\cdot|OE|=\dfrac{2}{3}\sqrt{6}$.

满足题意，此时直线 m 的方程为 $x=-2$.

当直线 m 不垂直于 x 轴时，设直线 $m:y=k(x+2)$，$M(x_1,y_1)$，$N(x_2,y_2)$.

将 $y=k(x+2)$ 代入 $\dfrac{x^2}{6}-\dfrac{y^2}{2}=1$ 整理得

$$(3k^2+1)x^2+12k^2x+12k^2-6=0$$

$$x_1+x_2=-\frac{12k^2}{3k^2+1},\ x_1x_2=\frac{12k^2-6}{3k^2+1}$$

$$|MN|=\sqrt{1+k^2}\sqrt{(x_1+x_2)^2-4x_1x_2}$$

$$=\sqrt{1+k^2}\sqrt{\left(-\frac{12^2}{3k^2+1}\right)^2-4\frac{12k^2-6}{3k^2+1}}$$

$$=\frac{2\sqrt{6}(1+k^2)}{3k^2+1}$$

点 O 到直线 m 的距离为

$$d=\frac{|2k|}{\sqrt{1+k^2}}$$

所以

$$\frac{1}{2}\cdot\frac{2\sqrt{6}(1+k^2)}{3k^2+1}\cdot\frac{|2k|}{\sqrt{1+k^2}}=\frac{2}{3}\sqrt{6}$$

整理得 $k^2=\dfrac{1}{3}$，所以 $k=\pm\dfrac{\sqrt{3}}{3}$.

综上，直线 m 的方程为 $x=-2$，或 $y=\dfrac{\sqrt{3}}{3}x+\dfrac{2\sqrt{3}}{3}$，或 $y=-\dfrac{\sqrt{3}}{3}x-\dfrac{2\sqrt{3}}{3}$.

分析 2 本题的实质是已知 $\triangle MON$ 面积的情况下,求直线方程.注意到线段 OE 是定值,我们可以将 $\triangle MON$ 分成 $\triangle MOE$ 和 $\triangle NOE$,两个三角形的面积分别可以被点 M,N 的纵坐标表示,因此可以设 $m:x=ty-2$,避开讨论作答.

解法 2 设直线 $m:x=ty-2$,$M(x_1,y_1)$,$N(x_2,y_2)$.

将 $x=ty-2$ 代入 $\dfrac{x^2}{6}+\dfrac{y^2}{2}=1$,整理得

$$(t^2+3)y^2-4ty-2=0$$

$$y_1+y_2=\frac{4t}{t^2+3},y_1y_2=\frac{-2}{t^2+3}$$

所以

$$|y_1-y_2|=\sqrt{(y_1+y_2)^2-4y_1y_2}=\sqrt{\left(\frac{4t}{t^2+3}\right)^2+\frac{8}{t^2+3}}=\sqrt{\frac{24t^2+24}{t^4+6t^2+9}}$$

而

$$S_{\triangle MON}=S_{\triangle MOE}+S_{\triangle NOE}=\frac{1}{2}|OE||y_1-y_2|=\frac{2}{3}\sqrt{6}$$

因此

$$\sqrt{\frac{24t^2+24}{t^4+6t^2+9}}=\frac{2}{3}\sqrt{6}$$

解得 $t=0$,或 $t=\sqrt{3}$,或 $t=-\sqrt{3}$.

所以直线 m 的方程为 $x=-2$,或 $x=\sqrt{3}y-2$,或 $x=-\sqrt{3}y-2$.

评析 对比以上两种解法可以看出,解法 1 从点斜式直线入手,分类讨论,思路简单,过程冗长,计算繁杂;解法 2 从 $x=ty+a$ 的直线形式入手,有效避开讨论,充分利用常数,运算简捷,答案形式也赏心悦目,解法不失一般性,明显优于解法 1.

2. 探究规律

在解直线和圆锥曲线的综合题时,我们一定会面临直线形式的选择问题.哪一种最好,要因题而异,不可一概而论.一般地,当已知直线的斜率时,首选斜截式或参数方程;当已知直线过定点时,有三种情形:定点为 $(0,b)$(b 为直线的纵截距)首选斜截式;定点为 $(a,0)$(a 为直线的横截距)首选 $x=ty+a$ 或参数方程.定点为 (m,n) 首选点斜式或参数方程.曲线类型对直线选择影响也较大;问题等价转化形式对直线选择影响更大.因此,直线方程形式的选择实际上是一个瞻前顾后的工作,是一个统领的工作,我们要在实践中积累经验,作为一种技能来掌握它,以提高应对解析几何的综合能力.

3. 应用实践

题 1 [2005 年普通高等学校全国统一考试理科数学(必修十选修Ⅱ)第 21 题]P、Q、M、N 四点都在椭圆 $x^2+\dfrac{y^2}{2}=1$ 上,F 为椭圆在 y 轴正半轴上的焦点.已知 $\overrightarrow{PF}$ 与 $\overrightarrow{FQ}$ 共线,$\overrightarrow{MF}$

与 $\overrightarrow{FN}$ 共线,且 $\overrightarrow{PF}\cdot\overrightarrow{MF}=0$. 求四边形 $PMQN$ 的面积的最小值和最大值.

提示　本题的关键是求弦长,而两弦共已知点且垂直,于是两直线的倾斜角相差 90°,因此最好选择直线参数方程解题,将问题归结为求三角函数的最值.

题2　[2013年普通高等学校招生全国统一考试(新课标Ⅱ卷)数学(理科)第20题]平面直角坐标系 xOy 中,过椭圆 $M:\dfrac{x^2}{a^2}+\dfrac{y^2}{b^2}=1(a>b>0)$ 右焦点的直线 $x+y-\sqrt{3}=0$ 交 M 于 A,B 两点,P 为 AB 的中点,且 OP 的斜率为 $\dfrac{1}{2}$.

(Ⅰ)求 M 的方程;

(Ⅱ)C,D 为 M 上的两点,若四边形 $ACBD$ 的对角线 $CD\perp AB$,求四边形 $ACBD$ 面积的最大值.

提示　对于(Ⅱ),直线 AB 的斜率为 -1,因为 $CD\perp AB$,所以直线 CD 的斜率也是1,所以直线 CD 用斜截式 $y=x+t$ 表示,易于用 t 表示 $|CD|$. 四边形 $ACBD$ 面积由 $|AB|$,$|CD|$ 决定,$|AB|$ 是常数,所以四边形 $ACBD$ 面积 S 就被表示成关于 t 的函数,易求得其最大值.

题3　已知椭圆 $C:\dfrac{x^2}{a^2}+\dfrac{y^2}{b^2}=1(a>b>0)$ 的左、右焦点分别为 $F_1(-1,0)$,$F_2(1,0)$,且椭圆上存在一点 M,满足 $|MF_1|=\dfrac{14}{5}$,$\angle F_1F_2M=120°$.

(Ⅰ)求椭圆 C 的标准方程;

(Ⅱ)过椭圆 C 右焦点 F_2 的直线 l 与椭圆 C 交于不同的两点 A,B,求 $\triangle F_1AB$ 的内切圆半径的最大值.

提示　对于(Ⅱ),设 $A(x_1,y_1)$,$B(x_2,y_2)$,设 $\triangle F_1AB$ 的内切圆的半径为 R,利用内切圆的性质得 $\triangle F_1AB$ 的周长和 R 可以表示其面积. 另外,注意到 $|F_1F_2|$ 是定值,所以 $\triangle F_1AB$ 面积又可以用 $|y_1-y_2|$ 表达,所以设直线 l 的方程为 $x=ty+c$[由第(Ⅰ)问知 $c=1$],通过等面积法建立 R 与 t 的函数关系,求得内切圆半径的最大值.

4. 结束语

通过前瞻性地选择直线方程能够从宏观上把控解析几何的解题思路. 加强思考总结,有助于准确把握问题的内涵,找到突破途径,克服学生的畏惧心理,全面提高学生的解题能力.

参 考 文 献

[1]　李昌成. 巧用参数 t 的几何意义解决一类最值问题[J]. 数理化学习(高中版),2019
　　(1):25-27.

8.19 结论应用重要 结论证明更重要

——以一个双曲线的结论为例

摘 要:圆锥曲线中有很多固定结论,我们不仅要善于运用它,更应注意以不同视角的研究证明它,这样才能用活它.以双曲线的两个焦半径的倒数之和为定值为例,先从多角度证明,再加以应用.

关键词:双曲线;焦半径;定值

1. 结论呈现

已知 F 为双曲线 $\dfrac{x^2}{a^2} - \dfrac{y^2}{b^2} = 1$ 的右焦点,过点 F 的直线交双曲线于 A,B 两点,证明: $\dfrac{1}{|AF|} + \dfrac{1}{|BF|} = \dfrac{2a}{b^2}$.

2. 总体分析

这个结论存在于双曲线中且与长度相关,用两点间的距离公式直接处理是可以的.本结论也和焦点相关,借助焦点三角形求解也是行得通的.圆锥曲线的第二定义与焦半径密切相关.解析几何还有一些便捷工具,如极坐标、参数方程,使用这些技巧或办法,也能解决这个问题.

3. 结论证明

视角 1 利用两点间距离公式证明

证明 设点 $A(x_1, y_1)$ 在第一象限, $B(x_2, y_2)$ 在第二象限,则有

$$\frac{x_1^2}{a^2} - \frac{y_1^2}{b^2} = 1$$

整理得

$$y_1^2 = b^2\left(\frac{x_1^2}{a^2} - 1\right)$$

由两点间的距离公式得

$$|AF| = \sqrt{(x_1 - c)^2 + y_1^2}$$

$$= \sqrt{(x_1 - c)^2 + b^2\left(\frac{x_1^2}{a^2} - 1\right)}$$

$$= \sqrt{\frac{c^2}{a^2}x_1^2 - 2cx_1 + a^2}$$

$$= \left| \frac{c}{a}x_1 - a \right| \qquad ①$$

因为 $x_1 \geqslant a$，所以 $\frac{c}{a}x_1 \geqslant c$，因此

$$\frac{c}{a}x_1 - a > 0$$

从而

$$|AF| = \frac{c}{a}x_1 - a$$

设直线 AB 的倾斜角为 θ，则

$$|AF| = \frac{c}{a}(c + AF\cos\theta) - a$$

整理得

$$|AF| = \frac{b^2}{a - c\cos\theta}$$

同理

$$|BF| = \frac{b^2}{a + c\cos\theta}$$

所以

$$\frac{1}{|AF|} + \frac{1}{|BF|} = \frac{2a}{b^2}$$

评析 利用两点间的距离公式求弦长是最朴素的方法，消去 y，带入化简和整理，思路比较自然，但化简后一定要引导学生看结构，实际上①处的被开方式是完全平方式，可以开方，另外根据变量 x 的范围，还可以直接去掉绝对值，实现了简化的目的. 只是纯字母运算，学生不是很容易察觉.

视角 2 借助焦点三角形证明

证明 设直线 AB 的倾斜角为 θ，$|AF| = m$，左焦点为 F'，则

$$|AF'| = 2a + m$$

在 $\triangle AFF'$ 中，由余弦定理得

$$|AF'|^2 = |AF|^2 + |FF'|^2 - 2|AF||FF'|\cos(\pi - \theta)$$

整理得

$$(a - c\cos\theta)m = c^2 - a^2$$

结合 $c^2 - a^2 = b^2$，得

$$|AF| = m = \frac{b^2}{a - c\cos\theta}$$

同理

$$|BF| = \frac{b^2}{a + c\cos\theta}$$

所以

$$\frac{1}{|AF|}+\frac{1}{|BF|}=\frac{a-c\cos\theta}{b^2}+\frac{a+c\cos\theta}{b^2}=\frac{2a}{b^2}$$

评析 此法是在焦点三角形中,借助双曲线的第一定义和余弦定理求出线段 AF 与 BF 的长度,进一步求解即可得出结论. 这是一种比较简洁的解题方法,学生也容易理解和掌握.

视角3 借助双曲线的第二定义证明

证明 设点 $A(x_1,y_1)$,$B(x_2,y_2)$,右准线为 l,过点 A 作 $AM\perp l$,垂足为 M,则有

$$\frac{|AF|}{|AM|}=e=\frac{c}{a}$$

所以

$$|AF|=e|AM|=e\left(x_1-\frac{a^2}{c}\right)=ex_1-a$$

$$|AF|=\frac{c}{a}x_1-a=\frac{c}{a}(c+|AF|\cos\theta)-a$$

整理得

$$|AF|=\frac{b^2}{a-c\cos\theta}$$

同理

$$|BF|=\frac{b^2}{a+c\cos\theta}$$

所以

$$\frac{1}{|AF|}+\frac{1}{|BF|}=\frac{2a}{b^2}$$

评析 圆锥曲线的第二定义在现行的高中数学教材中已经弱化了,只以课后习题的形式呈现. 针对程度好的学生,也可以适当予以延伸与拓展. 这样可以拓宽学生的视野,锻炼学生的思维能力,提升学生的数学素养.

视角4 借助极坐标证明[1]

证明 设 $A(\rho,\theta)$ 为双曲线上任意一点,连接 AF. 过 A 作 $AM\perp l$ 于 M,$AN\perp x$ 轴于 N. 设 $|FK|=p$,则

$$|AM|=|NK|=|FK|+|FN|=p+\rho\cos\theta$$

由圆锥曲线的统一定义 $\frac{\rho}{|AM|}=e$,所以

$$\frac{\rho}{p+\rho\cos\theta}=e$$

整理得

$$\rho=\frac{ep}{1-e\cos\theta}$$

即

$$|AF|=\frac{ep}{1-e\cos\theta}$$

同理

$$|BF|=\frac{ep}{1-e\cos(\pi+\theta)}=\frac{ep}{1+e\cos\theta}$$

$$\frac{1}{|AF|}+\frac{1}{|BF|}=\frac{2}{ep}$$

而

$$ep=e\left(c-\frac{a^2}{c}\right)=\frac{c}{a}\cdot\frac{b^2}{c}=\frac{b^2}{a}$$

所以

$$\frac{1}{|AF|}+\frac{1}{|BF|}=\frac{2a}{b^2}$$

评析 极坐标与参数方程属于《普通高中课程标准实验教科书数学选修4-4》的内容，作为传统数学知识又回到了高中数学中，可见极坐标的重要性还是显而易见的. 利用极坐标方程来处理有关焦半径和焦点弦的相关问题非常方便.

视角5 借助参数方程证明

证明 设直线 AB 的参数方程为

$$\begin{cases}x=c+t\cos\theta\\y=t\sin\theta\end{cases},t\text{ 为参数}$$

代入

$$b^2x^2-a^2y^2=a^2b^2$$

得

$$b^2(c+t\cos\theta)^2-a^2(t\sin\theta)^2-a^2b^2=0$$

整理得

$$(b^2\cos^2\theta-a^2\sin^2\theta)t^2+2b^2c\cos\theta\cdot t+b^4=0$$

设 A,B 对应的参数分别为 t_1,t_2，则

$$t_1+t_2=-\frac{2b^2c\cos\theta}{b^2\cos^2\theta-a^2\sin^2\theta},t_1t_2=\frac{b^4}{a^2\cos^2\theta-b^2\sin^2\theta}$$

所以

$$(t_1-t_2)^2=(t_1+t_2)^2-4t_1t_2$$
$$=\left(-\frac{2b^2c\cos\theta}{a^2\cos^2\theta-b^2\sin^2\theta}\right)^2-\frac{4b^4}{a^2\cos^2\theta-b^2\sin^2\theta}$$
$$=\frac{4a^2b^4}{(a^2\cos^2\theta-b^2\sin^2\theta)^2}$$

所以

$$\frac{1}{|AF|}+\frac{1}{|BF|}=\frac{1}{|t_1|}+\frac{1}{|t_2|}$$
$$=\left|\frac{t_1-t_2}{t_1\cdot t_2}\right|$$
$$=\frac{2ab^2}{|b^2\cos^2\theta-a^2\sin^2\theta|}\cdot\frac{|b^2\cos^2\theta-a^2\sin^2\theta|}{b^4}$$

$$= \frac{2a}{b^2}$$

所以

$$\frac{1}{|AF|} + \frac{1}{|BF|} = \frac{2a}{b^2}$$

评析 参数方程是曲线的点另一种表现形式,它的几何意义是解题的法宝,可以在一定程度上简化运算.参数的引入学生好理解,但在解题中还需要学生慢慢领会参数的意义.

视角6 借助直线 $x=ty+a$ 证明

证明 设直线 AB 的普通方程为

$$x = ty + c$$

代入

$$b^2x^2 - a^2y^2 = a^2b^2$$

整理得

$$(b^2t^2 - a^2)y^2 + 2b^2cty + b^4 = 0$$

设点 $A(x_1, y_1)$,$B(x_2, y_2)$,则

$$y_1 + y_2 = -\frac{2b^2ct}{b^2t^2 - a^2}, y_1y_2 = \frac{b^4}{b^2t^2 - a^2}$$

所以

$$\begin{aligned}
(y_1 - y_2)^2 &= (y_1 + y_2)^2 - 4y_1y_2 \\
&= \left(-\frac{2b^2ct}{b^2t^2 - a^2}\right)^2 - \frac{4b^4}{b^2t^2 - a^2} \\
&= \frac{4a^2b^4(1+t^2)}{(b^2t^2 - a^2)^2} \\
|y_1 - y_2| &= \frac{2ab^2\sqrt{1+t^2}}{|b^2t^2 - a^2|}
\end{aligned}$$

于是

$$\frac{1}{|AF|} + \frac{1}{|BF|} = \frac{1}{\sqrt{1+t^2}}\left|\frac{1}{y_1} - \frac{1}{y_2}\right| = \frac{1}{\sqrt{1+t^2}}\left|\frac{y_1 - y_2}{y_1y_2}\right| = \frac{2a}{b^2}$$

所以

$$\frac{1}{|AF|} + \frac{1}{|BF|} = \frac{2a}{b^2}$$

评析 利用直线 $x=ty+a$ 解决圆锥曲线有两个优点:一是避开讨论直线斜率存在与否,二是减少运算.我们要有意识地训练和培养学生的计算能力,这也是高中数学六大核心素养之一.

4. 结论应用与推广

焦半径的试题不仅在双曲线中有呈现,事实上在椭圆及抛物线中也有不同程度的考查.以上双曲线中的几种解题视角基本上也适用于椭圆及抛物线.有兴趣的读者不妨参照以上的几种解题视角,尝试做以下几道试题,相信一定会有更进一步的认识和提高.

（1）（2017 年重庆理科测试卷第 12 题）过双曲线 $x^2-y^4=4$ 的右焦点 F 作倾斜角为 $105°$ 的直线,交双曲线于 P,Q 两点,则 $|FP| \cdot |FQ|$ 的值为_____.

参考答案:$\dfrac{8\sqrt{3}}{3}$

（2）（2019 年东北三省四市联考）过抛物线 $y^2=4x$ 的焦点 F 的直线交抛物线于 A,B 两点,则 $\dfrac{1}{|AF|}+\dfrac{1}{|BF|}=$ _____.

参考答案:1.

（3）（2020 年江苏省常州市期末考试第 18 题）在平面直角坐标系 xOy 中,椭圆 $C:\dfrac{x^2}{a^2}+\dfrac{y^2}{b^2}=1(a>b>0)$ 的右焦点为 $F(4m,0)(m>0,m$ 为常数),离心率等于 0.8,倾斜角为 θ 的直线交椭圆 C 于 M,N 两点.

①求椭圆 C 的标准方程;

②试问 $\dfrac{1}{|MF|}+\dfrac{1}{|NF|}$ 的值是否与 θ 的大小无关,并证明你的结论.

参考答案:$\dfrac{x^2}{25m^2}+\dfrac{y^2}{9m^2}=1;\dfrac{10}{9m}.$

5. 结束语

求解(证明)定值问题可以从代数角度或几何角度入手,但选择的方法不同,思考的难度有所不同[2],运算量可以说有很大的不同. 解析几何确实是用代数方法来解决几何问题,但数形结合很关键. 除此之外,圆锥曲线焦点三角形的正确使用、第二定义的介入、极坐标方程的使用、参数方程的几何意义的求解,给本结论的推导打开了不同的解题视野. 因此,在今后的解题教学中,教师也需要打破常规,多寻求解题的思路和新的解题方法.

参 考 文 献

［1］ 孙善良. 圆锥曲线的统一极坐标方程在高考中的应用［J］. 数学教育研究,2008 （3）:59-60.

［2］ 李昌成. 由一道教师业务考试题引发的思考［J］. 中学数学教学,2017(6):32-33.

8.20　利用整体处理的技巧突破定值问题

——以一道 2022 年模考题为例

摘　要:解析几何中的定点、定直线问题,是近几年模考和高考的常见题型,也是教学的难点. 这类问题综合性强,方法灵活,对运算能力和逻辑推理能力要求比较高. 一般以椭圆或抛物线为背景,探求"变化中不变的量". 因此,要从整体上把握题设给出的信息,挖掘各个量之间的相互联系,寻求定点,找到定值.

关键词:定值;定点;整体代换;设而不求

1. 题目呈现

(乌鲁木齐地区 2022 年高三年级第一次质量监测理科第 20 题)已知动点 P 与定点 $F(1,0)$ 的距离和它到定直线 $l:x=4$ 的距离之比为 $\frac{1}{2}$,记 P 的轨迹为曲线 C.

(Ⅰ)求曲线 C 的方程;

(Ⅱ)过点 $M(4,0)$ 的直线与曲线 C 交于 A,B 两点,R,Q 分别为曲线 C 与 x 轴的两个交点,直线 AR,BQ 交于点 N,求证:点 N 在定直线上.

2. 分析问题

易得第(Ⅰ)问,曲线 C 的方程为 $\frac{x^2}{4}+\frac{y^2}{3}=1$.

对于第(Ⅱ)问,设 $A(x_1,y_1),B(x_2,y_2)$.

据题意,设 $R(-2,0),Q(2,0)$.

直线 AR 方程为

$$y=\frac{y_1}{x_1+2}(x+2)$$

同理,直线 BQ 方程为

$$y=\frac{y_2}{x_2-2}(x-2)$$

涉及两直线交点,自然想到联立两直线方程,根据两式的特征,我们不妨将两式作商,消去 y,实现"已知"与"未知"的分离,得

$$\frac{x+2}{x-2}=\frac{y_2(x_1+2)}{y_1(x_2-2)} \tag{$*$}$$

即使运算至此,很多学生还是会束手无策,因为联立直线与圆锥曲线的方程,消元后,由韦达定理得到 x_1+x_2,x_1x_2,或 y_1+y_2,y_1y_2 均无法直接代入($*$)式. 这就是圆锥曲线中的"非对称性问题",我们需要借助"整体代换""设而不求"等技巧来处理问题. 以下具体探讨突破此题的方法.

3. 解答评析

视角 1　从直线的点斜式方程入手
解法 1　部分转化后使用韦达定理求解
设过点 $M(4,0)$ 的直线为

$$y=k(x-4)(显然 k 存在且 k\neq0)$$

设 $A(x_1,y_1),B(x_2,y_2)$.

联立 $\begin{cases} y=k(x-4) \\ \dfrac{x^2}{4}+\dfrac{y^2}{3}=1 \end{cases}$,消去 y,整理得

$$(4k^2+3)x^2-32k^2x+64k^2-12=0$$

由韦达定理得

$$x_1+x_2=\frac{32k^2}{4k^2+3} \qquad\qquad ①$$

$$x_1x_2=\frac{64k^2-12}{4k^2+3} \qquad\qquad ②$$

结合($*$)式有

$$\frac{x+2}{x-2}=\frac{k(x_2-4)(x_1+2)}{k(x_1-4)(x_2-2)}$$

$$=\frac{x_1x_2-4x_1+2x_2-8}{x_1x_2-2x_1-4x_2+8}$$

$$=\frac{x_1x_2-4(x_1+x_2)+6x_2-8}{x_1x_2-2(x_1+x_2)-2x_2+8}$$

将①式、②式代入上式,整理得

$$\frac{x+2}{x-2}=\frac{-3\left(\dfrac{32k^2+12}{4k^2+3}-2x_2\right)}{\dfrac{32k^2+12}{4k^2+3}-2x_2}=-3$$

所以

$$x+2=-3(x-2)$$

即 $x=1$.

所以点 N 在定直线 $x=1$ 上.

评析 此解法通过作商,得到与交点横坐标有关的式子,但属于非对称结构,所以无法直接利用韦达定理整体代换.因此我们想到通过配凑和变换,实现部分转化.解法1的求解中,分子、分母保留了 x_2,其他参数部分全部转化为 x_1x_2 与 x_1+x_2 的形式,整体带入后,通过化简与变形,分子、分母刚好可以整体约分,达到了设而不求的效果.当然,在配凑时,分子、分母也可以保留 x_1,同样可以正确求解,不再赘述,大家不妨一试.

解法 2 利用 x_1x_2 与 x_1+x_2 的线性关系求解

观察①式、②式的结构,它们存在如下关系:

$$x_1x_2=A(x_1+x_2)+B$$

即

$$\frac{64k^2-12}{4k^2+3}=A\,\frac{32k^2}{4k^2+3}+B$$

整理得

$$\frac{64k^2-12}{4k^2+3}=\frac{(32A+4B)k^2+3B}{4k^2+3}$$

所以

$$\begin{cases} 32A+4B=64 \\ 3B=-12 \end{cases}$$

解得

$$\begin{cases} A=\dfrac{5}{2} \\ B=-4 \end{cases}$$

所以

$$x_1 x_2 = \frac{5}{2}(x_1+x_2)-4 \qquad ③$$

借助解法 1 得

$$\frac{x+2}{x-2} = \frac{x_1 x_2 - 4x_1 + 2x_2 - 8}{x_1 x_2 - 2x_1 - 4x_2 + 8}$$

将③式代入上式,化简整理得

$$\frac{x+2}{x-2} = \frac{\dfrac{5}{2}(x_1+x_2)-4-4x_1+2x_2-8}{\dfrac{5}{2}(x_1+x_2)-4-2x_1-4x_2+8} = \frac{-\dfrac{3}{2}x_1+\dfrac{9}{2}x_2-12}{\dfrac{1}{2}x_1-\dfrac{3}{2}x_2+4} = -3$$

下同解法 1.

所以点 N 在定直线 $x=1$ 上.

评析 解法 2 在解法 1 的基础上进行了优化. 既然是比值式,那么期盼分子、分母可以整体约分,我们寻找 $x_1 x_2$ 与 x_1+x_2 的线性关系,因此采用待定系数法突破难关,得出 $x_1 x_2 = \dfrac{5}{2}(x_1+x_2)-4$,带入(*)式后,求出结果,不失为一种巧妙的思路和解法,对考生来说,有相当的难度.

视角 2 从直线的横截式方程入手

解法 3 部分转化后使用韦达定理求解

设过点 $M(4,0)$ 的直线为

$$x=my+4, m\neq 0$$

联立 $\begin{cases} x=my+4 \\ \dfrac{x^2}{4}+\dfrac{y^2}{3}=1 \end{cases}$,消去 x,整理得

$$(3m^2+4)y^2+24my+36=0$$

设 $A(x_1,y_1), B(x_2,y_2)$,则

$$x_1=my_1+4, x_2=my_2+4$$

由韦达定理得

$$y_1+y_2 = \frac{-24m}{3m^2+4} \qquad ④$$

$$y_1 y_2 = \frac{36}{3m^2+4} \qquad ⑤$$

所以

$$\frac{x+2}{x-2}=\frac{y_1(x_1+2)}{y_1(x_2-2)}$$

$$=\frac{y_2(my_1+6)}{y_1(my_2+2)}$$

$$=\frac{my_1y_2+6y_2}{my_1y_2+2y_1}$$

$$=\frac{my_1y_2+6(y_1+y_2)-6y_1}{my_1y_2+2y_1}$$

将④式、⑤式代入上式,整理得

$$\frac{x+2}{x-2}=\frac{\dfrac{36m}{3m^2+4}+6\cdot\dfrac{-24m}{3m^2+4}-6y_1}{\dfrac{36m}{3m^2+4}+2y_1}=-3$$

下同解法 1.

所以点 N 在定直线 $x=1$ 上.

评析 解法 3 所设的是直线的横截式方程,因为直线过 x 轴上的一点 $(4,0)$,设横截式与圆锥曲线联立求解更便捷,所以相比较而言,解法 3 比解法 1 求解更方便.因此在以后的解题教学中,教师们通过两种设法求解进行比较,让学生学会甄别,掌握更好、更简洁的设直线方程的方法.

解法 4 利用 y_1y_2 与 y_1+y_2 的线性关系求解

由④式、⑤式可得

$$my_1y_2=-\frac{3}{2}(y_1+y_2)$$

所以

$$\frac{x+2}{x-2}=\frac{y_2(x_1+2)}{y_1(x_2-2)}$$

$$=\frac{y_2(my_1+6)}{y_1(my_2+2)}$$

$$=\frac{my_1y_2+6y_2}{my_1y_2+2y_1}$$

$$=\frac{-\dfrac{3}{2}(y_1+y_2)+6y_2}{-\dfrac{3}{2}(y_1+y_2)+2y_1}$$

$$=\frac{-\dfrac{3}{2}y_1+\dfrac{9}{2}y_2}{\dfrac{1}{2}y_1-\dfrac{3}{2}y_2}$$

$$=-3$$

下同解法1.

所以点 N 在定直线 $x=1$ 上.

评析 解法4和解法3本质相同,但是解法4中的 y_1y_2 与 y_1+y_2 的线性关系更直观,自然求解也就更简便.要想让学生达到这一能力,在平时的解题训练中,教师需要多引导,让学生多做相关的专题训练,所谓熟能生巧,慢慢就能破解此类题了.

4. 链接高考[1]

例1 [2020年普通高等学校招生全国统一考试(全国Ⅰ卷)理科数学第20题的变式题] 已知 A,B 分别为椭圆 $E:\dfrac{x^2}{a^2}+y^2=1(a>1)$ 的左、右顶点,G 为 E 的上顶点,向量 $\overrightarrow{AG}$ 与向量 $\overrightarrow{GB}$ 的数量积为8,过点 $\left(\dfrac{3}{2},0\right)$ 的动直线 CD 与椭圆分别相交于 C,D 两点.

(Ⅰ)求椭圆 E 的方程;

(Ⅱ)证明直线 AC 与 BD 的交点 P 在一条定直线上.

分析 高考真题第20题中,点 P 为直线 $x=6$ 上的动点,PA 与 E 的另一交点为 C,PB 与 E 的另一交点为 D,证明直线 CD 过定点.通过求解可得该直线所过的定点为 $\left(\dfrac{3}{2},0\right)$.此题的变式题是高考题的逆向探究问题,所得结论即为高考题的逆命题.可证得直线 AC 与 BD 的交点 P 在定直线 $x=6$ 上.而且,我们还发现定点 $M\left(\dfrac{3}{2},0\right)$ 与定直线 $x=6$,恰好是已知椭圆的极点与极线,这样还溯源到此高考题的命题背景.

练习 (四川省宜宾市高2020届一模考试)已知椭圆 $C:\dfrac{x^2}{a^2}+\dfrac{y^2}{b^2}=1(a>b>0)$ 的左、右焦点分别是 F_1,F_2,A,B 是其左、右顶点,点 P 是椭圆 C 上任一点,且 $\triangle PF_1F_2$ 的周长为6,若 $\triangle PF_1F_2$ 面积的最大值为 $\sqrt{3}$.

(Ⅰ)求椭圆 C 的方程;

(Ⅱ)若过点 F_2 且斜率不为0的直线交椭圆 C 于 M,N 两个不同点.证明:直线 AM,BN 的交点在一条定直线上.

解 (Ⅰ)椭圆方程为 $\dfrac{x^2}{4}+\dfrac{y^2}{3}=1$.

(Ⅱ)由(Ⅰ)得 $A(-2,0),B(2,0),F_2(1,0)$.

设直线 MN 的方程为

$$x=my+1,m\neq 0$$

设 $M(x_1,y_1),N(x_2,y_2)$.

联立 $\begin{cases}\dfrac{x^2}{4}+\dfrac{y^2}{3}=1\\x=my+1\end{cases}$,得

$$(4+3m^2)y^2+6my-9=0$$

则

$$y_1+y_2 = \frac{-6m}{4+3m^2}, y_1y_2 = -\frac{9}{4+3m^2}$$

所以

$$my_1y_2 = \frac{3}{2}(y_1+y_2)$$

直线 AM 的方程为

$$y = \frac{y_1}{x_1+2}(x+2)$$

直线 BN 的方程为

$$y = \frac{y_2}{x_2-2}(x-2)$$

两式作商,整理得

$$\frac{x+2}{x-2} = \frac{y_2(x_1+2)}{y_1(x_2-2)} = \frac{my_1y_2+3y_2}{my_1y_2-y_1} = 3$$

解得 $x=4$.

因此,直线 AM, BN 的交点在定直线 $x=4$ 上.

例2 (2017年普通高等学校招生全国统一考试理科数学第20题)设 O 为坐标原点,动点 M 在椭圆 $C: \frac{x^2}{2}+y^2=1$ 上,过 M 作 x 轴的垂线,垂足为 N,点 P 满足 $\overrightarrow{NP} = \sqrt{2}\overrightarrow{NM}$.

(Ⅰ)求点 P 的轨迹方程;

(Ⅱ)设点 Q 在直线 $x=-3$ 上,且 $\overrightarrow{OP} \cdot \overrightarrow{PQ} = 1$,证明:过点 P 且垂直于 OQ 的直线 l 过 C 的左焦点 F.

例3 [2013年普通高等学校招生全国统一考试理科数学(必修+选修Ⅱ)陕西卷]已知动圆过定点 $A(4,0)$,且在 y 轴上截得的弦 MN 的长为8.

(Ⅰ)求动圆圆心的轨迹 C 的方程;

(Ⅱ)已知点 $B(-1,0)$,设不垂直于 x 轴的直线 l 与轨迹 C 交于不同的两点 P,Q,若 x 轴是 $\angle PBQ$ 的角平分线,证明直线 l 过定点.

评析 以上两例中的定点问题是动直线恒过某一定点的问题,一般是先将动直线用参数表示出来,再分析判断出其所过的定点. 在这类题中,参数的选择至关重要,化解这类问题的关键,就是引进参数表示直线方程,根据等式的恒成立、数式变换等寻找不受参数影响的量,也就是不变量,即能求出定点的坐标. 限于篇幅,不再求解.

5. 解题反思

定点、定直线问题,是高中解析几何中的典型问题,在解答这类问题的过程中,重点考查学生的逻辑思维能力、知识迁移能力和运算求解能力. 此类问题定中有动,动中有定,常与轨迹问题相结合,深入考查直线与圆锥曲线的位置关系等相关知识,也考查数形结合、化归与转化、函数和方程等数学思想. 作为教师,我们通过对解题方法的探究和题型的归纳,培养学生的自主钻研精神,逐步提高学生的创新精神[2].

参 考 文 献

[1] 袁方程,黄俊峰.解析几何中的定值、定点、定直线问题[J].中学生数学,2011(21):21-24.

[2] 柯国庆.解析几何中的一道亮丽"风景线":浅析定值、定点、定直线问题[J].学苑教育,2010(16):50-51.

第9章 导数篇

9.1 导数全覆盖 素养均考查

导数及其应用是高中数学的重要教学内容,也是高考重点考查内容.近年来,高考数学全国卷在选择题的第 12 题,或填空题第 16 题连续出现导数把关小题,考点设置或明或暗,考查学生的数学核心素养.下面分享几例,供同行参考.

1. 导数渗透于三角函数

例 1 [2018 年普通高等学校招生全国统一考试(全国 I 卷)理科数学第 16 题]已知函数 $f(x)=2\sin x+\sin 2x$,则 $f(x)$ 的最小值是_____.

分析 此题中函数是将正弦函数两次变换相加而得,第一次纵坐标伸长为原来的两倍,横坐标不变;第二次横坐标缩短为原来的一半,纵坐标不变.题面很熟悉,但是这个加号使得题目变得不同寻常.因此,我们考虑应用导数,找到极值点,求出极值,最后取极小值作为最小值.

解 $f'(x)=2\cos x+2\cos 2x$,由 $f'(x)=0$ 得
$$2\cos^2 x+\cos x-1=0$$

解得 $\cos x=\dfrac{1}{2}$,或 $\cos x=-1$,所以 $\sin x=\dfrac{\sqrt{3}}{2}$,或 $\sin x=-\dfrac{\sqrt{3}}{2}$,或 $\sin x=0$.

当 $\sin x=\dfrac{\sqrt{3}}{2}$,$\cos x=\dfrac{1}{2}$ 时,$f(x)=\dfrac{3\sqrt{3}}{2}$;

当 $\sin x=-\dfrac{\sqrt{3}}{2}$,$\cos x=\dfrac{1}{2}$ 时,$f(x)=-\dfrac{3\sqrt{3}}{2}$;

当 $\sin x=0$,$\cos x=-1$ 时,$f(x)=0$.

由三角函数的连续性和有界性,结合极值的概念得 $f(x)$ 的最小值是 $-\dfrac{3\sqrt{3}}{2}$.

评析 本题属于三角函数创新题,依靠常规的三角运算和方法作答有些困难.通过逻辑推理,几何直观可以发现,本函数连续且有界.该题考查学生应用知识的能力,把极小值转变为最小值.这里有一定的三角运算,这些正是数学的部分核心素养.

2. 导数与立体几何完美结合

例 2 [2017 年普通高等学校招生全国统一考试(全国 I 卷)理科数学第 16 题]如图

9-1 所示,圆形纸片的圆心为 O,半径为 5 cm,该纸片上的等边三角形 ABC 的中心为 $O.D,E,F$ 为圆 O 上的点,$\triangle DBC,\triangle ECA,\triangle FAB$ 分别是以 BC,CA,AB 为底边的等腰三角形,沿虚线剪开后,分别以 BC,CA,AB 为折痕折起 $\triangle DBC,\triangle ECA,\triangle FAB$ 使得 D,E,F 重合,得到三棱锥. 当 $\triangle ABC$ 的边长变化时,所得三棱锥体积(单位:cm^3)的最大值为_____.

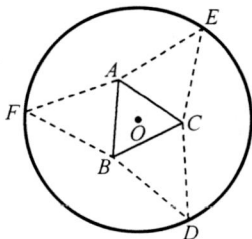

图 9-1

分析 连接 OD,交 BC 于 H,如图 9-2 所示,设 $OH=x$,根据各边的长度关系确定 BC,DH,求解三棱锥的高以及 $\triangle ABC$ 的面积,进而得到三棱锥体积 V 的解析式. 显然三维空间带来了高次函数,只有借助导数,才能确定最大值.

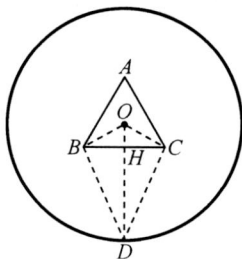

图 9-2

解 连接 OD,交 BC 于 H,如图 9-2 所示,则 $OD\perp BC$.

设 $OH=x,x\in\left(0,\dfrac{5}{2}\right)$,则 $DH=5-x,BC=2\sqrt{3}x$. 在此三棱锥 $D-ABC$ 中,OD 即为三棱锥 $D-ABC$ 的高.

$$h=\sqrt{DH^2-OH^2}=\sqrt{25-10x+x^2-x^2}=\sqrt{25-10x}$$

$$V=\frac{1}{3}Sh=\frac{1}{3}3\sqrt{3}x^2\sqrt{25-10x}=\sqrt{3}\sqrt{25x^4-10x^5}$$

令

$$f(x)=25x^4-10x^5$$

则

$$f'(x)=100x^3-10x^5$$

由 $f'(x)>0$,解得 $0<x<2$,因此 $f(x)<f(2)=80$,所以 $V\leqslant\sqrt{3}\sqrt{80}=4\sqrt{15}$.

当 $x=2$ 时,三棱锥体积的最大值为 $4\sqrt{15}$ cm^3.

评析 本题以立体几何的折叠问题为背景,考查导数的应用. 学生首先要能理解题意,合理设置变量,构造函数,然后应用导数的三大功能:求函数的单调区间、极值、闭区间上最值解决实际问题. 数学抽象、逻辑推理、数学建模、数学运算、直观想象、数据分析六大核心素养都得到了很好的考查.

3. 切线问题新高度

例3 ［2016年普通高等学校招生全国统一考试理科数学第16题］若直线 $y=kx+b$ 是曲线 $y=\ln x+2$ 的切线,也是曲线 $y=\ln(x+1)$ 的切线,则 $b=$ _____.

分析 切线问题是导数中最常见、最简单的问题,但本题中公共切线把导数基础知识和整体代换技巧融为一体,把神秘的超越方程等价转化为可运算的简单方程,方程组思想使待定系数法能顺利实施.

解 设直线 $y=kx+b$ 与曲线 $y=\ln x+2$ 相切于 $P(x_1,y_1)$,直线 $y=kx+b$ 与曲线 $y=\ln(x+1)$ 相切于 $Q(x_2,y_2)$.

于是,$y=\ln x+2$ 的切线为

$$y=\frac{1}{x_1}\cdot x+\ln x_1+1$$

$y=\ln(x+1)$ 的切线为

$$y=\frac{1}{x_2+1}x+\ln(x_2+1)-\frac{x^2}{x_2+1}$$

因此

$$\begin{cases} \dfrac{1}{x_1}=\dfrac{1}{x_2+1} \\ \ln x_1+1=\ln(x_2+1)-\dfrac{x_2}{x_2+1} \end{cases}$$

所以,$1=-\dfrac{x_2}{x_2+1}$,解得 $x_1=\dfrac{1}{2}$,$x_2=-\dfrac{1}{2}$.

所以,$b=\ln x_1+1=1-\ln 2$.

评析 本题属于导数问题中最朴素的问题,但是公切线又赋予了问题新的内涵,融合了一些数学运算技巧,将抽象运算变得可操作,使题目档次上升,成为小题把关题. 数学抽象、逻辑推理、数学运算、数据分析等核心素养融入其中.

4. 依托导数构造新函数

例4 (2015年普通高等学校招生全国统一考试理科数学第12题) 设函数 $f'(x)$ 是奇函数 $f(x)(x\in\mathbf{R})$ 的导函数,$f(-1)=0$,当 $x>0$ 时,$xf'(x)-f(x)<0$,则使得 $f(x)>0$ 成立的 x 的取值范围是 ( )

A. $(-\infty,-1)\cup(0,1)$ B. $(-1,0)\cup(1,+\infty)$

C. $(-\infty,-1)\cup(-1,0)$ D. $(0,1)\cup(1,+\infty)$

分析 条件中 $xf'(x)-f(x)<0$ 启发我们,本题中的抽象函数一定是商式型,那么是 $\dfrac{f(x)}{x}$,还是 $\dfrac{x}{f(x)}$？这需要结合条件"奇函数"进行判别,不难发现,应该选择 $\dfrac{f(x)}{x}$.

解 记函数 $g(x) = \dfrac{f(x)}{x}$，则

$$g'(x) = \frac{xf'(x) - f(x)}{x^2}$$

因为当 $x>0$ 时，$xf'(x) - f(x) < 0$，故当 $x>0$ 时，$g'(x) < 0$，所以 $g(x)$ 在 $(0, +\infty)$ 单调递减.
又因为函数 $f(x)(x \in \mathbf{R})$ 是奇函数，故函数 $g(x)$ 是偶函数，所以 $g(x)$ 在 $(-\infty, 0)$ 单调递减，且 $g(-1) = g(1) = 0$.

当 $0 < x < 1$ 时，$g(x) > 0$，则 $f(x) > 0$；当 $x < -1$ 时，$g(x) < 0$，则 $f(x) > 0$.
综上所述，使得 $f(x) > 0$ 成立的 x 的取值范围是 $(-\infty, -1) \cup (0, 1)$.
故选 A.

评析 本题是抽象函数问题，综合考查函数和导数的性质，要求学生逻辑推理严谨，数据分析到位，数学运算准确，否则极易选成干扰项. 本题在导数知识的应用方面是一个很好的范例. 对于这种创新试题，试图通过刷题来提升水平的学生，可能感到棘手.

5. 极值考查新视角

例 5 ［2014 年普通高等学校招生全国统一考试（新课标 Ⅱ卷）数学（理科）第 12 题］设
函数 $f(x) = \sqrt{3}\sin\dfrac{\pi x}{m}$. 若存在 $f(x)$ 的极值点 x_0 满足 $x_0^2 + [f(x_0)]^2 < m^2$，则 m 的取值范围是

( )

A. $(-\infty, -6) \cup (6, +\infty)$ B. $(-\infty, -4) \cup (4, +\infty)$

C. $(-\infty, -2) \cup (2, +\infty)$ D. $(-\infty, -1) \cup (1, +\infty)$

分析 从极值点、极值概念入手，从概念中抽象出数据. 正确理解存在性，将抽象不等式具体化，合理建模使导数和不等式有效沟通即可求解.

解 由题意知：$f(x)$ 的极值为 $\pm\sqrt{3}$，所以 $[f(x)]^2 = 3$.
因为

$$f'(x_0) = \frac{\pi}{m} \cdot \sqrt{3}\cos\frac{\pi x_0}{m} = 0$$

所以

$$\frac{\pi x_0}{m} = k\pi + \frac{\pi}{2}, k \in \mathbf{Z}$$

因此

$$\frac{x_0}{m} = k + \frac{1}{2}, k \in \mathbf{Z}$$

即

$$\left|\frac{x_0}{m}\right| = \left|k + \frac{1}{2}\right| \geq \frac{1}{2}$$

所以 $|x_0| \geq \left|\dfrac{m}{2}\right|$，即

$$x_0^2 + [f(x_0)]^2 \geqslant \frac{m^2}{4} + 3$$

而已知

$$x_0^2 + [f(x_0)]^2 < m^2$$

所以

$$m^2 > \frac{m^2}{4} + 3.$$

故 $\frac{3m^2}{4} > 3$，解得 $m > 2$ 或 $m < -2$.

故选 C.

评析 本题以三角函数和复合函数为背景，以存在性为依托，考查导数中重要概念极值、极值点. 只有概念清晰的学生才能发现 $[f(x)]^2 = 3$，以及解出极值点. 导数和不等式的知识巧妙结合，通过正确严谨推理，达到解决问题的目的. 本题考查了学生综合运用知识的能力，是以后教学的一个很好的素材.

6. 数列最值新领域

例6 [2013年普通高等学校招生全国统一考试(新课标Ⅱ卷)数学(理科)第16题]等差数列 $\{a_n\}$ 的前 n 项和为 S_n，已知 $S_{10} = 0$，$S_{15} = 25$，则 nS_n 的最小值为 _____.

分析 题目表象考查等差数列，但是等差数列的前 n 项和 S_n 是关于 n 的二次函数(公差不为0)，那么 nS_n 就是关于 n 的三次函数，三次函数的最值需用导数求解. 注意到定义域的离散型，该三次函数的极值还未必是最值，因此，还要结合单调性才能作答.

解 设数列的首项为 a_1，公差为 d，则

$$S_{10} = 10a_1 + \frac{10 \cdot 9}{2}d = 10a_1 + 45d = 0 \qquad ①$$

$$S_{15} = 15a_1 + \frac{15 \cdot 14}{2}d = 25 \qquad ②$$

联立①式、②式，得 $a_1 = -3$，$d = \frac{2}{3}$，所以

$$S_n = -3n + \frac{n(n+1)}{2} \cdot \frac{2}{3} = \frac{1}{3}n^2 - \frac{10}{3}n$$

令

$$f(x) = x\left(\frac{1}{3}x^2 - \frac{10}{3}\right)(x > 0)，f'(x) = x^2 - \frac{20}{3}x$$

当 $x > \frac{20}{3}$ 时，$f'(x) > 0$，当 $0 < x < \frac{20}{3}$ 时，$f'(x) < 0$.

所以 $f(x)$ 在 $\left(0, \frac{20}{3}\right)$ 上单调递减，在 $\left(\frac{20}{3}, +\infty\right)$ 上单调递增.

对于 nS_n 而言，$n \in \mathbf{N}^+$，当 $n = 6$ 时，$6S_6 = -48$，当 $n = 7$ 时，$7S_7 = -49$，所以 nS_n 的最小值为 -49.

评析　本题在数列、导数和函数的交汇处命题,导数的应用具有隐蔽性.该题考查学生是否真正掌握了数列的函数特性,否则无法抽象出这个三次函数.三次函数求最值与数列求最值既有区别,也有联系.这在考查数学抽象、数学建模、数学运算、数据分析等核心素养.该题是一道有高度且高度适中的好题.

高考中导数的试题视角宽广,立意新颖,年年推陈出新.选材紧扣教材,高于教材,与高中数学各分支模块均有联系,背景灵活多变,设问巧妙.导数重点考查通性通法,突出考查单调性、极值、最值的应用.将"考基础、考能力、考素质、考潜能"四合一,充分体现了"培养和提高学生的数学核心素养"课程理念,具有较强的区分度,确保高校准确选拔优秀人才.

参 考 文 献

[1]　陈贤清.高考导数新角度 数学素养新高度[J].中学生数学,2018(7):60-61.

9.2　等价转化在导数问题中的应用

——以一道压轴小题为例

摘　要:导数知识模块是高中数学知识的重要组成部分,其作为选修内容进入高中数学课程,为研究函数提供了简捷有效的方法,为函数问题的解决插上了"腾飞"的翅膀[1].以2022年一道一轮复习的压轴填空题为例,从几个不同的视角进行分析和解题,尝试寻找共通点,期待对提高这类解题能力有一定帮助.

关键词:函数零点;导数法;切线

1. 试题呈现

已知曲线 $f(x)=\ln x+2x$ 与曲线 $g(x)=a(x^2+x)$ 有且只有两个公共点,则实数 a 的取值范围为　　　　　　　　　　　　　　　　　　（　　）

A.$(-\infty,0)$　　　　B.$(0,1]$　　　　C.$(0,+\infty)$　　　　D.$(0,1)$

2. 总体分析

此题是2022年一轮复习测试卷中的选择题的压轴题,通过仔细分析和揣摩,笔者发现有几种不同的视角和方法来解决此题:可以转化为函数零点问题来解决;可以联立方程组,转化为有两个实数根,再运用合适的方法化归与转化来解决;基于两个函数有公共点,利用隔离直线,借助于凸凹翻转和数形结合来解决;也可以联立后,部分变形,化曲为直,借助临界的切线作为工具来解决.以下具体来探讨和展示求解过程,并进行类题的归纳和整合.

3. 试题解答

视角 1　利用函数零点求解

解法 1　记 $h(x) = a(x^2 + x) - (\ln x - 2x)$，则问题转化为 $h(x) = 0$ 有两个零点. 求导得

$$h'(x) = a(2x + 1) - \left(\frac{1}{x} + 2\right)$$

$$= a(2x + 1) - \frac{1 + 2x}{x}$$

$$= (2x + 1)\left(a - \frac{1}{x}\right)$$

$$= (2x + 1)\frac{ax - 1}{x}$$

因为 $x > 0$，当 $a \leqslant 0$ 时，$h'(x) < 0$，函数 $h(x) = a(x^2 + x) - (\ln x + 2x)$ 单调递减，至多只有一个零点，不满足题意.

当 $a > 0$ 时，由 $h'(x) > 0$ 得 $x > \frac{1}{a}$，由 $h'(x) < 0$ 得 $0 < x < \frac{1}{a}$.

所以 $h(x) = a(x^2 + x) - (\ln x + 2x)$ 在 $\left(0, \frac{1}{a}\right)$ 上单调递减，在 $\left(\frac{1}{a}, +\infty\right)$ 上单调递增，从而

$$h(x)_{\min} = h\left(\frac{1}{a}\right) = a\left(\frac{1}{a^2} + \frac{1}{a}\right) - \left(\ln \frac{1}{a} + \frac{2}{a}\right) = 1 - \ln \frac{1}{a} - \frac{1}{a}$$

显然，只需 $h(x)_{\min} = 1 - \ln \frac{1}{a} - \frac{1}{a} < 0$ 即可，即 $0 < a < 1$.

评析　此处直接转化为函数零点问题求解，此时需要对字母参数的正负进行讨论，再结合导数的正负得出原函数的增减，求出相应的最值，最后得出不等式求出结果，基本上就是一道解答题的运算量，作为选择题，有些得不偿失. 因此我们需要另辟蹊径，找到解决此类问题的简便解法.

视角 2　分离变量作答

解法 2　根据题意可知函数 $f(x)$ 的定义域为 $(0, +\infty)$.

两曲线 $y = f(x)$ 与 $y = g(x)$ 有且仅有两个公共点，则方程 $\ln x + 2x = a(x^2 + x)$ 有两个实数解.

由 $x > 0$ 可知 $x^2 + x > 0$，分离变量得 $a = \frac{\ln x + 2x}{x^2 + x}$.

令 $h(x) = \frac{\ln x + 2x}{x^2 + x}(x > 0)$，问题转化为直线 $y = a$ 与函数 $y = h(x)$ 的图像有两个不同的交点. 求导得

$$h'(x) = \frac{\left(\frac{1}{x} + 2\right)(x^2 + x)(\ln x + 2x)(2x + 1)}{(x^2 + x)^2}$$

即

$$h'(x) = \frac{-(2x+1)(\ln x + x - 1)}{(x^2 + x)^2}$$

令 $h'(x) = 0$，解得 $x = 1\left(x = -\dfrac{1}{2} \text{ 舍去}\right)$.

由 $h'(x) > 0$ 得 $0 < x < 1$，由 $h'(x) < 0$ 得 $x > 1$，所以 $y = h(x)$ 在 $(0,1)$ 上单调递增，在 $(1, +\infty)$ 上单调递减.

所以 $h(x) \leqslant h(1) = 1$.

又 $x \to 0^+$ 时，$h(x) \to -\infty$；$x \to +\infty$ 时，$h(x) \to 0$ 且 $h(x) > 0$.

若使直线 $y = a$ 与 $y = h(x)$ 有两个交点，则需要 $0 < a < 1$ 即可，故选 A.

评析　此解法利用函数图像的交点与方程根的联系进行转化，建立等式关系，接着进行变量分离，转化为直线 $y = a$ 与函数 $y = h(x)$ 的图像有两个不同的交点，通过对 $y = h(x)$ 求导，用导数判断出单调性，做出函数的准确图像，然后上下移动参数的值，看直线与函数交点个数即可.

视角 3　利用两曲线相切的临界值求解

解法 3　如图 9-3 所示，由已知条件易知 $f(x) = \ln x + 2x$ 为上凸函数，欲使曲线 $f(x)$ 与 $g(x)$ 有两个公共点，则必有 $a > 0$，所以 $g(x) = a(x^2 + x)$ 为开口向上的二次函数，且为下凸函数.

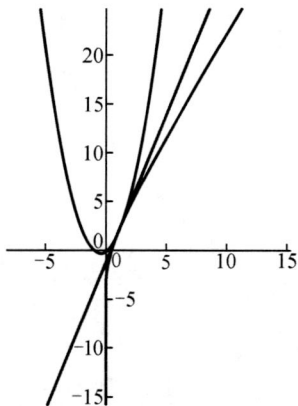

图 9-3

设两个切于点 $P(x_0, y_0)$，分别求导得

$$f'(x) = \frac{1}{x} + 2, \quad g'(x) = a(2x+1)$$

所以

$$\ln x_0 + 2x_0 = a(x_0^2 + x_0) \tag{①}$$

$$\frac{1}{x_0} + 2 = a(2x_0 + 1) \tag{②}$$

由②式得

$$\frac{1+2x_0}{x_0}=a(2x_0+1)$$

所以 $a=\dfrac{1}{x_0}$. 代入①式整理得

$$\ln x_0+2x_0=\frac{1}{x_0}(x_0^2+x_0)=x_0+1$$

所以 $\ln x_0+x_0=1$，解得 $x_0=1$，所以 $a=1$.

结合图 9-3 可知 $0<a<1$ 时，曲线 $f(x)$ 与 $g(x)$ 有两个公共点.

评析　解决两曲线的交点问题，可以采用数形结合思想，根据函数的图像或者趋势图像，找出符合题意的条件即可. 因此，用导数的几何意义找出临界的公切线，同时确定 a 的临界值，再结合图像得出参数的取值范围，这种方法用来解决导数压轴小题还是行之有效的.

视角 4　利用化曲为直思想求解

解法 4　由解法 2，两曲线 $f(x)$ 与 $g(x)$ 有且仅有两个公共点，则方程 $\ln x+2x=a(x^2+x)$ 有两个实数解，且 $x>0$.

所以

$$\ln x+2x=ax(x+1)$$

进一步变形得

$$\frac{\ln x}{x}=a(x+1)-2$$

令 $\varphi(x)=\dfrac{\ln x}{x}$，问题转化为 $\varphi(x)=\dfrac{\ln x}{x}$ 与直线 $y=a(x+1)-2$ 有两个不同的交点.

参照解法 3，先考虑相切，设切点为 $M(x_0,y_0)$，所以 $y_0=\dfrac{\ln x_0}{x_0}$，求导得

$$\varphi'(x)=\frac{1-\ln x}{x^2}$$

所以切线方程为

$$y-\frac{\ln x_0}{x_0}=\frac{1-\ln x_0}{x_0^2}(x-x_0)$$

而直线 $y=a(x+1)-2$ 恒过点 $(-1,-2)$，所以

$$-2-\frac{\ln x_0}{x_0}=\frac{1-\ln x_0}{x_0^2}(-1-x_0)$$

化简整理得

$$-(2x_0+1)(x_0-1)=(2x_0+1)\ln x_0$$

又 $x_0>0$，所以

$$\ln x_0=-x_0+1$$

解得 $x_0=1$，所以

$$a = \frac{1 - \ln x_0}{x_0^2} = 1$$

结合图 9-4 可知 0<a<1 时,曲线 f(x) 与 g(x) 有两个公共点.

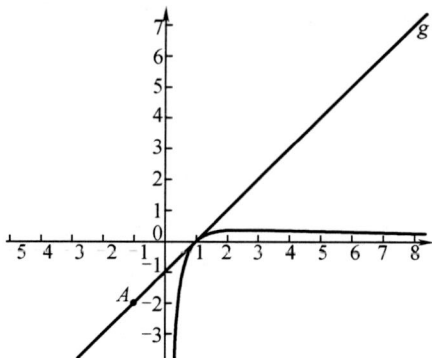

图 9-4

评析 此解法与解法 3 有相似之处,只是做了进一步变形处理后,a 即为直线的斜率,所以其临界状态就是 $y = a(x+1) - 2$ 与 $\varphi(x) = \frac{\ln x}{x}$ 相切,问题也就迎刃而解了.

视角 5 去伪存真排除干扰

解法 5 本题考查函数与方程,作为选择题,可以采用排除法求解.

令 $h(x) = \ln x + 2x - a(x^2 - x)$,则 h(x) 有两个零点(将两函数图像的交点问题转化为函数零点问题).

当 $a = 1$ 时:

$$h(x) = \ln x + x - x^2$$

$$h'(x) = \frac{1}{x} + 1 - 2x = -\frac{(2x+1)(x-1)}{x}$$

令 $h'(x) > 0$,得 $0 < x < 1$,令 $h'(x) < 0$,得 $x > 1$,则 h(x) 在 (0,1) 上单调递增,在 $(1, +\infty)$ 上单调递减,所以 $h(x)_{max} = h(1) = 0$,只有一个零点,与已知矛盾,故 $a \neq 1$,排除 B,D.

当 $a = -1$ 时:

$$h(x) = \ln x + 3x + x^2$$

$$h'(x) = \frac{1}{x} + 3 + 2x = \frac{(2x+1)(x+1)}{x} > 0$$

在 $(0, +\infty)$ 上恒成立.

所以 h(x) 在 $(0, +\infty)$ 上单调递增,从而 $h(x) > h(0) = 0$,无零点,与已知条件矛盾,故 $a \neq -1$,排除 C.

故选 A.

4. 牛刀小试

题 1 已知函数 $f(x) = \frac{1}{2}ax^2 - \ln x - 2, a \in \mathbf{R}$.

（1）讨论函数 $f(x)$ 的单调性；

（2）若函数 $f(x)$ 有两个零点，求实数 a 的取值范围.

分析　第（2）问大家可以尝试利用解法 1 和解法 4 求解，其中解法 4 可以参照图 9-5.

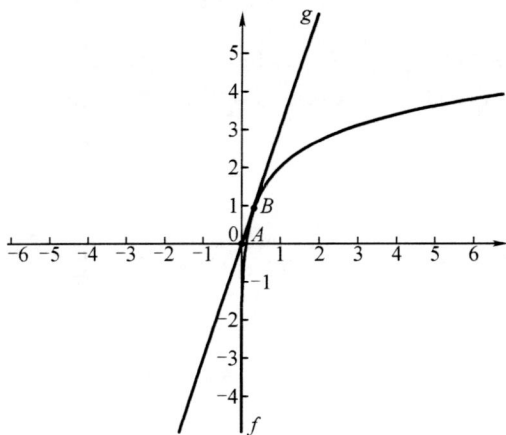

图 9-5

题 2　（2017 年普通高等学校招生统一考试理科数学第 21 题）已知函数 $f(x)=ae^{2x}+(a-2)e^x-x$.

（1）讨论函数 $f(x)$ 的单调性；

（2）若函数 $f(x)$ 有两个零点，求实数 a 的取值范围.

分析　第（2）问大家可以尝试利用解法 1 和解法 3 求解. 使用解法 3 求解时，建议大家转化为 $a(e^x+1)=2+\dfrac{x}{e^x}$ 再求解.

5. 解后反思

两函数图像交点问题、函数的零点问题，近几年在选择题、填空题以及解答题中都出现过，该问题主要考查函数与方程的关系，要求学生能够用分类讨论、数形结合、转化与化归的思想来解决问题. 对于复杂的非初等函数，利用导数的几何意义及导数来判断函数的单调性等来处理，问题就不难解决了. 因此，学好导数对我们更好地理解函数有积极作用，也能培养我们用导数知识解决数学问题的能力.

当然，解题中的不同思想和策略需要学生逐渐领悟，高考复习的终极目标是让学生学会独立解题，没有教师的指点，也能顺利完成任务. 因此，对于经典试题，教师非常有必要引导学生从不同的角度进行思考，寻求多种解法. 让学生在各种思想的碰撞中产生火花，加速培养学生的发散思维，培养学生良好的思维品质，发展创造性思维[2].

因此在高三的复习备考中，我们要引导学生多思考、多交流，寻求试题的共同点，让学生解一题，会一类，摆脱题海战术；同时，通过多视角探究，多方法解答，寻找最适合的解题方法，高效完成解题.

参 考 文 献

[1] 张文成.例谈函数与导数题的求解策略[J].中学数学教学,2008(6):34-36.

[2] 邹景斌,朱贤良.多角度分析"双变量函数"问题的求解策略[J].理科考试研究,2021,28(15):19-21.

9.3 比较研究一道高考导数压轴题的解法

摘 要:关于 e^x,$\ln x$,x 的组合函数问题,按常规方法解答难度较大.如果能抓住组合函数的结构特征,合理构造新函数,可以将问题转化为常见的超越函数问题.2022 年高考甲卷第 22 题至少可以用两种不同的构造法来解答.构造法与常规解法比较,其优越性显而易见.

关键词:构造;导数;研究

1. 题目再现

[2022 年普通高等学校招生全国统一考试(全国甲卷)理科数学第 21 题]已知函数

$$f(x) = \frac{e^x}{x} - \ln x + x - a.$$

(1)若 $f(x) \geqslant 0$,求 a 的取值范围;

(2)证明:若 $f(x)$ 有两个零点 x_1,x_2,则 $x_1 x_2 < 1$.

2. 总体把握

本题题设简洁,问题常规.第(1)问模式近 10 年来经常考查,本质是求函数的最小值,进而得出参数范围.其可以直接求最小值,也可以分离参数构造函数求最值,还可以指数与对数相互转化构造函数求最值.第(2)问属于典型的极值点偏移问题,有很多办法可以解答.由于问题有高数背景,并不容易解答,但紧紧扣住已知函数的结构,指数与对数相互转化构造函数相对容易一些.

3. 解法探究

(1)常规解法

分析 1 对于第(1)问,利用教材知识:用导数研究函数的单调性、极值、最值,按部就班可以解答.在求导过程中,注意因式分解,将超越式转换为整式或分式,基本功扎实的学生还是可以完成的.

对于第(2)问,直接作答,思路不畅,方向不明,我们利用分析法,将问题等价转化为 $\frac{e^x}{x}$ -

$xe^{\frac{1}{x}}-2\left[\ln x-\dfrac{1}{2}\left(x-\dfrac{1}{x}\right)\right]>0$,这个过程还是比较漫长的,对学生的能力要求较高. 最后结合导数的功能可以完成证明.

解法 1 首先解答第(1)问.

$f(x)$的定义域为$(0,+\infty)$.

$$f'(x)=\left(\frac{1}{x}-\frac{1}{x^2}\right)e^x-\frac{1}{x}+1$$
$$=\frac{1}{x}\left(1-\frac{1}{x}\right)e^x+\left(1-\frac{1}{x}\right)$$
$$=\frac{x-1}{x}\left(\frac{e^x}{x}+1\right)$$

令$f(x)=0$,得$x=1$.

当$x\in(0,1),f'(x)<0,f(x)$在$(0,1)$上单调递减.

当$x\in(1,+\infty),f'(x)>0,f(x)$在$(1,+\infty)$上单调递增.

所以$f(x)\geqslant f(1)=e+1-a$.

因为$f(x)\geqslant0$,所以$e+1-a\geqslant0$,即$a\leqslant e+1$.

所以$a\in(-\infty,e+1]$.

接下来解答第(2)问.

由题知$f(x)$一个零点小于1,一个零点大于1.

不妨设$x_1<1<x_2$,要证$x_1x_2<1$,即证$x_1<\dfrac{1}{x_2}$.

因为$x_1,\dfrac{1}{x_2}\in(0,1)$,即证$f(x_1)>f\left(\dfrac{1}{x_2}\right)$.

因为$f(x_1)=f(x_2)$,即证$f(x_2)>f\left(\dfrac{1}{x_2}\right)$. 即证

$$\frac{e^x}{x}-\ln x+x-xe^{\frac{1}{x}}-\ln x-\frac{1}{x}>0,x\in(1,+\infty)$$

即证

$$\frac{e^x}{x}-xe^{\frac{1}{x}}-2\left[\ln x-\frac{1}{2}\left(x-\frac{1}{x}\right)\right]>0$$

下面证明$x>1$时,$\dfrac{e^x}{x}-xe^{\frac{1}{x}}>0,\ln x-\dfrac{1}{2}\left(x-\dfrac{1}{x}\right)<0$.

设$g(x)=\dfrac{e^x}{x}-xe^{\frac{1}{x}},x>1$,则

$$g'(x)=\left(\frac{1}{x}-\frac{1}{x^2}\right)e^x-\left[e^{\frac{1}{x}}+xe^{\frac{1}{x}}\cdot\left(-\frac{1}{x^2}\right)\right]$$
$$=\frac{1}{x}\left(1-\frac{1}{x}\right)e^x-e^{\frac{1}{x}}\left(1-\frac{1}{x}\right)$$
$$=\left(1-\frac{1}{x}\right)\left(\frac{e^x}{x}-e^{\frac{1}{x}}\right)$$

$$= \frac{x-1}{x}\left(\frac{e^x}{x} - e^{\frac{1}{x}}\right)$$

设 $\varphi(x) = \frac{e^x}{x}(x>1)$，$\varphi'(x) = \left(\frac{1}{x} - \frac{1}{x^2}\right)e^x = \frac{x-1}{x^2}e^x>0$，所以 $\varphi(x)>\varphi(1)=e$.

而 $e^{\frac{1}{x}}<e$，所以 $\frac{e^x}{x} - e^{\frac{1}{x}}>0$，所以 $g'(x)>0$，所以 $g(x)$ 在 $(1,+\infty)$ 上单调递增，即

$$g(x)>g(1)=0$$

所以

$$\frac{e^x}{x} - xe^{\frac{1}{x}}>0$$

令

$$h(x) = \ln x - \frac{1}{2}\left(x - \frac{1}{x}\right), x>1$$

$$h'(x) = \frac{1}{x} - \frac{1}{2}\left(1+\frac{1}{x^2}\right) = \frac{2x-x^2-1}{2x^2} = \frac{-(x-1)^2}{2x^2}<0$$

所以 $h(x)$ 在 $(1,+\infty)$ 上单调递减.
即

$$h(x)<h(1)=0$$

所以

$$\ln x - \frac{1}{2}\left(x - \frac{1}{x}\right)<0$$

综上

$$\frac{e^x}{x} - xe^{\frac{1}{x}} - 2\left[\ln x - \frac{1}{2}\left(x - \frac{1}{x}\right)\right]>0$$

所以 $x_1 x_2 < 1$.

评析 第(2)问是极值点偏移问题，这个问题对广大考生来说并不陌生，从2009年起，全国各地就陆续在考查. 但是真正能突破极值点偏移问题的学生还是少数，原因在于问题的抽象性，问题走向扑朔迷离，学生在心理上就难以突破，值得好好研究训练. 事实上，构造法容易突破这类问题.

(2)构造法[1]

分析2 在日常教学中，$y=xe^x$，$y=\frac{e^x}{x}$，$y=\frac{x}{e^x}$，$y=x\pm e^x$，$y=\ln x$，$y=\frac{\ln x}{x}$，$y=\frac{x}{\ln x}$，$y=x\pm\ln x$，这几个函数我们研究得比较透彻，题设函数中已经出现了 $\frac{e^x}{x}$ 项，我们是否可以向这种形式靠近呢？

解法2 首先研究第(1)问.
因为 $x=\ln e^x$ 恒成立，所以

$$f(x) = \frac{e^x}{x} - \ln x + x - a$$

$$= \frac{e^x}{x} + \ln e^x - \ln x - a$$

$$= \frac{e^x}{x} + \ln \frac{e^x}{x} - a$$

令 $m(x) = \dfrac{e^x}{x}$,则

$$f(m) = m + \ln m - a$$

而

$$m'(x) = \frac{xe^x - e^x}{x^2} = \frac{e^x}{x^2}(x - 1)$$

当 $x \in (0, 1)$ 时,$m'(x) < 0$;当 $x \in (1, +\infty)$ 时,$m'(x) > 0$.

所以 $m(x) = \dfrac{e^x}{x}$ 在 $(0, 1)$ 上单调递减,在 $(1, +\infty)$ 上单调递增.

于是 $m(x) \geqslant m(1) = e$.

因此,$f(m) = m + \ln m - a$ 在 $m \in [e, +\infty)$ 上单调递增.

所以

$$f(m) \geqslant f(e) = e + 1 - a$$

所以

$$e + 1 - a \geqslant 0$$

解得 $a \leqslant e + 1$.

接着研究第(2)问.

$f(x)$ 有两个零点就是 $f(m)$ 有一个大于 e 的零点.

设 $m_0 > e$ 是 $f(m)$ 的零点,所以 $m_0 = \dfrac{e^{x_1}}{x_1} = \dfrac{e^{x_2}}{x_2}$. 于是 $m_0 x_1 = e^{x_1}$.

取自然对数得

$$\ln(m_0 x_1) = \ln e^{x_1}$$

即

$$\ln m_0 + \ln x_1 = x_1 \qquad\qquad ①$$

同理

$$\ln m_0 + \ln x_2 = x_2 \qquad\qquad ②$$

①式-②式得

$$\ln x_1 - \ln x_2 = x_1 - x_2$$

所以

$$\frac{x_1 - x_2}{\ln x_1 - \ln x_2} = 1$$

由对数平均不等式得

$$\frac{x_1 - x_2}{\ln x_1 - \ln x_2} = 1 > \sqrt{x_1 x_2}$$

所以 $x_1 x_2 < 1$.

评析 本解法显然比常规解法简洁,但它对学生的对数、指数基本功有一定的要求,否则构造难以实现,形式难以统一.分析中的几个常见函数是构造的思维基础,突破难题务必有扎实的基本功,否则高阶思维难以形成.

分析3 指数和对数的相互转化是两个不同方向的运算,其本质是一样的,因此我们还可以尝试指数式化对数式,实现另一种构造,体现知识的对称性和思维的灵活性.

解法3 首先研究第(1)问.

因为当 $x>0$ 时,$x=e^{\ln x}$ 恒成立,所以

$$f(x)=\frac{e^x}{x}-\ln x+x-a=\frac{e^x}{e^{\ln x}}+x-\ln x-a=e^{x-\ln x}+(x-\ln x)-a$$

设 $t(x)=x-\ln x$,则

$$f(t)=e^t-t-a$$

而

$$t'(x)=1-\frac{1}{x}=\frac{x-1}{x}$$

当 $\in(0,1)$ 时,$t'(x)<0$;当 $x\in(1,+\infty)$ 时,$t'(x)>0$.

所以 $t(x)=x-\ln x$ 在 $(0,1)$ 上单调递减,在 $(1,+\infty)$ 上单调递增.

于是 $t(x)\geqslant t(1)=1$.

因此,$f(t)=e^t+t-a$ 在 $t\in[1,+\infty)$ 上单调递增.

所以

$$f(t)\geqslant f(1)=e+1-a$$

因此 $e+1-a\geqslant 0$,解得 $a\leqslant e+1$.

下面研究第(2)问.

$f(x)$ 有两个零点就是 $f(t)$ 有一个大于 1 的零点.

设 $t_0>1$ 是 $f(t)$ 的零点,所以

$$t_0=x_1-\ln x_1=x_2-\ln x_2$$

移项得

$$\ln x_1-\ln x_2=x_1-x_2$$

所以

$$\frac{x_1-x_2}{\ln x_1-\ln x_2}=1$$

由对数平均不等式得

$$\frac{x_1-x_2}{\ln x_1-\ln x_2}=1>\sqrt{x_1 x_2}$$

所以 $x_1 x_2 < 1$.

评析 本解法较前两种解法都简单,具体表现为两次构造函数和构造对数均值不等式的过程与运算.最近几年,构造法解题考查得越来越多,越来越难,从小题转向解答题.传统方法往往难以突破这类问题,或过程冗长,运算庞杂,在有限的考试时间内难以完成解答.

另外对数均值不等式也需要日常积累,否则也会导致解答搁浅.

4. 关于 $e^x, \ln x, x$ 的常见函数模型

为了便于表达,我们选择不等式为研究模型的题设.外层函数为前文提及的常见超越函数,内层函数构造而得.

(1)已知 $xe^x > y\ln y$,可构造 $f(x) = xe^x$,原因为:由 $y\ln y = (\ln y)e^{\ln y}$ 知 $xe^x > (\ln y)e^{\ln y}$,问题等价转化为 $f(x) > f(\ln y)$.

(2)已知 $xe^x > y\ln y$,可构造 $g(x) = x\ln x$,原因为:由 $xe^x = (e^x)\ln e^x$ 知 $(e^x)\ln e^x > y\ln y$,问题等价转化为 $g(e^x) > g(y)$.

(3)已知 $xe^x > y\ln y$,可构造 $p(x) = x + \ln x$,原因为:由 $\ln(xe^x) > \ln(y\ln y)$,知 $x + \ln x > \ln y + \ln(\ln y)$,问题等价转化为 $p(x) > p(\ln y)$.

(4)已知 $\dfrac{e^x}{x} > \dfrac{y}{\ln y}$,可构造 $q(x) = \dfrac{e^x}{x}$,原因为:由 $\dfrac{y}{\ln y} = \dfrac{e^{\ln y}}{\ln y}$ 知 $\dfrac{e^x}{x} > \dfrac{e^{\ln y}}{\ln y}$,问题等价转化为 $q(x) > q(\ln y)$.

(5)已知 $\dfrac{e^x}{x} > \dfrac{y}{\ln y}$,可构造 $m(x) = \dfrac{x}{\ln x}$,原因为:由 $\dfrac{e^x}{x} = \dfrac{e^x}{\ln e^x}$ 知 $\dfrac{e^x}{\ln e^x} > \dfrac{y}{\ln y}$,问题等价转化为 $m(e^x) > m(y)$.

(6)已知 $\dfrac{e^x}{x} > \dfrac{y}{\ln y}$,可构造 $n(x) = x - \ln x$,原因为:由 $\ln\dfrac{e^x}{x} > \ln\dfrac{y}{\ln y}$ 知 $x - \ln x > \ln y - \ln(\ln y)$,问题等价转化为 $n(x) > n(\ln y)$.

(7)已知 $e^x + x > y + \ln y$,可构造 $h(x) = e^x + x$,原因为:由 $y + \ln y = e^{\ln y} + \ln y$ 知 $e^x + x > e^{\ln y} + \ln y$,问题等价转化为 $h(x) > h(\ln y)$.

(8)已知 $e^x + x > y + \ln y$,可构造 $u(x) = x + \ln x$,原因为:由 $e^x + x = e^x + \ln e^x$ 知 $e^x + \ln e^x > y + \ln y$,问题等价转化为 $u(e^x) > u(y)$.

构造法解题显得很便捷,使用也非常广泛,在三角、数列、函数、导数、解析几何、立体几何、解不等式中均有应用.学生在平时学习中应注意积累,在结构上下功夫,提高应用意识,主动探究构造路径.一些问题构造方法较多,如本题.通过本题的对比解答,不难看出构造法的妙处,通过长期主动训练,一定能提高我们的创新水准[2].

参 考 文 献

[1] 胡贵平.指对同构法处理导数题[J].数理化解题研究,2021(1):30−32.

[2] 符强如.着眼基础 回归教材:2019 年全国Ⅱ卷第 22 题解析与思考[J].理科考试研究,2020,27(3):15−17.

9.4 多视角探究一道 2021 年高考题

摘 要：近两年高考题中连续出现创新压轴小题,常规解法很难应对,而构造法能快速高效地解决此类问题. 根据题设,设计并构造一个与亟待解决问题相关的函数,对其求导,通过单调性或利用运算结果研究对应函数的性质,从而达到解决原问题的目的.

关键词：构造法;函数;等价转化

高考的主要功能是为高校选拔优秀生源,为国家遴选人才,因此国家考试中心每年都会命制一些创新题,为甄别最优秀的学生起到把关作用. 2021 年普通高等学校招生全国统一考试理科数学(乙卷)第 12 题就是一个典型代表. 此类题不曾在过往的高考中出现,在铺天盖地的模拟卷中也未曾谋面,完全原创,绝对首创,只有能力水平达到相当高度的学生方可在紧张的考场上成功突围. 下面我们尝试研究它.

1. 题目呈现

[2021 年普通高等学校招生全国统一考试理科数学(乙卷)第 12 题] 设 $a=2\ln 1.01, b=\ln 1.02, c=\sqrt{1.04}-1$,则 ( )

A. $a<b<c$ B. $b<c<a$ C. $b<a<c$ D. $c<a<b$

2. 总体分析

我们知道,教材中比较大小的题目一般有两种类型：一类是利用指数、对数、幂函数、三角函数等简单函数的单调性比较两个数的大小;另一类是通过桥梁"0""1"等比较两个数的大小. 而本题以选择压轴题的形式出现,函数关系不明显,属于创新试题. 初看此题,不知道如何入手,感觉是很接近的具体数,但却无法找到合适的中间量来判断它们的大小. 如何突破此题呢? 我们企图通过构造非常见函数来突破此题.

3. 试题解答

视角 1 作差后构造函数

解法 1 先比较 b 与 c 的大小.

作差并整理得

$$b-c=\ln 1.02-(\sqrt{1.04}-1)=\ln(1+0.02)-(\sqrt{1+2\times 0.02}-1)$$

根据数据结构特点,构造函数：

$$f(x)=\ln(1+x)-\sqrt{1+2x}+1$$

则

$$b-c=f(0.02), f'(x)=\frac{1}{1+x}-\frac{1}{\sqrt{1+2x}}=\frac{\sqrt{1+2x}-(1+x)}{(1+x)\sqrt{1+2x}}$$

当 $x \geqslant 0$ 时：

$$1+x = \sqrt{(1+x)^2} \geqslant \sqrt{1+2x}$$

故 $f'(x) \leqslant 0$.

所以 $f(x)$ 在 $(0,+\infty)$ 上单调递减,所以 $f(0.02) < f(0) = 0$.

故 $b < c$.

接下来比较 a 与 c 的大小.

作差并整理得

$$\begin{aligned} a-c &= 2\ln 1.01 - (\sqrt{1.04}-1) \\ &= 2\ln(1+0.01) - (\sqrt{1+0.04}-1) \\ &= 2\ln(1+0.01) - (\sqrt{1+4\times0.01}-1) \end{aligned}$$

根据数据结构特点,构造函数：

$$g(x) = 2\ln(1+x) - \sqrt{1+4x} + 1$$

则

$$a-c = g(0.01), \quad g'(x) = \frac{2}{1+x} - \frac{2}{\sqrt{1+4x}} = 2 \cdot \frac{\sqrt{1+4x}-(1+x)}{(1+x)\sqrt{1+4x}}$$

当 $0 \leqslant x \leqslant 2$ 时：

$$\sqrt{1+4x} \geqslant \sqrt{1+2x+x^2} = 1+x$$

所以 $g'(x) \geqslant 0$ 在 $[0,2)$ 上恒成立,即 $g(x)$ 在 $[0,2)$ 上单调递增.

所以 $g(0.01) > g(0) = 0$.

故 $a > c$.

综上可得 $b < c < a$.

故选 B.

评析 利用导数结合单调性比较大小,常常需要构造新函数,把问题转化为利用导数研究函数的单调性的问题.此法以 b 与 c 以及 a 和 c 之差的结构特点为突破口,成功构造了恰当的函数,并借助导数完成了试题的解答.

解法 2 先比较 b 与 c 的大小.

作差并整理得

$$b-c = \ln\frac{(\sqrt{1+0.04})^2+1}{2} - (\sqrt{1.04}-1)$$

根据数据结构特点,构造函数：

$$f(x) = \ln\frac{x^2+1}{2} - x + 1, \quad x > 1$$

则

$$f'(x) = -\frac{(x-1)^2}{x^2+1} < 0$$

所以 $f(x)$ 在 $(1,+\infty)$ 上单调递减,所以 $f(\sqrt{1+0.04}) < f(1) = 0$.

故可得 $b<c$.

接下来比较 a 与 c 的大小.

作差并整理得

$$a-c=2\ln\frac{(\sqrt{1+0.04})^2+3}{4}-(\sqrt{1.04}-1)$$

根据数据结构特点,构造函数:

$$g(x)=2\ln\frac{x^2+3}{4}-x+1,1<x<3$$

则

$$a-c=g(0.01),g'(x)=\frac{(x-1)(3-x)}{x^2+3}>0$$

所以 $g(x)$ 在 $(1,3)$ 上单调递增,所以 $g(\sqrt{1+0.04})>g(1)=0$.

故可得 $a>c$.

综上可知 $b<c<a$.

故选 B.

评析 解法2通过研究对应的数量关系,进行巧妙变形,构造函数,从而达到比较大小的目的.此法构造函数的技巧性更强,这就需要我们在平时的教学及学习过程中不断思考、探索、归纳和总结,逐步提高解题能力和思维品质.

视角2 为了应用导数的几何意义而构造函数

解法3 记 $f(x)=2\ln(1+x)$,$g(x)=\ln(1+2x)$,$h(x)=\sqrt{1+4x}-1$.

于是 $f(0)=0,g(0)=0,h(0)=0,f(0.01)=a,g(0.01)=b,h(0.01)=c$.

分别求导得

$$f'(x)=\frac{2}{1+x},g'(x)=\frac{2}{1+2x},h'(x)=\frac{2}{\sqrt{1+4x}}$$

当 $0<x<1$ 时:

$$1+2x>\sqrt{1+4x}>1+x$$

所以

$$g'(x)<h'(x)<f'(x)$$

结合导数的几何意义得 $b<c<a$.

故选 B.

评析 解法3是根据 a,b,c 的结构特点,构造了三个函数,借助导数的几何意义成功达到比较大小的目的.此法思维难度较大,需要数形结合,将数值大小赋予图形特质.

视角3 构造泰勒展开式并估算

解法4 由泰勒展开式 $\ln(1+x)=x-\frac{x^2}{2}+\frac{x^3}{3}-\cdots$ 得

$$a\approx2\left(0.01-\frac{0.01^2}{2}+\frac{0.01^3}{3}\right)=0.02-0.01^2+\frac{2}{3}\times0.01^3$$

$$b \approx 0.02 - \frac{0.02^2}{2} + \frac{0.02^3}{3}$$

由泰勒展开式 $\sqrt{1+x} - 1 = 1 + \frac{x}{2} + \frac{\frac{1}{2}\left(\frac{1}{2}-1\right)}{2!}x^2 + \cdots - 1$ 得

$$c \approx \frac{x}{2} - \frac{x^2}{16} = 0.02 - \frac{1}{16} \times 0.04^2 = 0.02 - 0.01^2$$

综上得 $b<c<a$.

故选 B.

评析　泰勒公式是大学数学分析中的内容,对高中学生来说明显超纲,不过对于程度好的学生,教师可以适当介绍,不需要学生掌握,以此激发学生的学习兴趣和求知欲.

视角 4　构造二项式

解法 5　因为 $a = 2\ln 1.01 = \ln 1.01^2$,而

$$\begin{aligned} 1.01^2 &= (1+0.01)^2 \\ &= C_2^0 + C_2^1 0.01 + C_2^2 0.01^2 \\ &= 1 + 0.02 + 0.01^2 \\ &> 1 + 0.02 \\ &= 1.02 \end{aligned}$$

借助 $f(x) = \ln x$ 的单调性知 $a>b$,排除选项 A 与 D.

结合前文比较 a 与 c 的大小即可得到答案.

评析　解法 5 是将 a 变形后的真数 $1.01^2 = (1+0.01)^2$ 由二项展开式展开,通过不等式放缩,比较 a 与 b 的真数的大小,进而得 a 与 b 的大小. 因为此题是选择题,可以排除部分选项,再有针对性地比较 a 与 c 的大小即可达成目标.

4. 追根溯源

(1)(2021 年南京师范大学《数学之友》考前指导卷第 8 题) 已知 e 是自然对数的底数,π 是圆周率,则下列不等式中 $\pi^3<3^\pi, 3^e<e^3, \pi^e<e^\pi$,正确的个数为　　　　(　　)

A. 0　　　　　　B. 1　　　　　　C. 2　　　　　　D. 3

略解　构造函数:

$$f(x) = \frac{\ln x}{x}, x>0$$

可得 $y=f(x)$ 在 $(e, +\infty)$ 上单调递减.

由 $e<3<\pi$,知 $f(e)>f(3)>f(\pi)$,所以

$$\frac{\ln e}{3} > \frac{\ln 3}{3} > \frac{\ln \pi}{\pi}$$

通过两两比较计算可知,以上三个不等式均正确,正确答案为 D.

(2)(2017 年普通高等学校招生统一考试理科数学第 11 题)[1]设 x, y, z 为正数,且 $2^x = 3^y = 5^z$,则　　　　(　　)

A. $2x<3y<5z$ B. $5z<2x<3y$ C. $3y<5z<2x$ D. $3y<2x<5z$

略解 此题有多种解法,将该连等式取自然对数,结合选择项,可以两两作差比较,也可以作商比较,还可以构造函数 $f(x)=\dfrac{x}{\ln x}$,利用单调性比较.正确答案为 D.

5. 解后反思

构造法,就是根据题设条件和结论所具有的特征与性质,构造出满足条件或结论的数学模型,借助该数学模型解决数学问题的方法.其构造函数的特点是化复杂为简单.构造法作为一种重要的化归手段,在数学解题中起着非常重要的作用.同时,构造法的方法、技巧有很多,思维难度较大,方法灵活多变,学生一般不易理解和掌握.突破此法的关键在于教师引导学生在具体的解题中有效地利用构造法,创造性地解决问题[2].

参 考 文 献

[1] 任志鸿.十年高考分类解析与应试策略.数学[M].北京:知识出版社,2020.

[2] 李荣俊.浅谈构造函数的几种技巧[J].学校教育研究,2020(22):18.

9.5　关注端点　突破难点

——以导数高考题为例

摘　要:导数是数学高考压轴题,有一类导数题按照常规解法很难求得最值,或最值的临界值.高考参考答案也不易理解,若用洛必达法则辅助解答,问题难度骤然下降.实践研究表明,这类题题型结构及解题步骤相对固化.深入研究可以突破这类题目.

关键词:导数;洛必达法则;解法

多年来,数学高考卷无论文科还是理科,无论是地方卷还是全国卷,均以导数作为压轴题.题目通常难度较大,仅仅依靠高中所学的导数知识,解答经常搁浅.很多函数问题均可等价转化后,多次构造新函数,再多次求导,再利用洛必达法则[1]求端点临界函数值得最值,最后得到参数的范围.下面我们分类展示一些经典高考题.

1. 分离参数构造函数后,用洛必达法则保障范围的完整性

例 1 (2018 年普通高等学校招生全国统一考试理科数学第 21 题)已知函数 $f(x)=e^x-ax^2$.

(1)略;

（2）若 $f(x)$ 在 $(0,+\infty)$ 只有一个零点，求 a.

解 由零点概念知，$f(x)$ 只有一个零点就是 $f(x)=0$ 有一个解.

即 $e^x-ax^2=0$ 只有一个解.

因为 $x\in(0,+\infty)$，所以 $a=\dfrac{e^x}{x^2}$.

令 $m(x)=a$，$n(x)=\dfrac{e^x}{x^2}$.

问题等价转化为求两函数只有一个交点时 a 的值.

对 $n(x)=\dfrac{e^x}{x^2}$ 求导得

$$n'(x)=\frac{e^x x^2-2e^x x}{x^4}=\frac{e^x}{x^3}(x-2)$$

当 $x>2$ 时，$n'(x)>0$；当 $0<x<2$ 时，$n'(x)<0$.

因此 $n(x)=\dfrac{e^x}{x^2}$ 在 $(0,2)$ 上单调递减，在 $(2,+\infty)$ 上单调递增. 所以

$$n(x)_{\min}=\frac{e^2}{4} \qquad\qquad (*)$$

如图 9-6 所示，当 $x\to0$ 时，$x^2\to0$，$e^x\to1$，所以 $n(x)\to+\infty$.

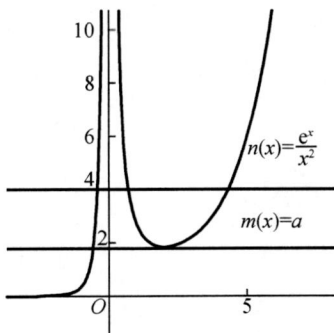

图 9-6

又 $\lim\limits_{x\to+\infty}\dfrac{e^x}{x^2}=\lim\limits_{x\to+\infty}\dfrac{e^x}{2x}=\lim\limits_{x\to+\infty}\dfrac{e^x}{2}=+\infty$.

如图 9-6 所示，当 $a<\dfrac{e^x}{4}$，$m(x)$ 与 $n(x)$ 无交点；当 $a=\dfrac{e^2}{4}$，$m(x)$ 与 $n(x)$ 只有一个交点；当 $a>\dfrac{e^2}{4}$，$m(x)$ 与 $n(x)$ 有两个交点.

因此 $a=\dfrac{e^2}{4}$.

评析 这种解法只需要学生对洛必达法则有一定认识就可以掌握，整个流程逻辑严谨，思维连贯，顺理成章. 笔者在教学实践中发现这种解法很受学生欢迎，解题准确率也较高. 类似的题，在高考卷中屡见不鲜. 这类题目的结构相对稳定. 值得一提的是，很多学生会

将(＊)以后的解题过程忽略,这是不严谨的.为什么呢? 请读者思考.

2. 分离参数构造函数,多次求导,用洛必达法则求新函数最小值的临界值

例2 [2017年普通高等学校招生全国统一考试(新课标Ⅱ卷)文科数学第21题]设函数 $f(x)=(1-x^2)e^x$.

(1)略;

(2)当 $x\geqslant0$ 时,$f(x)\leqslant ax+1$,求 a 的取值范围.

解 当 $x=0$ 时,a 可取任何实数.

当 $x>0$ 时,$f(x)\leqslant ax+1$,整理得 $a\geqslant\dfrac{(1-x^2)e^x-1}{x}$.

令

$$h(x)=\frac{(1-x^2)e^x-1}{x}$$

对 $h(x)$ 求导得

$$h'(x)=\frac{e^x(-x^3-x^2+x-1)+1}{x^2}$$

再令

$$g(x)=e^x(-x^3-x^2+x-1)+1$$

对 $g(x)$ 求导得

$$g'(x)=e^x(-x^3-4x^2-x)$$

当 $x>0$ 时,$g'(x)<0$,因此 $g(x)$ 在 $(0,+\infty)$ 上单调递减.所以 $h(x)$ 的最大值临界值为 $h(0)$.由洛必达法则得

$$\lim_{x\to0}\frac{(1-x^2)e^x-1}{x}=\lim_{x\to0}e^x(-x^2-2x+1)=1$$

所以 a 的取值范围是 $[1,+\infty)$.

评析 分离参数后,通过多次求导,逐层判断单调性,最后借助洛必达法则求得端点值得到参数取值范围,思路简洁.本题高考给出的答案高深莫测,逻辑上让中学生难以接受,尤其是分类讨论的标准不易理解.有兴趣的同人可以查阅对比研究.

3. 分离参数构造函数,多次求导,用洛必达法则求最大值临界值

例3 [2016年普通高等学校招生全国统一考试(新课标全国卷Ⅱ)文科数学第20题]已知函数 $f(x)=(x+1)\ln x-a(x-1)$.

(Ⅰ)略;

(Ⅱ)若当 $x\in(1,+\infty)$ 时,$f(x)>0$,求 a 的取值范围.

解 $f(x)>0$ 即

$$(x+1)\ln x-a(x-1)>0$$

由于 $x\in(1,+\infty)$,所以 $a<\dfrac{(x+1)\ln x}{x-1}$.

设

$$h(x)=\frac{(x+1)\ln x}{x-1}$$

则

$$h'(x)=\frac{\left(\ln x+\frac{x+1}{x}\right)(x-1)-(x+1)\ln x}{(x-1)^2}=\frac{-2x\ln x+x^2-1}{x(x-1)^2}$$

再设

$$\varphi(x)=-2x\ln x+x^2-1$$

则

$$\varphi'(x)=-2\ln x-2+2x,\varphi''(x)=-\frac{2}{x}+2$$

由于 $x>1$,所以 $\varphi''(x)>0$,于是 $\varphi'(x)$ 在 $(1,+\infty)$ 上单调递增,所以 $\varphi'(x)>\varphi'(1)=0$,进而 $\varphi(x)$ 在 $(1,+\infty)$ 上单调递增,所以 $\varphi(x)>\varphi(1)=0$,因此 $h'(x)>0$,进而 $h(x)$ 在 $(1,+\infty)$ 上单调递增,所以 $h(x)>h(1)$.

由洛必达法则得

$$\lim_{x\to 1}\frac{(x+1)\ln x}{x-1}=\lim_{x\to 1}\left(\ln x+\frac{x+1}{x}\right)=2$$

所以 a 的取值范围是 $(-\infty,2]$.

4. 分类讨论,分离参数构造函数,用洛必达法则求最大值和最小值的临界值

例4 [2017年普通高等学校招生全国统一考试(新课标卷Ⅲ)理科数学第21题]已知函数 $f(x)=x-1-a\ln x$.

(1)若 $f(x)\geq 0$,求 a 的值;

(2)略.

解 当 $x=1$ 时,$a\in\mathbf{R}$;当 $x>1$ 时,$\ln x>0$,$f(x)\geq 0$ 等价转化为 $a\leq\frac{x-1}{\ln x}$.

设

$$\lambda(x)=\frac{x-1}{\ln x}$$

则

$$\lambda'(x)=\frac{\ln x-\frac{x-1}{x}}{\ln^2 x}$$

再设

$$h(x)=\ln x-\frac{x-1}{x}=\ln x+\frac{1}{x}-1$$

则

$$h'(x) = \frac{1}{x} - \frac{1}{x^2} = \frac{x-1}{x^2} > 0$$

于是 $h(x)$ 在 $(1, +\infty)$ 上单调递增.

所以 $h(x) > h(1) = 0$, 因此 $\lambda'(x) > 0$, 所以 $\lambda(x)$ 在 $(1, +\infty)$ 上单调递增, 于是 $\lambda(x) > \lambda(1)$. 由洛必达法则得

$$\lim_{x \to 1} \frac{x-1}{\ln x} = \lim_{x \to 1} \frac{1}{\frac{1}{x}} = \lim_{x \to 1} x = 1$$

所以 $a \leqslant 1$.

同理, 当 $0 < x < 1$ 时, $a \geqslant 1$.

综上, $a = 1$.

评析 本题与前面几例比较, 有两个特征: 一是受 $\ln x$ 的正负影响, 不能直接分离参数, 需要讨论, 但由于问题的"对称性"仅需完整解答一次即可; 二是表面上是求值问题, 但实际上还是求范围问题.

5. 分离参数, "递进式"求导, 用洛必达法则求最大值的临界值

例 5 [2010 年普通高等学校招生全国统一考试(Ⅱ卷)理科数学第 21 题] 设函数 $f(x) = e^x - 1 - x - ax^2$.

(1) 略;

(2) 若当 $x \geqslant 0$ 时 $f(x) \geqslant 0$, 求 a 的取值范围.

解 当 $x = 0$ 时, $a \in \mathbf{R}$; 当 $x > 0$ 时, $f(x) \geqslant 0$, 等价转化为 $a \leqslant \dfrac{e^x - 1 - x}{x^2}$.

令

$$h(x) = \frac{e^x - 1 - x}{x^2}$$

则

$$h'(x) = \frac{(x-2)e^x + x + 2}{x^3}$$

令

$$m(x) = (x-2)e^x + x + 2$$

则

$$m'(x) = (x-1)e^x + 1$$

令

$$n(x) = (x-1)e^x + 1$$

则

$$n'(x) = xe^x$$

因为 $x > 0$, 所以

$$n'(x) = xe^x > 0$$

于是 $n(x) = (x-1)e^x + 1$ 在 $(0, +\infty)$ 上单调递增,所以 $n(x) > n(0) = 0$,即 $m'(x) > 0$,所以 $m(x) = (x-2)e^x + x + 2$ 在 $(0, +\infty)$ 上单调递增,所以 $m(x) > m(0) = 0$,进而 $h'(x) > 0$,所以 $h(x) = \dfrac{e^x - 1 - x}{x^2}$ 在 $(0, +\infty)$ 上单调递增. 而

$$\lim_{x \to 0} \frac{e^x - 1 - x}{x^2} = \lim_{x \to 0} \frac{e^x - 1}{2x} = \lim_{x \to 0} \frac{e^x}{2} = \frac{1}{2}$$

所以 $a \leqslant \dfrac{1}{2}$.

评析 本题求导的目的性很明确,就是要让 $n'(x) = xe^x$ 出现,事实上每进行一次求导 e^x 的系数就增加 1,我们可以简称"递进式"求导. 但是没有发现此规律的同学可能半途而废. 洛必达法则也用了多次,本题的"递进"运算很明显.

6. 结束语

正如波利亚所说:"当你找到第一个蘑菇或有第一个发现后,再四处看看,它们总是成群生长."查阅《十年高考分类解析与应试策略. 数学》,发现这类题比比皆是. 这类给定范围下的求参数范围的导数压轴题,只要被分离部分易于判断其正负,就能分离参数,构造函数,多次反复求导,我们都可以借助洛必达法则模式化做答,不再为思路发愁,不再为所需最值或最值的临界值迷茫. 但是,像"(2020 年普通高等学校招生全国统一考试数学第 21 题)已知函数 $f(x) = ae^{x-1} - \ln x + \ln a$. (2) 若 $f(x) \geqslant 1$,求 a 的取值范围",这类不易分离参数的题目,不适合用这种解法处理.

参 考 文 献

[1] 许峰,范自强. 高等数学(上册)[M]. 北京:人民邮电出版社,2019.
[2] 任志鸿. 十年高考分类解析与应试策略. 数学[M]. 北京:知识出版社,2020.

9.6 含参导数问题解决策略研究

——以 2023 年乌鲁木齐市一模导数压轴题为例

摘 要:导数试题一直是高考、模考的压轴题,也是一个难点. 很多高考题又有高数背景,使得导数试题更加神秘莫测. 我们只有深刻理解导数的基本知识,灵活应用基本技巧,提高数学素养才能突破导数难题.

关键词:导数;压轴题;解法

1. 试题呈现

已知 $f(x)=2\ln x+ax+\dfrac{b}{x}$ 在 $x=1$ 处的切线方程为 $y=3x$.

（Ⅰ）求函数 $f(x)$ 的解析式；

（Ⅱ）$f'(x)$ 是 $f(x)$ 的导数，对任意 $x\in[1,+\infty)$ 都有 $f(x)-f'(x)+3\leqslant me^{1-x}+\dfrac{1}{x}$，求实数 m 的取值范围.

2. 试题分析

本题第（Ⅱ）问由自然对数、指数函数和多个幂函数组合而成，形式较为复杂，看上去就有压抑感，导致很多考生直接放弃. 这类含参问题解法一般有：分离参数，构造函数求最值；基于切线放缩，求最值；基于特值探路，证明法；基于对数恒等式的同构法；基于凹凸性的放缩法. 由于函数较复杂，每种解法在实际操作中，又会产生一些新函数，增加了问题的不确定性，并且不存在万能法.

3. 解答试题

第（Ⅰ）问略解：$f(x)=2\ln x-4x+\dfrac{1}{x}$.

下面从多个角度探究第（Ⅱ）问.

解法 1（放缩法）　因为

$$f(x)=2\ln x-4x+\frac{1}{x}$$

所以

$$f'(x)=\frac{2}{x}-4-\frac{1}{x^2}$$

因为对任意 $x\in[1,+\infty)$ 都有

$$f(x)-f'(x)+3\leqslant me^{1-x}+\frac{1}{x}$$

令

$$g(x)=f(x)-f'(x)+2x-\frac{1}{x}-1$$

$$=2\ln x-4x+\frac{1}{x}-\frac{2}{x}+4+\frac{1}{x^2}+2x-\frac{1}{x}-1 \qquad ①$$

$$=2\ln x-2x-\frac{2}{x}+\frac{1}{x^2}+3$$

则

$$g'(x)=\frac{2}{x}-2+\frac{2}{x^2}-\frac{2}{x^3}=-\frac{2(x-1)^2(x+1)}{x^3}\leqslant 0$$

所以 $g(x)$ 在 $[1,+\infty)$ 上单调递减.

所以 $g(x) \leqslant g(1) = 0$，即

$$f(x) - f'(x) \leqslant -2x + \frac{1}{x} + 1$$

则有

$$f(x) - f'(x) + 3 \leqslant 4 - 2x + \frac{1}{x} \leqslant 2e^{1-x} + \frac{1}{x} \qquad ②$$

所以 $m \geqslant 2$ 时满足题意.

若 $m < 2$，存在 $x = 1$ 时，原式有 $-4 - 1 + 1 + 7 \leqslant m + 1$，即 $m \geqslant 2$，此与 $m < 2$ 矛盾.

所以 $m \geqslant 2$.

评析 这个解法有两处不易理解，①式的构造显得特别突兀，②式的逻辑关系尚需说明. 整个解答难以学以致用，难以"复制"到将来的高考中. 因此，我们要认真研究，找到通解通法，形成技能，提升数学核心素养.

解法2（分离参数法） 由解法 1 知 $2\ln x - 4x + \frac{1}{x} - \frac{2}{x} + 4 + \frac{1}{x^2} + 3 \leqslant me^{1-x} + \frac{1}{x}$ 在 $[1,+\infty)$ 上恒成立.

所以 $e^x\left(2\ln x - 4x - \frac{2}{x} + \frac{1}{x^2} + 7\right) \leqslant me$ 在 $[1,+\infty)$ 上恒成立.

令

$$n(x) = e^x\left(2\ln x - 4x - \frac{2}{x} + \frac{1}{x^2} + 7\right)$$

则

$$n'(x) = e^x\left(2\ln x - 4x - \frac{2}{x} + \frac{1}{x^2} + 7\right) + e^x\left(\frac{2}{x} - 4 + \frac{2}{x^2} - \frac{2}{x^3}\right)$$

$$= e^x\left(2\ln x - 4x + \frac{3}{x^2} - \frac{2}{x^3} + 3\right)$$

令

$$p(x) = 2\ln x - 4x + \frac{3}{x^2} - \frac{2}{x^3} + 3$$

则

$$p'(x) = \frac{2}{x} - 4 - \frac{6}{x^3} + \frac{6}{x^4} = \frac{-4x^4 + 2x^3 - 6x + 6}{x^4}$$

令

$$q(x) = -4x^4 + 2x^3 - 6x + 6$$

则

$$q'(x) = -16x^3 + 6x^2 - 6, \quad q''(x) = -48x^2 + 12x$$

易知 $q''(x)$ 在 $(1,+\infty)$ 上单调递减，所以 $q''(x) \leqslant q''(1) = -36 < 0$，所以 $q'(x)$ 在 $(1,+\infty)$ 上单调递减，所以 $q'(x) \leqslant q'(1) = -16 < 0$，所以 $q(x)$ 在 $(1,+\infty)$ 上单调递减，所以 $q(x) \leqslant$

$q(1)=-2<0.$

所以 $p'(x)<0,p(x)$ 在 $(1,+\infty)$ 上单调递减,因此 $p(x)\leqslant p(1)=0.$

所以 $n'(x)<0,n(x)$ 在 $(1,+\infty)$ 上单调递减,因此 $n(x)\leqslant n(1)=2e,$ 于是 $2e\leqslant me.$

解得 $m\geqslant 2.$

评析 本解法思路清晰,逻辑严谨.解题过程中多次利用导数与单调性的关系,考生容易对解题失去信心.事实上,高中教材主要介绍了用导数研究函数单调性、极值、最值的问题,我们只能依托这些基础知识,结合基本技巧解题,思路虽长,但一定能到达成功彼岸.我们要有必胜信念,不可好高骛远.

解法3(特值+变更主元) 因为 $f(x)=2\ln x-4x+\dfrac{1}{x},f'(x)=\dfrac{2}{x}-4-\dfrac{1}{x^2},f(x)-f'(x)+3\leqslant$

$me^{1-x}+\dfrac{1}{x}$ 在 $[1,+\infty)$ 上恒成立,所以 $2\ln x-4x-\dfrac{2}{x}+\dfrac{1}{x^2}+7\leqslant me^{1-x}$ 在 $[1,+\infty)$ 上恒成立.

那么,当 $x=1$ 时,不等式一定成立,即

$$2\ln 1-4-2+1+7\leqslant m$$

解得 $m\geqslant 2.$

不等式 $2\ln x-4x-\dfrac{2}{x}+\dfrac{1}{x^2}+7\leqslant me^{1-x}$ 又可以整理成

$$e^{1-x}m-\left(2\ln x-4x-\dfrac{2}{x}+\dfrac{1}{x^2}+7\right)\geqslant 0$$

令

$$\varphi(m)=e^{1-x}m-\left(2\ln x-4x-\dfrac{2}{x}+\dfrac{1}{x^2}+7\right)$$

因为 $e^{1-x}>0,$ 所以关于 m 的函数 $\varphi(m)$ 是 **R** 上的增函数.

当 $\begin{cases}m=2\\x=1\end{cases}$ 时,$\varphi(2)=e^{1-1}\times 2-(2\ln 1-4-2+4+1+3)=0,$ 所以当 $m<2$ 时,$\varphi(m)<0,$ 即

$$f(x)-f'(x)+3>me^{1-x}+\dfrac{1}{x}$$

此与题设矛盾.

综上,$m\geqslant 2.$

评析 这种解法依托数理逻辑,演绎推理,通过特值找到答案,再证明在答案的补集内命题不成立,也是一种常见处理方式.变更主元得到的函数必须具有单增性,或单减性,或明确的极值,或符号已知的特殊值,否则不易找到矛盾点.

解法4(特值+切线放缩) 结合解法3知,$e^{1-x}m-\left(2\ln x-4x-\dfrac{2}{x}+\dfrac{1}{x^2}+7\right)\geqslant 0$ 在 $[1,+\infty)$ 上恒成立.

当 $x=1$ 时,可得 $m\geqslant 2.$

下面证明当 $m\geqslant 2$ 时,$e^{1-x}m-\left(2\ln x-4x-\dfrac{2}{x}+\dfrac{1}{x^2}+7\right)\geqslant 0$ 在 $[1,+\infty)$ 上恒成立.

因为关于 m 的函数 $y=\mathrm{e}^{1-x}m-\left(2\ln x-4x-\dfrac{2}{x}+\dfrac{1}{x^2}+7\right)$ 在 $\mathbf{R}$ 上单调递增,只需证明:

$$2\mathrm{e}^{1-x}-\left(2\ln x-4x-\frac{2}{x}+\frac{1}{x^2}+7\right)\geq 0$$

因为 $\mathrm{e}^x\geq 1+x$,所以只需证明:

$$2(1-x+1)-\left(2\ln x-4x-\frac{2}{x}+\frac{1}{x^2}+7\right)\geq 0$$

即证

$$2(2-x)-\left(2\ln x-4x-\frac{2}{x}+\frac{1}{x^2}+7\right)\geq 0$$

令

$$\mu(x)=2(2-x)-\left(2\ln x-4x-\frac{2}{x}+\frac{1}{x^2}+7\right)$$

则

$$\mu'(x)=2-\frac{2}{x}-\frac{2}{x^2}+\frac{2}{x^3}=\frac{2x^3-2x^2-2x+2}{x^3}$$

令

$$\phi(x)=2x^3-2x^2-2x+2$$

则

$$\phi'(x)=6x^2-4x-2$$

$\phi'(x)$ 在 $(1,+\infty)$ 上单调递增,所以 $\phi'(x)\geq\phi'(1)=0$.

所以 $\phi(x)$ 在 $(1,+\infty)$ 上单调递增,因此 $\phi(x)\geq\phi(1)=0$,所以 $\mu'(x)\geq 0$,因此 $\mu(x)$ 在 $(1,+\infty)$ 上单调递增,所以 $\mu(x)\geq\mu(1)=0$.

所以当 $m\geq 2$ 时,对任意 $x\in[1,+\infty)$ 都有

$$f(x)-f'(x)+3\leq m\mathrm{e}^{1-x}+\frac{1}{x}$$

由解法 3 知,$m<2$ 不合题意.

综上,$m\geq 2$.

评析 切线放缩是一种化超越函数为初等函数的重要手段.放缩以后函数变得简洁,其导数也易于运算,正负易于判断,原函数的单调性能够说明白,函数最值也就求得,从而得到参数范围.遗憾的是,应该放缩时,不是所有学生都能意识得到,导致错失良机.这需要思维上的培养.

4. 牛刀小试

(1)[2022 年普通高等学校招生全国统一考试(新高考全国 Ⅱ 卷)数学第 22 题]已知函数 $f(x)=x\mathrm{e}^{ax}-\mathrm{e}^x$.

①略;

②当 $x>0$ 时,$f(x)<-1$,求 a 的取值范围;

③略.

参考答案:②$a \leqslant \dfrac{1}{2}$. 建议用分类讨论+排除法解答.

(2)[2020年普通高等学校招生全国统一考试(新高考Ⅰ卷)数学第21题]已知函数 $f(x) = ae^{x-1} - \ln x + \ln a$.

①略;

②若 $f(x) \geqslant 1$,求 a 的取值范围.

参考答案:②$[1, +\infty)$. 建议用同构法解答.

(3)(2020年普通高等学校招生全国统一考试理科数学第21题)已知函数 $f(x) = e^x + ax^2 - x$.

①略;

②当 $x \geqslant 0$ 时,$f(x) \geqslant \dfrac{1}{2}x^3 + 1$,求 a 的取值范围.

参考答案:②$\left[\dfrac{7-e^2}{4}, +\infty\right)$. 建议用分离参数法解答.

5. 结束语

解答导数问题有很多方法,对于高中生而言,基础知识有限,因此突破难题的手段也是有限的. 我们务必吃透教材,掌握基本的方法、基本的原理,返璞归真,依托教材教授的三个法宝"用导数研究函数的单调性、极值、最值",采取符合学情和认知的办法,培养解题能力. 至于,一些资料和一些网络平台上给出的超纲技法可以淡化.

<h1 style="text-align:center">参 考 文 献</h1>

[1] 贺凤梅,李昌成. 多视角探究高考压轴题:以2022年全国乙卷理科第12题为例[J]. 中学生理科应试,2022(10):11-12.

[2] 高继浩. 探究一道双曲线中的定值问题[J]. 数理化学习(高中版),2022(6):3-4,24.

<h2 style="text-align:center">9.7 函数零点问题中参数范围的解法探究</h2>

摘 要:已知函数零点的个数,求解参数的范围是目前高考和模考考查的热点与难点. 这类问题考查学生函数与方程之间的转化能力. 利用参变分离法、分离函数法、数形结合等重要的数学思想和方法,可以灵活处理这类题型. 加强训练能提升学生的核心素养.

关键词:函数零点;导数;数形结合

1. 问题呈现

（新疆维吾尔自治区 2022 年普通高考第二次适应性检测理科卷第 10 题）若函数 $f(x)=x^3-ax^2+ex-\ln x$ 有两个零点,则 a 的取值范围为 （   ）

A. $\left(0,2\sqrt{e}+\dfrac{1}{2e}\right]$　　B. $\left(2\sqrt{e}-\dfrac{1}{2e},+\infty\right)$　　C. $\left(-\infty,1+\dfrac{1}{2e^2}\right]$　　D. $\left(-\infty,2\sqrt{e}-\dfrac{1}{2e}\right)$

2. 总体分析

本题题设简洁,将函数、导数、零点等知识有机结合起来,多层次、多角度地考查了学生的数学思维和核心素养,同时考查了学生利用导数解决问题的能力,对逻辑推理、数学运算等能力提出了较高的要求. 本题解法多样,可以直接利用参变分离法求解;也可以利用分离函数法解答,利用导数的几何意义,即切线的斜率求解入手,再从相切逆推至函数图像相交的情况,进而求出参数的取值范围;还可以根据零点个数,分类讨论细化解题,求出 a 的范围;作为选择题,还可以借助题设和选项的特点,利用排除法得出正确答案. 但每种方法操作均不容易,在解题过程中会碰到一些障碍. 下面具体分享一下,希望能帮助学生找到解决这类问题的突破口.

3. 试题解答[1]

视角 1　分离参数,构造函数

解法 1　因为 $x>0$,所以函数 $f(x)=x^3-ax^2+ex-\ln x$ 有两个零点,等价于 $f(x)=0$ 有两个正根.

分离参数得

$$a=x+\frac{e}{x}-\frac{\ln x}{x^2},x>0$$

令

$$g(x)=x+\frac{e}{x}-\frac{\ln x}{x^2},x>0$$

求导得

$$g'(x)=1-\frac{e}{x^2}-\frac{1-2\ln x}{x^3}=\frac{x^3-ex+2\ln x-1}{x^3}$$

令

$$h(x)=x^3-ex+2\ln x-1$$

则

$$h'(x)=3x^2+\frac{2}{x}-e$$

令

$$m(x) = 3x^2 + \frac{2}{x} - e$$

则

$$m'(x) = 6x - \frac{2}{x^2} = \frac{6\left(x^3 - \frac{1}{3}\right)}{x^2}$$

当 $x \in \left(0, \sqrt[3]{\frac{1}{3}}\right)$ 时, $m'(x) < 0$, 所以 $m(x)$ 在 $\left(0, \sqrt[3]{\frac{1}{3}}\right)$ 上单调递减.

当 $x \in \left(\sqrt[3]{\frac{1}{3}}, +\infty\right)$ 时, $m'(x) > 0$, 所以 $m(x)$ 在 $\left(\sqrt[3]{\frac{1}{3}}, +\infty\right)$ 上单调递增.

因此

$$m(x) \geq m\left(\sqrt[3]{\frac{1}{3}}\right) = \frac{3 - e \cdot \sqrt[3]{\frac{1}{3}}}{\sqrt[3]{\frac{1}{3}}} > 0$$

所以

$$h'(x) = 3x^2 + \frac{2}{x} - e > 0$$

从而 $h(x)$ 在 $(0, +\infty)$ 上单调递增, 且

$$h(\sqrt{e}) = e\sqrt{e} - e\sqrt{e} + 2\ln\sqrt{e} - 1 = 0 \qquad (*)$$

当 $x \in (0, \sqrt{e})$ 时, $g'(x) < 0$, 所以 $g(x)$ 在 $(0, \sqrt{e})$ 上单调递减;

当 $x \in (\sqrt{e}, +\infty)$ 时, $g'(x) > 0$, 所以 $g(x)$ 在 $(\sqrt{e}, +\infty)$ 上单调递增.

所以

$$g(x) \geq g(\sqrt{e}) = \sqrt{e} + \frac{e}{\sqrt{e}} - \frac{\ln\sqrt{e}}{e} = 2\sqrt{e} - \frac{1}{2e}$$

又当 $x \to 0$ 时, 由洛必达法则知

$$g(x) \to +\infty \qquad (※)$$

当 $x \to +\infty$ 时, $\frac{e}{x} \to 0$, $\frac{\ln x}{x^2} \to 0$, 则

$$g(x) \to +\infty \qquad (※)$$

要使直线 $y = a$ 与函数 $g(x) = x + \frac{e}{x} - \frac{\ln x}{x^2} (x > 0)$ 图像有两个交点, 必有 $a > 2\sqrt{e} - \frac{1}{2e}$.

故选 B.

评析 这种解法要注意多次求导的目的, 否则思路易乱. 另外 (*) 处学生不容易想到, 感觉从天而降. 事实上, 这是一种数学直观, 对于含有超越式 $\ln x$ 的函数, 我们应关注自变

量为 e、$\sqrt{e}$ 的函数值,这应该是经验主义和数学基本修养,根据实际需要进行验证. (※)处一定要做说明,以确认函数单减的源头和单增的尽头,进而保证交点个数不再有新变化,否则不能下结论. 这一点学生容易想当然. 下面举一反例.

下列关于函数 $f(x)=(2x-x^2)e^x$ 的判断正确的是_____.

(1)$f(x)>0$ 的解集是 $\{x|0<x<2\}$;

(2)$f(-\sqrt{2})$ 是极小值,$f(\sqrt{2})$ 是极大值;

(3)$f(x)$ 没有最小值,也没有最大值.

易知 $f(x)$ 在 $(-\infty,-\sqrt{2})$ 上单调递减,在 $(-\sqrt{2},\sqrt{2})$ 上单调递增,在 $(\sqrt{2},+\infty)$ 上单调递减. 基于此,(3)仿佛是对的. 但是当 $x\to-\infty$ 时,$f(x)\to0$;当 $x\to+\infty$ 时,$f(x)\to-\infty$,所以 $f(x)_{max}=f(\sqrt{2})$. 这样可以断定(3)是错误的.

为了降低(＊)的难度,我们有新的处理方式,如下.

解法2 结合解法 1,$g'(x)=1-\dfrac{e}{x^2}-\dfrac{1-2\ln x}{x^3}=\dfrac{(x^2-e)x+(\ln x^2-1)}{x^3}$.

令

$$g'(x)=\dfrac{(x^2-e)x+(\ln x^2-1)}{x^3}=0$$

观察发现 $x=\sqrt{e}$ 是 $x^2-e=0$ 和 $\ln x^2-1=0$ 的公共解,结合方程结构特征得 $x=\sqrt{e}$ 是 $g'(x)=0$ 的解.

下同解法 1.

评析 此种处理方法需要较高的观察能力和配凑思维,值得我们思考和借鉴,以提高解题能力. 导数中有的零点是较难处理的,需要很多代数技巧做支撑. 也要充分利用零点解题,尤其是隐零点,它可以帮助我们化超越函数为基本初等函数,还可能起到降次的作用,整体代换后还能达到消元的目的.

视角2 分裂原函数,构造新函数

解法3 令 $f(x)=x^3-ax^2+ex-\ln x=0(x>0)$,整理得

$$x^2-\dfrac{\ln x}{x}=ax-e$$

令

$$g(x)=x^2-\dfrac{\ln x}{x},x>0$$

求导得

$$g'(x)=\dfrac{2x^3-1+\ln x}{x^2}$$

令

$$\varphi(x)=2x^3-1+nx$$

则 $\varphi'(x)=6x^2+\dfrac{1}{x}>0$ 在 $(0,+\infty)$ 上恒成立,所以 $\varphi(x)=2x^3-1+\ln x$ 在 $(0,+\infty)$ 上单调递增,且

$$\varphi\left(\frac{1}{2}\right)=-\frac{3}{4}-\ln 2<0,\varphi(1)=1>0$$

所以存在 $x_0\in\left(\dfrac{1}{2},1\right)$,使 $\varphi(x_0)=0$.

当 $x\in(0,x_0)$ 时,$g'(x)<0$,所以 $g(x)$ 在 $(0,x_0)$ 上单调递减;

当 $x\in(x_0,+\infty)$ 时,$g'(x)>0$,所以 $g(x)$ 在 $(x_0,+\infty)$ 上单调递增.

所以

$$g(x)_{\min}=g(x_0)=x_0^2-\frac{\ln x_0}{x_0}$$

下面研究函数 $g(x)=x^2-\dfrac{\ln x}{x}(x>0)$ 图像与直线 $y=ax-\mathrm{e}$ 相切情形.

不妨设切点 $\left(t,t^2-\dfrac{\ln t}{t}\right)$,由

$$g'(x)=\frac{2x^3-1+\ln x}{x^2}$$

得切线斜率:

$$a=g'(t)=\frac{2t^3-1+\ln t}{t^2}$$

由切点 $\left(t,t^2-\dfrac{\ln t}{t}\right)$ 在直线 $y=ax-\mathrm{e}$ 和函数 $g(x)=x^2-\dfrac{\ln x}{x}(x>0)$ 的图像上得

$$t^2-\frac{\ln t}{t}=at-\mathrm{e}$$

整理得切线斜率:

$$a=\frac{t^2-\dfrac{\ln t}{t}+\mathrm{e}}{t}$$

故

$$\frac{2t^3-1+\ln t}{t^2}=\frac{t^2-\dfrac{\ln t}{t}+\mathrm{e}}{t}$$

整理得

$$t^3+2\ln t-\mathrm{e}t-1=0 \qquad\qquad (*)$$

经验证 $t=\sqrt{\mathrm{e}}$ 时,方程 $(*)$ 成立,所以切点为 $\left(\sqrt{\mathrm{e}},\mathrm{e}-\dfrac{1}{2\sqrt{\mathrm{e}}}\right)$,代入直线 $y=ax-\mathrm{e}$ 方程中,得

$$\mathrm{e}-\frac{1}{2\sqrt{\mathrm{e}}}=a\sqrt{\mathrm{e}}-\mathrm{e}$$

解得 $a = 2\sqrt{e} - \dfrac{1}{2e}$.

结合图 9-7 可知,当 $a \in \left(2\sqrt{e} - \dfrac{1}{2e}, +\infty\right)$ 时,函数 $g(x) = x^2 - \dfrac{\ln x}{x}(x>0)$ 图像与直线 $y = ax - e$ 有两个不同交点.

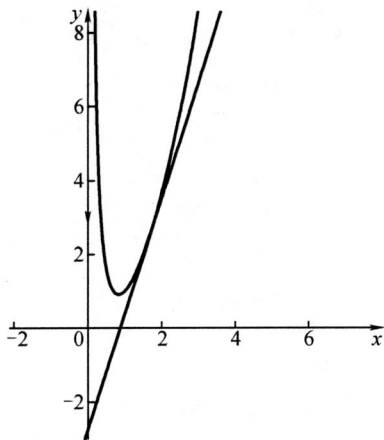

图 9-7

故选 B.

评析 这种解法将题设转化为函数 $g(x) = x^2 - \dfrac{\ln x}{x}(x>0)$ 与函数 $y = ax - e$ 的图像在 $(0, +\infty)$ 内有两个不同的交点. 准确把握 $g(x) = x^2 - \dfrac{\ln x}{x}(x>0)$ 的单调性和最值,借助该函数与直线 $y = ax - e$ 相切,求出 a 的临界值,数形结合求得 a 的取值范围. 转化与化归思想被考查得淋漓尽致.

解法 4 由 $x^3 - ax^2 + ex - \ln x = 0(x>0)$ 得

$$x^2 - \frac{\ln x}{x} - ax + e = 0$$

移项得

$$x^2 - \frac{\ln x}{x} + e = ax$$

令

$$\lambda(x) = x^2 - \frac{\ln x}{x} + e, \varphi(x) = ax$$

同理可解.

评析 解法 4 和解法 3 有异曲同工之妙,本质是两个函数图像整体平移,不再赘述,感兴趣的同人可以自行试验一下. 事实上,构造函数没有特殊的要求,关键在于新函数易于研究,直观形象就好. 这一点对学生来说是一个挑战,形异质同解法会带来解题的创新思路,对学生的能力提升大有裨益.

当然我们也可以直接转化为函数 $f(x)=x^3-ax^2+ex-\ln x$ 的图像与 x 轴交点的个数,分类讨论求出参数 a 的范围,此法求解原则上可行,但运算量较大.讨论中要保证分类的科学性,做到既不重复,又不遗漏,是求解此问题的关键,限于篇幅,不再赘述.

视角3　特值验证,小题速解

解法5　观察选项与 $\ln x$ 无关,不妨设 $f(e^t)=0$,则

$$e^{3t}-ae^{2t}+e^{t+1}-t=0$$

分离变量得

$$a=e^t+e^{1-t}-\frac{t}{e^{2t}}$$

结合选项,当 $t=\dfrac{1}{2}$ 时,$a=2\sqrt{e}-\dfrac{1}{2e}$,排除选项 A,C.

而 $a=0$ 时:

$$f(x)=x^3+ex-\ln x$$

又 $ex>\ln x$,此时 $f(x)>0$,无零点,不符合题意,排除选项 D.

故选 B.

评析　作为选择题,为了赢得宝贵的考试时间,我们期待小题能小做,速战速决,所以结合题设及选择项的结构特征,巧妙换元,特征值可以排除错误选项,进而快速找到正确选项.这也需要学生有扎实的功底,在较短时间内发现非正确项的破绽.

4. 高考链接[2]

题1　[2016年普通高等学校招生全国统一考试(全国卷Ⅰ)理科数学第21题]已知函数 $f(x)=(x-2)e^x+a(x-1)^2$ 有两个零点.

(1)求 a 的取值范围;

(2)略.

题2　(2017年普通高等学校招生全国统一考试理科数学第21题)已知函数 $f(x)=ae^{2x}+(a-2)e^x-x$.

(1)略;

(2)若函数 $f(x)=ae^{2x}+(a-2)e^x-x$ 有两个零点,求 a 的取值范围.

5. 结束语

通过对此题的多种解题方法的探究和比较,能很好地提升学生的分析问题和解决问题的能力,逐步培养学生的核心素养,提升学习效率,让学生所学知识系统化.另外,分离变量、分离函数、借助数形结合是突破此类题的关键,尤其是曲线与直线相切的恰当使用.可以说,题目从"知识立意、能力立意"向"价值引领、素养导向"的转变,很好地体现

了试题的甄别功能. 因此,我们的教学,绝不能仅仅停留在刷题的层面,一定要在能力和素养上下功夫.

参 考 文 献

[1] 谢强,罗毅. 基于函数零点个数求参数范围的几种解法:由一道高考题展开的思考[J]. 高中数理化,2018(10):7-8.

[2] 任志鸿. 十年高考分类解析与应试策略. 数学[M]. 北京:知识出版社,2020.

9.8 借助洛必达法则巧解导数中求参数范围压轴题

摘 要:导数是数学高考压轴题,有一类导数题按照常规解法很难求得最值的临界值. 高考参考答案不易理解,常规方法解答需要洛必达法则辅助. 这类题题型结构及解题步骤相对固化. 深入研究可以突破这类题目.

关键词:导数;洛必达法则;题型

多年来,数学高考卷无论文科还是理科,无论是地方卷还是全国卷,均以导数作为压轴题. 题目通常难度较大,仅仅依靠高中所学的导数知识,解答经常搁浅. 我们有必要找到问题的原因,给出解决问题的办法,减少学生的解题障碍. 有一类导数题的问题就在于求最值临界值时按常规方法无法进行,我们借助高等数学中的洛必达法则就可以顺利、准确解答. 先看一个引例.

1. 引例

(2018 年普通高等学校招生全国统一考试理科数学第 21 题)已知函数 $f(x) = e^x - ax^2$.

(1)若 $a = 1$,证明:当 $x \geq 0$ 时,$f(x) \geq 1$;

(2)若 $f(x)$ 在 $(0, +\infty)$ 只有一个零点,求 a.

2. 参考答案

第(1)问略.

第(2)问设函数:

$$h(x) = 1 - ax^2 e^{-x}$$

$f(x)$ 在 $(0, +\infty)$ 上只有一个零点,当且仅当 $h(x)$ 在 $(0, +\infty)$ 上只有一个零点.

(i)当 $a \leq 0$ 时,$h(x) > 0$,$h(x)$ 没有零点;

(ii)当 $a > 0$ 时,$h'(x) = ax(x-2)e^{-x}$.

当 $x \in (0,2)$ 时,$h'(x)<0$;当 $x \in (2,+\infty)$ 时,$h'(x)>0$.

所以 $h(x)$ 在 $(0,2)$ 上单调递减,在 $(2,+\infty)$ 上单调递增.

故 $h(2)=1-\dfrac{4a}{e^2}$ 是 $h(x)$ 在 $[0,+\infty)$ 的最小值.

①若 $h(2)>0$,即 $a<\dfrac{e^2}{4}$,$h(x)$ 在 $(0,+\infty)$ 上没有零点;

②若 $h(2)=0$,即 $a=\dfrac{e^2}{4}$,$h(x)$ 在 $(0,+\infty)$ 上只有一个零点;

③若 $h(2)<0$,即 $a>\dfrac{e^2}{4}$,由于 $h(0)=1$,所以 $h(x)$ 在 $(0,2)$ 上有一个零点.

由①知,当 $x>0$ 时,$e^x>x^2$,所以

$$h(4a)=1-\frac{16a^3}{e^{4a}}=1-\frac{16a^3}{(e^{2a})^2}>1-\frac{16a^3}{(2a)^4}=1-\frac{1}{a}>0 \qquad (*)$$

故 $h(x)$ 在 $(2,4a)$ 上有一个零点,因此 $h(x)$ 在 $(0,+\infty)$ 上有两个零点.

综上,$f(x)$ 在 $(0,+\infty)$ 上只有一个零点时,$a=\dfrac{e^2}{4}$.

3. 提出问题

这个参考答案,一开始构造的函数 $h(x)=1-ax^2e^{-x}$,就晦涩难懂;$(*)$式如同天降神兵;多次讨论导致解答复杂冗长. 高中生通常不会这样思考,而是采用分离参数构造函数,把零点问题转化为两个函数的交点问题来解答.

4. 常规解答

由零点概念知,$f(x)$ 有一个零点就是 $f(x)=0$ 有一个解,即 $e^x-ax^2=0$ 有一个解. 因为 $x \in (0,+\infty)$,所以 $a=\dfrac{e^x}{x^2}$.

令 $m(x)=a,n(x)=\dfrac{e^x}{x^2}$. 问题即为求两函数有一个交点时,$a$ 的值.

对 $n(x)=\dfrac{e^x}{x^2}$ 求导得

$$n'(x)=\frac{e^x x^2-2e^x x}{x^4}=\frac{e^x}{x^3}(x-2)$$

当 $x>2$ 时,$n'(x)>0$;当 $0<x<2$ 时,$n'(x)<0$.

因此 $n(x)=\dfrac{e^x}{x^2}$ 在 $(0,2)$ 上单调递减,在 $(2,+\infty)$ 上单调递增.

所以 $n(x)_{\min}=\dfrac{e^2}{4}$.

下面需要说清楚当 $x \to 0$,$x \to +\infty$ 时,函数 $n(x)$ 的取值. 这里需要引入洛必达法则.

5. 引入定理

定理 1 设函数 $f(x),g(x)$ 满足：

（1）$\lim\limits_{x\to a}f(x)=\lim\limits_{x\to a}g(x)=0$；

（2）在点 a 的某去心邻域内，$f'(x)$ 及 $g'(x)$ 都存在，且 $g'(x)\neq 0$；

（3）$\lim\limits_{x\to a}\dfrac{f'(x)}{g'(x)}$ 存在或为无穷大，则 $\lim\limits_{x\to a}\dfrac{f(x)}{g(x)}=\lim\limits_{x\to a}\dfrac{f'(x)}{g'(x)}$.

定理 2 设函数 $f(x),g(x)$ 满足：

（1）$\lim\limits_{x\to a}f(x)=\lim\limits_{x\to a}g(x)=\infty$；

（2）在点 a 的某去心邻域内，$f'(x)$ 及 $g'(x)$ 都存在，且 $g'(x)\neq 0$；

（3）$\lim\limits_{x\to a}\dfrac{f'(x)}{g'(x)}$ 存在或为无穷大，则 $\lim\limits_{x\to a}\dfrac{f(x)}{g(x)}=\lim\limits_{x\to a}\dfrac{f'(x)}{g'(x)}$.

注：$x\to\infty$ 时的法则与之类似. 由于高中生的极限基础知识不足，证明略去.

6. 完成解答

对洛必达法则有了初步认识后，我们可以继续解答本题. 如图 9-8 所示，当 $x\to 0$ 时，$x^2\to 0,\mathrm{e}^x\to 1,n(x)\to +\infty$.

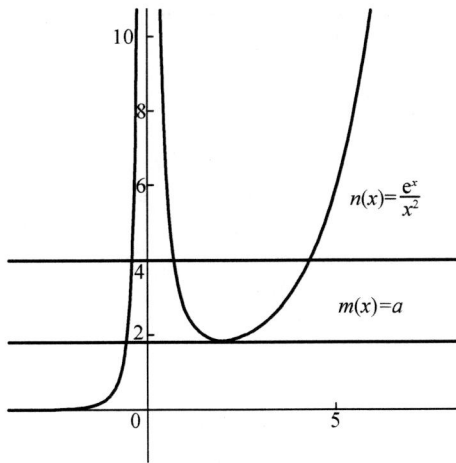

图 9-8

$$\lim_{x\to +\infty}\frac{\mathrm{e}^x}{x^2}=\lim_{x\to +\infty}\frac{\mathrm{e}^x}{2x}=\lim_{x\to +\infty}\frac{\mathrm{e}^x}{2}=+\infty$$

这就说明当 $a<\dfrac{\mathrm{e}^2}{4}$ 时，$m(x)$ 与 $n(x)$ 无交点；当 $a=\dfrac{\mathrm{e}^2}{4}$ 时，$m(x)$ 与 $n(x)$ 有一个交点；当 $a>\dfrac{\mathrm{e}^2}{4}$ 时，$m(x)$ 与 $n(x)$ 有两个交点.

因此 $a=\dfrac{\mathrm{e}^2}{4}$.

这种解法只需要学生对洛必达法则有一定认识就可以掌握,整个流程逻辑严谨,思维连贯,顺理成章.笔者在教学实践中发现这种解法很受学生欢迎,解题准确率也较高.类似的题,在高考卷中屡见不鲜.这类题目的结构相对稳定.

7. 题型结构

这类题首先给出一个函数,通常由 e^x、$\ln x$、二次函数、分式函数(可能带参数)运算而成;其次给出自变量范围,通常是 $x>0$,或 $x \geq 0$ 或 $x>1$ 等,均有利于分离参数;再次给出一个不等式(带参数);最后的问题都是求参数的取值范围.

下面再举几例.

8. 分类示例

(1)用洛必达法则求最大值的临界值

例1 (2017年普通高等学校招生全国统一考试文科数学第21题)设函数 $f(x)=(1-x^2)e^x$.

(Ⅰ)略;

(Ⅱ)当 $x \geq 0$ 时,$f(x) \leq ax+1$,求 a 的取值范围.

解 当 $x=0$ 时,a 取任何实数.当 $x>0$ 时,$f(x) \leq ax+1$,即

$$a \geq \frac{(1-x^2)e^x-1}{x}$$

令

$$h(x)=\frac{(1-x^2)e^x-1}{x}$$

下面求 $h(x)$ 的最大值(或最大值临界值)即可.对 $h(x)$ 求导得

$$h'(x)=\frac{e^x(-x^3-x^2+x-1)+1}{x^2}$$

再令

$$g(x)=e^x(-x^3-x^2+x-1)+1$$

对 $g(x)$ 求导得

$$g'(x)=e^x(-x^3-4x^2-x)$$

当 $x>0$ 时,$g'(x)<0$,因此 $g(x)$ 在 $(0,+\infty)$ 上单调递减.

所以 $h(x)$ 的最大值临界值为 $h(0)$.

由洛必达法则得

$$\lim_{x \to 0}\frac{(1-x^2)e^x-1}{x}=\lim_{x \to 0}e^x(-x^2-2x+1)=1$$

综上所述,a 的取值范围是 $[1,+\infty)$.

本题高考给出的答案依然高深莫测,逻辑上让人难以接受,尤其是分类讨论的标准不易理解.有兴趣的同人可以查阅对比研究.

(2) 用洛必达法则求最小值临界值

例2 [2016年普通高等学校招生全国统一考试(新课标全国卷Ⅱ)文科数学第20题]
已知函数 $f(x)=(x+1)\ln x-a(x-1)$.

(Ⅰ) 略;

(Ⅱ) 若当 $x\in(1,+\infty)$ 时, $f(x)>0$, 求 a 的取值范围.

解 $f(x)>0$, 即

$$(x+1)\ln x-a(x-1)>0$$

由于 $x\in(1,+\infty)$, 所以 $a<\dfrac{(x+1)\ln x}{x-1}$.

设

$$h(x)=\frac{(x+1)\ln x}{x-1}$$

则

$$h'(x)=\frac{\left(\ln x+\dfrac{x+1}{x}\right)(x-1)-(x+1)\ln x}{(x-1)^2}=\frac{-2x\ln x+x^2-1}{x(x-1)^2}$$

再设

$$\varphi(x)=-2x\ln x+x^2-1$$

则

$$\varphi'(x)=-2\ln x-2+2x,\quad \varphi''(x)=-\frac{2}{x}+2$$

由于 $x>1$, 所以 $\varphi''(x)>0$, 于是 $\varphi'(x)$ 在 $(1,+\infty)$ 上单调递增, 所以 $\varphi'(x)>\varphi'(1)=0$, 所以 $\varphi(x)$ 在 $(1,+\infty)$ 上单调递增, 所以 $\varphi(x)>\varphi(1)=0$, 所以 $h'(x)>0$, 所以 $h(x)$ 在 $(1,+\infty)$ 上单调递增, 所以 $h(x)>h(1)$.

由洛必达法则得

$$\lim_{x\to 1}\frac{(x+1)\ln x}{x-1}=\lim_{x\to 1}\left(\ln x+\frac{x+1}{x}\right)=2$$

综上所述, a 的取值范围是 $(-\infty,2]$.

(3) 用洛必达法则求最值临界值

例3 [2017年普通高等学校招生全国统一考试(新课标Ⅲ卷)理科数学第21题]已知
函数 $f(x)=x-1-a\ln x$.

(Ⅰ) 若 $f(x)\geqslant 0$, 求 a 的值;

(Ⅱ) 略.

分析 本题与前面几例比较,有两个区别:一是受 $\ln x$ 的正负影响,不能直接分离参数,需要讨论,但由于问题的"对称性"仅需完整解答一次即可;二是表面上是求值问题,但实际上还是求范围问题.

解 当 $=1$ 时, $a\in\mathbf{R}$.

当 $x>1$ 时, $\ln x>0$, $a\leqslant\dfrac{x-1}{\ln x}$.

设

$$\lambda(x) = \frac{x-1}{\ln x}$$

则

$$\lambda'(x) = \frac{\ln x - \dfrac{x-1}{x}}{\ln^2 x}$$

再设

$$h(x) = \ln x - \frac{x-1}{x} = \ln x + \frac{1}{x} - 1$$

则

$$h'(x) = \frac{1}{x} - \frac{1}{x^2} = \frac{x-1}{x^2} > 0$$

于是 $h(x)$ 在 $(1, +\infty)$ 上单调递增,所以 $h(x) > h(1) = 0$.

于是 $\lambda'(x) > 0$,所以 $\lambda(x)$ 在 $(1, +\infty)$ 上单调递增,于是 $\lambda(x) > \lambda(1)$.

由洛必达法则得

$$\lim_{x \to 1} \frac{x-1}{\ln x} = \lim_{x \to 1} \frac{1}{\dfrac{1}{x}} = \lim_{x \to 1} x = 1$$

所以 $a \leqslant 1$.

同理可得,当 $0 < x < 1$ 时,$a \geqslant 1$.

综上所述,$a = 1$.

9. 解法总结

通过以上研究,不难发现,这类试题的解答步骤一般是:第一步,分离参数构造新函数;第二步,研究新函数的单调性(可能需要多次求导);第三步,由洛必达法则得最值的临界值;第四步,取参数范围(注意等号取舍)或参数的值.

练习题 (2010年普通高等学校招生全国统一考试理科数学第21题)已知函数 $f(x) = e^x - 1 - x - ax^2$.

(Ⅰ)略;

(Ⅱ)若当 $x \geqslant 0$ 时 $f(x) \geqslant 0$,求 a 的取值范围.

参考答案:$a \leqslant 1$.

参 考 文 献

[1] 许峰,范自强. 高等数学(上册)[M]. 北京:人民邮电出版社,2019.

[2] 任志鸿. 十年高考分类解析与应试策略. 数学[M]. 北京:知识出版社,2020.